Désirée von Trotha
Die Enkel der Echse

Désirée von Trotha

Die Enkel der Echse
Lebensbilder aus dem Land der Tuareg

Frederking & Thaler

Die Deutsche Bibliothek – CIP Einheitsaufnahme

Trotha, Désirée von:
Die Enkel der Echse: Lebensbilder aus dem Land
der Tuareg/Désirée von Trotha. – München:
Frederking und Thaler, 1998
ISBN 3-89405-379-8

© 1998 Frederking & Thaler Verlag GmbH, München
Der Frederking & Thaler Verlag ist ein Unternehmen
der Verlagsgruppe Bertelsmann.
Alle Rechte vorbehalten.

Fotos: Désirée von Trotha, München
Lektorat: Irene Rumler, München
Herstellung, Typographie und Satz: Caroline Sieveking, München
Umschlaggestaltung: Tinka Schlotterer, München
Reproduktion: Fotolito, Longo, Frangart/Bozen
Druck und Bindung: Sellier Druck GmbH, Freising
Printed in Germany

ISBN 3 89405 379 8

Der ganze oder teilweise Abdruck und die elektronische oder
mechanische Vervielfältigung, gleich welcher Art, sind nicht
erlaubt.
Abdruckgenehmigungen in Verbindung mit der Buchausgabe
erteilt der Frederking & Thaler Verlag.

Umwelthinweis:
Das Papier wurde aus chlorfrei gebleichtem Zellstoff hergestellt
und enthält keine Aufheller. Die Einschweißfolie – zum Schutz
vor Verschmutzung – ist aus umweltfreundlicher und recycling-
fähiger PE-Folie.

Inhaltsverzeichnis

✚O✦IIII	Der Weg nach Süden 9
····#	Elhadji 17
⁝⁚🏛	Kola 45
⋈·	Offon 58
#	Aischa 83
····# ⊙Ⓔ·	Hadj Sidi 90
····🏛	Hamilla 100
·II·	Lalla 109
⊂····⊂-	Mohamed 118
⊂II····E·	Malouchounu 127
⋈	Ata 137
LI+∷	Tamko 143
····⊂	Chouma 151
⊂#∷∵E∶·II₁+	Herrscher und Beherrschte 157

Anhang   Personen 175

Glossar 176

Zitatnachweise 179

Literatur 181

Afrikas Völker sind heiter, vielsprachig, lebensfreudig. Jedoch
der Stil ihrer seelischen Ausdrucksfülle ist ernst und herb,
heute wie in weit zurückreichender Zeit. Dieser Stil muß einmal
entstanden, geboren sein und dann in seiner Eigenart verharrt
haben! Es liegt der Zauber rätselhaft weit zurückliegender
Geburt in ihm. Sollte es möglich sein, der Geistigkeit so
fernen Geschehens nahezukommen?
Leo Frobenius

Der Weg nach Süden

> Die Europäer halten bis heute an ihrem Mythos von den Männern der Wüste fest. Sie haben sich ein Bild geschaffen und nähren damit ihre Phantasie. Man könnte sagen, daß sie die Tuareg unter denselben Bedingungen wie vom Aussterben bedrohte Tierarten schützen wollen, um ihren Traum von uns weiterzuträumen. Aber wir lebenden Tuareg sind als Menschen für unsere Familien und die Zukunft unserer Kinder verantwortlich. Wir müssen der Realität ins Auge sehen. Wir müssen uns anpassen. Und wir müssen vor allem unsere Würde bewahren.
>
> *Hawad*

Sechs Jahre und viele Reisen liegen zwischen meiner ersten Ankunft in der alten Handelsstadt Agadez in Afrika und meinem letzten Abschied 1997. Dort wurde ich von einer großen Tuaregfamilie nach und nach als ältere Schwester aufgenommen. Plötzlich hatte ich ein eigenes Haus, und mit der Zeit übertrug man mir einen Teil der Verantwortung dafür, nach Wegen zu suchen, wie die Familie mit ihren Traditionen in der Moderne bestehen kann.

Agadez ist die Hauptstadt der Tuaregnomaden des Aïr und der Regierungssitz ihres Sultans. Die Stadt liegt in der Republik Niger am Südrand des Aïr-Gebirges und westlich der Ténéré, der unbarmherzigsten Wüste der Welt. In wasserarmen Jahren bestimmt die Sahara mit Sand und Geröll das Umland, während sich nach guten Regenzeiten der Sahel weit über Agadez hinaus bis zu 300 Kilometer nach Norden ausdehnt und das zurückeroberte Gebiet mit blühenden Akazien und grünen Weiden überzieht.

Meistens fuhr ich, von Deutschland kommend, mit dem Auto quer durch die Sahara nach Süden. Manchmal nahm ich das Flugzeug nach Niamey, der Hauptstadt der Republik Niger, und legte die tausend Kilometer nach Norden bis Agadez im Bus oder Auto zurück.

Aus weiter Ferne zeichnet sich der hohe Turm der Moschee ab. Niedrige Lehmhäuser mit flachen Dächern und von hohen Hofmauern umgeben verteilen sich weit auf einer großen Sandebene, die von kräftigen Akazien und olivgrünen Büschen unterbrochen wird. Im Norden schimmern die hohen Berge des Aïr. An die Stadt grenzen halbrunde

Basthütten der Tuareg und kleine Gärten mit Dattelpalmen, in denen Obst und Gemüse wächst. Kamele, Schafe und Ziegen weiden frei in der Landschaft. Kein Zaun versperrt ihnen den Weg.

+Oⳤⵏⵏⵏⵏ

Ein afrikanischer Freund fragte mich einmal, welcher Zauber von diesen Menschen ausgehe – diesen Menschen, die, von Kopf bis Fuß verhüllt, kaum einen Zentimeter Haut zeigen, in der Öffentlichkeit weder lachen noch weinen und überaus beherrscht erscheinen –, daß ich ihnen einen Großteil meiner Zeit zugestehe. Was mich an den Tuareg, insbesondere den Schmieden aus Agadez, fasziniert, ist schwer in Worte zu fassen.

Sind es die verhaltenen, eleganten Bewegungen der Männer in ihren metallischblau glänzenden, weiten Gewändern? Sind es ihre dunklen Augen, neben Händen und Füßen das einzig sichtbare Stück Körper, die einen manchmal herablassend, überheblich und gelangweilt mustern? Sind es die lässigen Reiter auf weißen Kamelen ohne viel Gepäck, die von irgendwo nach irgendwo unterwegs sind? Sind es die bemerkenswerten Frauen, die sehr aufrecht, immer langsam, durch den Sahel oder die Stadt schlendern? Sind es ihre klaren, offenen Gesichter, die mit Kohle geschwärzten Augen und die mit Indigo gedunkelten Lippen? Sind es die Momente, in denen sie, in den Tanz versunken, minutenlang ihre Haltung vergessen? Sind es die heiligen Männer, die gelassen den Koran rezitieren oder für ihre Mitmenschen beschützende Zeremonien abhalten und Amulette herstellen? Sind es die verschmitzten Schmiede, die aus kleinen, rohen Silberquadern vollkommene Formen schaffen? Sind es die meist jungen und zornigen Rebellen mit gezeichneten Gesichtern, die den Kampf um ihr kulturelles Erbe der Resignation vorziehen? Ist es die starke Trennung zwischen Frauen- und Männerwelt, die von großzügigem gegenseitigem Respekt geprägt ist? Ist es der liebevolle, wenn auch strenge Umgang der Erwachsenen mit den Kindern? Sind es diese Kinder, die darauf hoffen, durch meine merkwürdigen europäischen Angewohnheiten unterhalten zu werden, und mir stolz ihre Welt zeigen? Ist es der Zauber weitläufiger Familien, in denen jeder einzelne von Geburt an wie in einem Spinnennetz durch feine und klare Verhaltensregeln mit den anderen verwoben ist? Sind es die vielen unglaublichen Geschichten, seltsamen Fabeln oder kniffligen Rätsel, die an den heißen Nachmittagen erzählt und gestellt werden? Ist es ein einfaches Picknick in Gesellschaft von Nomaden, Ziegen und Kamelen im Sand? Ist es das bunte, quirlige Leben in der alten Handelsstadt Agadez, einem Schmelztiegel verschiedenster Völker? Ist es die unglaubliche Landschaft des Aïr-Gebirges, einem der ältesten Entstehungsräume menschlicher Kulturen? Sind es die stillen Nächte unter dem unendlichen Sternenhimmel? Ist es die große Schmiedefamilie, die mich aufgenommen und als Teil in ihr Gefüge eingepaßt hat? Oder ist es einfach nur Freundschaft, die über die Jahre entstanden ist?

Ich denke, es ist all das und noch viel mehr. Davon werde ich zu erzählen versuchen. »*Bismillah* – Möge Gott mich begleiten«, wie die Tuareg meiner Familie vor jeder Reise murmeln.

+O⟡||||

Die Sahara ist die Heimat ungezählter Geister. Sie sind überall, gute und böse. Nachts schlägt ihre Stunde. Man darf sie nie berühren. »Wenn du sie kennst, kannst du mit ihnen leben. Aber du mußt immer auf der Hut sein. Selbst die guten wollen dich verführen. Kennst du sie nicht, kann das sehr schnell deinen Tod bedeuten«, warnte mich ein angesehener, alter *marabout*, der unlängst einem lästigen Geist die rechte Hand mit dem Schwert abgeschlagen hatte. Der heilige Mann ist keineswegs verrückt oder senil, sondern steht als oberster Hirte einer großen Familie verantwortungsvoll mitten im Leben. Realitäten mögen verschieden sein, aber nur wer versucht zu sehen, kann vielleicht irgendwann einmal ein wenig erkennen.

Manchmal nehmen die lästigen Geister jedoch eine sehr menschliche Gestalt an. Im Winter 1994 wurde ich in Assamakka, der nigrischen Grenzstation, fast eine Woche festgehalten. Mein Paß war eingezogen worden. Ohne Militärkonvoi durfte niemand den Ort verlassen. Angeblich zum Schutz vor den Tuaregrebellen, aber wahrscheinlich, um die Konvoigebühr zu rechtfertigen. Während dieser Wartezeit im Nichts, als einzige Frau unter zweihundert Schmugglern, Soldaten und fünf europäischen Reisenden, habe ich begriffen, was Geduld heißt. Vielleicht habe ich nur gelernt, von Tag zu Tag zu leben und die Zeit zu vergessen.

Seit drei Tagen ist der Konvoi überfällig. Angeblich wartet er in Arlit auf einen Lastwagen mit Marlboros aus Nigeria. Ich sitze angelehnt an einer Lehmwand nahe der Grenzstation. Vor mir ein weites Panorama. Im Westen ein Ziehbrunnen, umgeben von mächtigen, grünen Akazien, dahinter die Kaserne mit ihren verfallenen Baracken und drei rostige Sanitätscontainer. Richtung Norden schließen sich zwei kleine, viereckige Häuschen von Zoll und Polizei an. Davor liegt ein vom Sand halb zugewehtes, ausgebranntes Buswrack. Dann freie Sicht auf einen Streifen Wüste, in dem sich Reisende nähern oder entfernen. Im Osten wird er von den Bast- und Lehmhütten des Dorfes begrenzt. Alles ist mit feinem, beigefarbenem Staub überzogen. Neben uns sechs Europäern hat ein Händler seinen Tisch aufgestellt. Er versorgt alle mit Getränken und Gebäck, dessen Konsistenz sehr an Spanplatten erinnert.

Jede Bewegung an der Grenze wird beobachtet. Immer wieder kommen Toyotas an oder entfernen sich mit hoher Geschwindigkeit. Es sind Schmuggler aus Mali und Algerien, die weder kontrolliert noch angehalten werden. Ab und zu hebt ein Uniformierter die Hand zum lässigen Gruß. Ein strahlendweißer Mercedes der S-Klasse erscheint wie ein Trugbild in der Ferne. »Vielleicht irgendein Präsident, der einen Putsch überlebt hat?« Zoll und Polizei blasen zum Angriff. Plötzlich bleibt der Mercedes im tiefen Sand stecken. Drei Männer steigen aus und schieben. Niemand hilft. Nach dreißig Minuten erreichen sie die Grenze und verschwinden im Gewühl von Uniformen und Schleppern. Wa-Benzi, der Stamm der Benzi – dieses neue Volk ist in ganz Afrika entstanden. So heißen die Herrschenden, die ihren Reichtum auf Kosten anderer erwerben und sich nach dem Motto »Mein Mercedes ist größer als deiner« Lichtjahre von ihren Mitmenschen entfernen.

Vor der Kaserne wird in der prallen Sonne exerziert. Der Sand schluckt alle Geräusche. Hackenschlagen als Stummfilm. Der Polizeichef setzt sich zu uns und beginnt ein Gespräch über traditionelle chinesische Heilmethoden. Seine Stimmung schwankt zwischen aufgesetzter Heiterkeit und blankem Zynismus. Ein Soldat entfernt ihm mit einer rostigen Klinge die Kopfhaare. Der kahle Schädel unterstreicht seine Ambitionen, macht ihn zum Prototyp eines Potentaten. Wir reden über Schweizer Banken. Der Polizeichef beendet das Gespräch mit dem Satz: »In der Schweiz gibt es keine Diebe.«

An der Grenze tauchen zwei große Lastwagen auf, überladen mit Tieren, Gepäck und Passagieren. Innerhalb von Minuten wird aus der leeren Sandfläche ein belebter Platz, dem sich sogar Schafe und Ziegen langsam nähern. Etwa zweihundert Menschen klettern die Seitenwände der Lastwagen hinunter. Arme Teufel, Männer, die nach Algerien ausreisen wollen. Aus allen Ländern der ehemals französischen Kolonien. Französisch – die einzige Sprache, die sie mühsam verbindet. Tausende von Kilometern sind sie unterwegs. Nur zerrissene Kleider am Leib und manchmal eine kleine Tasche in der Hand. So viele Geschichten. Anstrengung und Schmerz stehen in ihren Gesichtern geschrieben. Sie strömen zur Grenzstation und werden von Zoll und Polizei streng in Empfang genommen. Nach einem undurchsichtigen System müssen sie in vier Schlangen auf Abfertigung warten. Hart demonstrieren die Männer in Uniform ihre Macht. Dieselben, die kurz zuvor lächelnd von ihren Familien erzählten. Kaum einer von ihnen kann lesen. Was in den dunklen Baracken vorgeht, soll niemand wissen. Die Opfer für den Weg in den goldenen Westen sind groß.

Das Warten wird zur Droge. Alle Muskeln sind erschlafft. Die kleinste Anstrengung ist ein Abenteuer. Das Auge nimmt die Umgebung mit großer Verzögerung wahr. Zeit spielt keine Rolle mehr. Stunden und Sekunden sind austauschbare Größen. Kann Zeit vergehen? Kann man Zeit haben? Kann man Zeit stehlen? Läuft Zeit davon? Wahrnehmung reduziert sich auf einzelne Aspekte.

Situationen zerfallen in Puzzleteile. Es gibt kein Telefon, das die Tagträume unterbrechen könnte. Und über allem steht die vage Hoffnung auf den Konvoi.

Irgendwann ist der Konvoi da, und ich erhalte meinen Paß zurück. Es ist merkwürdig, wie die eigene Identität an dieses Stück Papier gekoppelt ist. Das Gefühl, sich im rechtsfreien Raum zu bewegen, tritt schnell in den Hintergrund.

✝ O ⟨ ||||

Ich glaube, daß der winzige Teil Afrikas, den ich kenne, meine Rückkehr erwartet. Nie wieder, oder immer wieder. Dazwischen liegt nichts. Es gibt kein Vielleicht. Nur ja oder nein.

Die Sahara, die ich dreimal langsam durchquert habe, fordert die Auseinandersetzung mit sich selbst. Es lauert eine launische, unbestechliche Weite. Eine Weite, die für uns Europäer kaum vorstellbar ist. Einfach nur nichts. Vielleicht faszinierend. Nüchtern betrachtet, ist dieses Nichts immer und unbedingt feindlich. Dort fühle ich mich sehr klein, zugleich aber seltsam geborgen. Bei jeder Reise etwas mehr. Ob Gott in der Wüste sein Gästezimmer bereithält? Manche Nomaden behaupten das. Wie oft denke ich an diese Momente im Nichts. Nur Ruhe und ein ferner Horizont. Keine Straße, die einem ihren Willen aufzwingen könnte. Nur Sand, Geröll und hohe Felsen.

Kleine Zeichen zeugen von Leben. Die feste Spur eines unbeugsamen Käfers, der knorrige Stamm einer einsamen Akazie, das satte Grün einer unverhofften Weide. Warum hier, wo selbst hohe Berge von Wind und Sonne langsam abgeschliffen und plötzlich gesprengt werden? Die Erosion erschafft seit Jahrtausenden wundersame Wesen: glattgefegte Hänge, zernagte Kanten, runzelige Buckel, flache, bunte Steinfelder und weich gewellte Hügel. Manchmal schimmert ein tiefblauer See mit süßem Wasser wie ein Wunder im Sand oder Fels. Wasser, das aus dem Inneren der Erde kraftvoll nach oben drängt. Wasser, das vor unendlichen Jahren auf unsere Vorfahren hinabgeregnet war. Wasser, das der Wüste vollendete Schönheit verleiht. »*Aman iman* – Wasser ist Leben«, sagen die Tuareg voller Respekt und verleihen den Worten sofort Nachdruck mit: »*Assam baman, iman batam* – Wo kein Wasser ist, gibt es kein Leben.«

Im Juli 1996 bringen die Nächte kaum Abkühlung. Es ist Sommer, und die Sonne kennt kein Erbarmen. Nach dem Verlassen des letzten Stücks Teerstraße vor der algerischen Grenze kommt ein Sandsturm auf. Dreihundert Kilometer Wüste liegen vor uns. Ob der alte Peugeot die Strecke unbeschadet überstehen wird? Der Sturm wartet hier jedesmal auf mich. Nur ein einziges Mal blieb er aus. Bald ist die Luft voller Sand, der durch jede Ritze bis tief in die Lungen dringt. Schlechte Sicht. Ein vertrautes Gefühl. Unser Freund, der algerische Gendarmeriechef Abdelmalek, will uns gegen Mittag mit seinem schnellen Toyota einholen. Wir haben versprochen, den Balisen zu folgen, grauen Betonpfählen, die als Wegweiser Kilometer um Kilometer die Landschaft zerschneiden. Sie verlaufen gerade nach Süden. Viele jedoch sind verwittert und umgefallen. Manchmal stehen alte Autoreifen aufgerichtet und mit Steinen beschwert an ihrer Stelle. Der Sturm verhindert eine zuverlässige Orientierung. Die Sonne ist nicht zu sehen. Wir folgen den Spuren der schweren Lastwagen. Abrupt biegen sie Richtung Westen ab. »Wir haben Abdelmalek versprochen, den Balisen zu folgen!« Murrend nimmt Lutz, mein Reisebegleiter, den ausgeschilderten Weg. Steine und

Geröll. »Da siehst du, warum die Piste einen Umweg macht. Die Fahrer folgen dem weichen Sand, der sie später wieder zu den Balisen führt.«

Zu allem Überfluß bleiben wir, während dumpfe Mittagshitze brät, im kochenden Sand stecken. Wenigstens hat der Sturm nachgelassen. Die Luft flirrt, diesig und hell, zeigt die Wüste als impressionistisches Gemälde ohne Tiefe. Gnadenlose, harte Sonne auf ihrem höchsten Stand. Die Kleidung klebt binnen Sekunden auf der Haut. Weiße Salzränder zeichnen darauf bizarre Muster. Die Hitze lähmt jede Bewegung. Weit über 50 Grad. Vier Liter Wasser verschlingt ein aus dem Sand geschaufelter Reifen. Lieber liegenbleiben, nicht denken und schlafen.

Die Laouni-Düne schimmert schwach in der Ferne. Sie ist keine echte Düne, sondern ein großer, schwarzer Fels, um den viel Geröll verteilt liegt und an dessen Rändern sich ewig Flugsand ansammelt. Ein Nadelöhr, das jeder passieren muß, der die offizielle Strecke zur nigrischen Grenze fährt. Hundertfach zeugen ausgebrannte und vom Sand abgeschliffene Autowracks von menschlichem Versagen. Eine winzige Fehlentscheidung kann die Reise abrupt beenden.

Plötzlich ertönt unüberhörbarer Motorlärm über das gleichmäßige Brausen des Windes hinweg. Abdelmalek nähert sich schnell. Neben ihm sitzen zwei verängstigte, bleiche Gestalten in Zivil. Junge Rekruten aus dem Norden. Sie betrachten uns verwundert und bleiben stur im Wagen. Unser Freund steigt aus. Er bietet uns kaltes Wasser an. Die köstlichste Erfrischung. Eine pralle Gerba aus Ziegenfell hängt am Außenspiegel seines Wagens, gekühlt durch Verdunstung. Das Wasser in unseren Plastikkanistern ist heiß. Abdelmalek verabschiedet sich: »Ich erwarte euch heute abend. Wenn ihr nicht kommt, schicke ich eine Patrouille aus.« – »Warte bis morgen früh. Vielleicht schlafen wir in der Wüste.« – »Aber nur bis 10 Uhr.« Sein Toyota heult auf. Er passiert die Düne in fünf Minuten. Wir brauchen anderthalb Stunden.

Uns begleitet das Heulen des Sturmes, der an Stärke zunimmt. Die Millionen vom Boden aufgewirbelten Sandkörner scheinen meine Haut Millimeter um Millimeter abzutragen. Ich kann kaum atmen, während wir eine Menge Geröll aus dem Weg räumen müssen. Mein fest gewickelter Turban hilft wenig. Der Ostwind ist so stark, daß er die Füße vom Boden wegzieht. Im Zickzack bahnt sich der treue Peugeot seinen Weg. Endlich sind drei Kilometer geschafft. Die magische Balise bei Kilometer 106 bestätigt den Erfolg.

Ein Mann steht in der Ferne, hinter ihm eine Frau und zwei Kinder. Heftig zerrt der Wind an ihren zerrissenen Gewändern und zerfranst ihre Silhouetten. Alle vier winken verzweifelt. Wir sollen anhalten. Die Tuaregfamilie wohnt schon lange im Nichts. Als Unterkunft dient ihr das verrostete Chassis eines Renault 5. Es steht hundert Kilometer vom nächsten Brunnen entfernt. Spenden der Vorbeifahrenden ermöglichen das Überleben. Niemand wird in der Wüste eine Bitte um Hilfe ausschlagen. Wie schnell könnte man selbst auf Hilfe angewiesen sein.

Diese Familie wahrt ihre Würde wahrscheinlich besser als die vielen hundert Tuareg, Flüchtlinge aus Mali und Niger, die in einem ummauerten Lager nahe der Grenze leben. Frauen, Kinder und alte Männer auf der Flucht vor Hunger und Krieg warten, zur Untätigkeit verdammt, auf Frieden. Sie fühlen sich staatenlos. Die wenigen jungen Männer sind im Grenzschmuggel zwischen Mali, Algerien und Niger oder als Rebellen aktiv. Jeder hundertste Bewohner des afrikanischen Kontinents ist ein Flüchtling. Sie machen mehr als die Hälfte aller Heimatlosen der Erde aus. Armut, Hungersnot, Dürre, Desertifikation, Tyrannei, Revolution, Rivalitäten zwischen ethnischen Gruppen und Krieg setzen die Menschen in Bewegung.

Mit Einbruch der Nacht ist das Gewitter da. Plötzlich und ohne Vorwarnung. Maßlos und heftig. Dunkel und laut. Ockerfarbener Staub färbt die Tropfen und verweht jede Sicht. Alles Licht verläßt die Erde. Der Tag weicht der Dunkelheit. Schnell und ohne Vorankündigung. Wir müssen die Fahrt unterbrechen und übernachten. Noch nie war es so angenehm! Hitze, Nässe, Sand und das anhaltende Pfeifen des Windes. Kurzer, unruhiger Schlaf verkürzt das einsame Warten auf Wetterbesserung.

Ein wundersam stiller Morgen bricht an. Kein Geräusch stört das atemberaubende Schweigen. Frühes, durchsichtiges Licht taucht die Umgebung in weiche Farben. Ein heller, zarter Punkt erscheint in der Ferne. Sanft steigt die Sonne auf. Zu schnell verwischt ihre Kraft die eben noch klare Kontur. Die ewige Hitze fällt wieder herab. Wir fahren stur Richtung Süden. Der Sturm hat sämtliche Spuren verdeckt. Neu angeordnet schimmert gelber Sand, jungfräulich, unberührt. Unser Auto hinterläßt den ersten Streifen, der den Westen vom Osten trennt. Wer wird ihm folgen?

Elhadji

Als die Erde in der Erkenntnis der Menschheit noch nicht rund war, stahl ein armer Schmied einem edlen Tuareg das Kamel. Daraufhin verwandelte Gott diesen, um ihn zu bestrafen, in eine Echse.

Legende der Tuareg

Der 10. Dezember ist ein besonderes Datum. An diesem Tag traf ich Elhadji zum ersten Mal, und am gleichen Tag fünf Jahre später starb mein Vater. Es ist merkwürdig, wie das Schicksal manchmal mit Daten spielt; einem zuerst ein wunderbares Geschenk anbietet, um dann später die Bezahlung einzufordern. Fast als suchte es einen Ausgleich zwischen Trauer und Glück, die Harmonie zwischen zwei Polen, den Zustand der Ausgewogenheit. So wie der traditionelle afrikanische Heiler die Krankheit als Zeichen einer Dissonanz mit der Umwelt versteht und bemüht ist, diese an der Wurzel zu beseitigen, den wahren Grund für die äußeren Symptome der Krankheit zu finden.

Anfang Dezember 1991 erreichte eine überanstrengte Filmcrew mit fünf Jeeps und einem kaputten Unimog die Stadt Agadez. Als Regieassistentin war ich ein Teil dieser verwirrten und zerstrittenen vierzehnköpfigen Horde. Unser Regisseur und Produzent, dem wir diese Reise verdankten, hatte sich auf den dreitausend Kilometern Fahrt in einen hemmungslosen Egoisten verwandelt. Vielleicht jedoch hatte ihm die Sahara nur einige dünne Häutchen Zivilisation abgestreift und einen Menschen freigelegt, der auch zuvor nie an andere gedacht hatte und keine Verantwortung übernehmen wollte.

Vierzig lange Tage hatten wir die große Wüste von Tunesien aus über Algerien bis in den Niger durchquert, immer auf der Suche nach Bildern und Geschichten. Agadez war während der letzten 700 Kilometer zu einem magischen Begriff geworden. Die Farblosigkeit des sozialistischen Algeriens hatte sich schwer auf unsere Stimmung gelegt.

Heute liebe ich dieses Land, habe auf mehreren Reisen immer und überall unendliche Gastfreundschaft genossen, neue Freunde gewonnen und beginne, die Gesetzmäßigkeit der Zurückhaltung von Farbe und Form nach außen hin zu verstehen. Understatement für den Fremden. Gold und Samt für den Freund, der Zutritt zur Innenwelt, dem Haus, erhält.

Damals jedoch blieben wir Fremde und brannten darauf, die Grenze zur Republik Niger zu überschreiten und in Agadez anzukommen. Dort sollte es so Banales, aber heiß Ersehntes wie Bananen geben. Agadez, das war für uns das Zauberwort für die Erlösung von allen Strapazen. Endlich sollte ich die Stadt sehen, die der deutsche Afrikaforscher Heinrich Barth vor 141 Jahren als erster Europäer betrat: »Nur durch Zufall hat diese Stadt bei den Europäern nie so starkes und romantisches Interesse erweckt, wie ihre Schwesterstadt Timbuktu«, schrieb er damals.

Wir wurden nicht enttäuscht. Le Pilier lockte. Ein bemerkenswertes italienisches Restaurant, das nicht im Michelin steht. Dafür leuchtete Nacht für Nacht der unglaublich weite Sternenhimmel über dem offenen Innenhof. Die Erinnerungen an Algerien verblaßten. Draußen warteten Prostituierte aus Ghana. Heute sind sie verschwunden. Die Tuaregrebellion hat ihnen das Geschäft verdorben. Kaum ein Tourist verirrt sich noch in die Stadt, kein Kunde, der schnelles Geld bedeutet, und erst recht kein weißer Mann, der den geheimen Wunsch nach sozialer Sicherheit durch Heirat nähren könnte. Die schwitzenden Prinzen bleiben aus.

Damals war ich ständig auf der Flucht vor unermüdlich phantasievollen Händlern. Einen Blick zu riskieren hieß, lange Diskussionen heraufzubeschwören. Warum war ich hier, wenn ich nichts kaufen wollte? Weiße Haut muß Geld haben. Die »erste« Welt ist reich. Kinder kannten nur ein französisches Wort und schrien es ununterbrochen: »Cadeau, cadeau ... Geschenk, Geschenk ...«

Einmal entkam ich mit knapper Not Booboo, einem Zwei-Meter-Mann, der am Vortag fünf Touristen ein traditionelles Entenessen für zweihundert Mark angedreht hatte. Ein guter Bauarbeiter im Niger verdient pro Tag etwa vier Mark. Die halbe Ente war eine ganze Ratte. Derzeit sitzt Booboo, wie fast immer, im Gefängnis. Meist dauert es keinen Monat, bis er erneut bei einer Gaunerei erwischt wird. Er ist ungeheuer vielseitig und einfallsreich. Nur die Ware ist immer gestohlen, wertlos oder existiert überhaupt nicht.

Am 10. Dezember 1991 packte mich, als ich einen Moment unaufmerksam war, ein kleiner, staubiger Junge bei der Hand und versicherte mir seine Freundschaft: »Fräulein, Tuareg-Schmuck?« Ich war erschöpft und neugierig und ließ mich mitziehen. Wir landeten vor einem staubigen Lehmhaus in der Nähe des Haussamarktes. Ein handgemaltes Holzschild – Bijoutier Artisan – hing über dem Eingang. Es hängt noch immer dort. Der Junge klopfte. Die Tür aus Wellblech öffnete sich. Ein älterer Herr mit blauem Turban und weinroten Ledersandalen gab dem Jungen ein paar Münzen. Die Tür wurde geschlossen. Ich war in der Falle, allein mit dem Tuareg Mohamed. Notgedrungen folgte ich ihm durch die dunkle Werkstatt, in der sechs Schmiede hinter einem gleichmäßig zischenden Blasebalg arbeiteten, in einen kleinen Innenhof. Ein beeindruckendes Vorhängeschloß wurde entfernt. Die dünne Tür geöffnet. Dahinter lag ein Raum von zwei mal drei Meter. Ali Babas Höhle: Nickel, Kupfer, Messing und Silber. Karneol, Ebenholz und Glasperlen. Ringe, Ohrringe, Armreifen, Ketten, Schwerter, Messer, Amulette und Tuaregschlösser. Altes und Neues. Filigrane Silbertiere, Gazellen, Wüstenfüchse und Kamele. Tiefrotes Leder mit langen Fransen und türkisfarbenen, weißen und gelben Ornamenten. Kissen, Säcke, Taschen, ein Sattel mit dreigezacktem Knauf und hoher Lehne. Mohamed redete ununterbrochen auf mich ein: »Nehmen Sie das. Oder das da. Das ist schön. Es ist nicht teuer.« Männer und Kinder drängten herein. Es war laut und eng. Alle wollten etwas von mir. Ich wollte nur in Ruhe betrachten.

Ein hochgewachsener, dünner Mann mit unglaublich großen und schmalen Füßen trat auf mich zu. Er lächelte unwiderstehlich und stellte sich vor: »Elhadji«. Er war unverschleiert, jung, sehr attraktiv und sprach gut französisch. Er komplimentierte die Anwesenden mit höflichen Gesten und leisen Worten hinaus. Mohamed fragte noch: »Wollen Sie später einen Tuaregtee trinken?« Ich bejahte, wandte mich den Schätzen zu und hatte endlich die Qual der Wahl. Elhadji beobachtete mich still, saß ruhig in der Hocke auf dem Boden und bewegte sich nicht. Ab und zu erklärte er die Bedeutung einzelner Stücke. Nach einer Stunde war meine Entscheidung getroffen: ein altes Agadezkreuz und ein silberner Ring, ähnlich dem Nasenring eines Kamels, der kunstvoll an einem Lederband befestigt war und um den Hals getragen werden sollte. Mohamed, Elhadjis alter Vater, zieht mich bis heute mit dieser Kette auf: »Willst du immer noch als Kamel herumlaufen?« Die Verhandlung um den Preis dauerte. Umrechnungsfaktoren von französischen in zentralafrikanische Franc (CFA) wirbelten durch meinen Kopf.

Dreizehn französischsprachige Staaten Afrikas benutzen den CFA, der bis 1993 von Frankreich gestützt wurde, einen stabilen Kurs hatte und auf Pariser Banken wie Westgeld eingetauscht werden konnte. Im Prinzip war es, im Gegensatz zu anderen afrikanischen Ländern mit nationalen Banknoten, für die Bürger kein Problem, an Devisen zu gelangen. Da der CFA vorwiegend in Frankreich gewechselt wurde, waren die entsprechenden Staaten gezwungen, hauptsächlich französische Waren zu kaufen. 1993 wurde der Kurs des CFA freigegeben. Sein Wert sank binnen eines Tages um die Hälfte.

Der Handel in der Schmiede machte Spaß. Elhadji war zurückhaltend und leise, aber sehr bestimmt in seinen Preisvorstellungen. Nach zähem, von langem Schweigen unterbrochenem Hin und Her fanden wir eine ehrenvolle Einigung. Ich verbrachte in den folgenden Tagen noch lange Stunden bei den Schmieden, ließ mich vom eintönigen Rhythmus der Hämmer und Feilen, dem leisen Klang ihrer Sprache verzaubern und trank viel Tee aus einfachen Schnapsgläsern.

An diesen Gläsern herrscht immer Mangel. Da die Hand, die das Glas reicht, oft nicht zurückgenommen wird, fühlt man sich genötigt, schnell auszutrinken. Der Tee macht süchtig. Die klebrige Flüssigkeit glänzt sanft wie Nordseebernstein. Auf ihr liegt weicher, weißer Schaum. Eine Köstlichkeit in der sonst so kargen Umgebung. Mit einem Hammer wird Zucker von einem weißglitzernden Zuckerhut abgeschlagen. Trockene grüne Teeblätter werden in der Handfläche oder im Glas abgemessen, in eine kleine, emaillierte Kanne geworfen und mit Wasser aufgegossen. Die Kanne stellt man auf glühende Holzkohle und wartet dann, bis der Tee aufkocht. Jetzt kommt der durch Erfahrung genau bemessene Zuckeranteil hinzu. Es folgt wiederholtes Umgießen, Abschmecken, Umgießen, Aufkochen, Umgießen und Eingießen zwischen Teekanne und Glas. Auf drei Gläser hat der Gast Anspruch: »Das erste so stark und bitter wie das Leben, das zweite so süß wie die Liebe, und das dritte so sanft wie der Tod.« Dieses Gleichnis wird Fremden jedesmal erzählt und darf nicht fehlen.

Elhadji, Hadj Sidi, Mohamed, Ata, Malouchounu, Hamilla – neue Namen bevölkern mein Gehirn und halten meine Gedanken gefangen, als ich Agadez ein paar Tage später mit dem letzten Flugzeug der Air Afrique Richtung Europa verlasse. Danach hat die Tuaregrebellion gegen die Regierung an Heftigkeit zugenommen. Die regulären Flüge aus Paris wurden eingestellt und bis heute nicht wieder aufgenommen.

Monate nach meinem Abschied von Afrika, mitten im sonnig blauen bayerischen Herbst, erreichte mich ein Brief aus Agadez mit der Bitte um Hilfe. Seit Ausbruch der Tuaregrebellion im Mai 1990 im Niger und dem Beginn des bewaffneten Kampfes der Islamischen Heilsfront im April 1992 in Algerien hatte sich die Zahl der durchreisenden Touristen laufend verringert, bis sie ganz ausblieben. Die Schmiedefamilie saß auf ihren Silberwaren fest. Keiner wollte oder konnte mehr etwas kaufen. Der Partisanenkrieg erreichte, zumindest im Bewußtsein, die Bewohner von Agadez schnell. Verunsicherung und Angst bestimmten das ehemals lockere und friedliche Stadtbild. Plötzlich grenzten sich die verschiedenen Völker, vor allem die Haussa, Araber und Tuareg, bewußt voneinander ab und mißtrauten einander zutiefst. Die staatlichen Militärs mißtrauten grundsätzlich jedem Tuareg und verhafteten viele Unschuldige, da ihnen die echten Rebellen immer wieder entwischten. Wer nur verprügelt wurde, konnte von Glück sagen.

Die Schmiede mußten ein neues Konzept zum Überleben entwickeln. Es lag an Elhadji, mit dem Rest der Welt Verbindung aufzunehmen und neue Märkte zu erschließen, da er als einziger in der Familie eine Schule besucht hatte. Sein Vater Mohamed hatte früher alle seine Kinder im Aïr versteckt, um die Schulpflicht zu umgehen, weil man gaubte, die Lehrer aus dem Süden würden die Tuaregkinder verderben. Diese Haltung sollte sich rächen. Bis heute gelangen Tuareg wegen fehlender Ausbildung nur selten in entscheidende Positionen. Elhadjis ältester Bruder, Hadj Sidi, meldete diesen jedoch heimlich in der Schule an. Später entschuldigte er sich beim Vater: »Ich weiß, ich habe einen Fehler gemacht, aber wenn Elhadji nicht in der Schule erscheint, werden dich die Militärs leider abholen.« Was sollte der Alte dem entgegensetzen? Er hatte schon immer großen Respekt vor Uniformen, und er meidet sie bis heute.

Dieser kurze erste Brief aus Agadez war ein Zeichen. Wochen zuvor hatte ich begonnen, Material über die Tuaregschmiede zu sammeln. Eine vage Idee für einen Dokumentarfilm war entstanden. Welch ein Hochmut. Mittlerweile habe ich davon Abstand genommen, weil ich mir der Komplexität dieser völlig anderen Kultur langsam bewußt werde. Ich weiß immer weniger und verstehe immer mehr.

Alle vier bis sechs Wochen landete nun ein dünner, knisternder Luftpostumschlag mit sonnenbunten Briefmarken in meinem Münchner Briefkasten und kündete von einer fremden, fernen Welt. Das jedesmal aus einem Schulheft herausgerissene, karierte Blatt war ungeübt und eng mit Kugelschreiber beschrieben. Anfangs bestanden diese Briefe aus langwierigen Grüßen und Fragen nach meiner Familie. Natürlich erkundigte sich Elhadji auch nach dem Wetter und nach meiner Befindlichkeit – wie stand es mit Müdigkeit, Gesundheit und Arbeit? Am Ende wurden dann erneut alle Familienmitglieder aufgezählt und mit besten Wünschen in jeder Beziehung bedacht. Von Elhadji selbst erfuhr ich wenig. Einerseits hatte er große Angst, zuviel von sich und seiner Familie zu erzählen, da in Agadez der Ausnahmezustand herrschte und die nigrischen Militärs viel Post öffneten. Andererseits befremdeten ihn meine unbefangenen, typisch europäischen Fragen, die nicht mit den strengen Respektregeln seiner zurückhaltenden Kultur zu vereinbaren waren.

In seinem sechsten Brief schrieb Elhadji plötzlich »Liebe Schwester« statt, wie gewohnt, »Dear von Trotha«. »Du« und »Sie« wirbelten noch immer wild durcheinander. »Liebe Schwester« war sicherlich ein erster Versuch, endlich eine ihm bekannte Form von Vertrauen für unseren Umgang zu schaffen. Dem stand viel im Weg. Ich bin weiß. Ich bin eine Frau. Ich bin älter als er. Wir hatten keinen gemeinsamen kulturellen Hintergrund und keine gemeinsame Vergangenheit. Unsere Lebensumstände hätten kaum unterschiedlicher sein können. Wir waren weder durch Freunde noch durch Familie verbunden. Das einzige, was uns verband, war zähe Neugier und die Kommunikation in einer fremden Sprache: erst Englisch und später Französisch. Ich antwortete mit »Lieber Bruder« und wählte das »Du«. Langsam wandelten sich die Briefe immerhin soweit, daß Grüße und Wünsche nur noch die Hälfte des Platzes einnahmen und nicht mehr drei Viertel. Wir wollten uns viel erzählen, kannten uns aber noch nicht gut genug, um Unterschiede genau auszumachen und fein zu überbrücken. Das geschriebene Wort war dafür kaum der richtige Weg. Wie sollte ich ahnen, daß man sich in Agadez die Zeit zum Schreiben stehlen muß, da man nie allein ist? Alleinsein gilt als ungesund und schädlich. Ständig sind Familienmitglieder und Freunde zu Besuch. Sie abzuweisen ist unmöglich. Um still für sich sein zu können, braucht man ein gutes Versteck.

Bei den Tuareg gibt es keine Schreibkultur, obwohl sie eine eigene Schrift besitzen, das *tifinagh*.

Die Buchstaben gehen auf das altlibysche Alphabet zurück. Es wird erzählt, daß jeder einzelne Buchstabe, *iggi*, ein Rätsel darstellt, während die Buchstabenfolge ein lesbares Wort, *iggilain*, ergibt. Das Schriftbild ist sehr variabel und läßt dem Schreiber freie Wahl, ob er von oben nach unten, von unten nach oben, von rechts nach links oder von links nach rechts schreiben und ob er zwischen den Wörtern ein Leerzeichen lassen will oder nicht. Schmiede und Schmiedefrauen beherrschen das *tifinagh*. Schmuckstücke werden häufig mit Inschriften wie: »Ich, Soundso, habe dieses Stück hergestellt« signiert. Dies ist eine der wenigen Formen, in der das geschriebene Wort bei den Tuareg überdauert. Bücher gibt es erst seit einigen Jahren. *Tifinagh* wird verwendet, um Liebeserklärungen in den Sand zu schreiben, die ein Mann seiner Angebeteten nicht direkt sagen kann. Sie antwortet auf die gleiche Weise. Der Wind verwischt alle Spuren.

Elhadji wurde 1968 in Toudou, einem kleinen Lager in der Nähe von Agadez, geboren. Kurz darauf starb die Mutter. Er war ihr neuntes Kind. Die älteste Schwester, Hadja Tata, nahm ihren Platz ein. Mohamed, der Vater, heiratete bald wieder, klagt aber noch heute, daß keine andere seine erste Frau ersetzen konnte. Damals zog die Familie mit ihren Kamelen, Pferden, Schafen und Ziegen einige Kilometer außerhalb der Stadt im Sahel herum. Sahel ist ein arabisches Wort und bedeutet »Ufer«, was es von alters her für die Nomaden der Sahara ist, da sie dort große Märkte und reiche Weidegründe für ihre Tiere finden. Die Schmiede arbeiteten im Freien unter einem schattenspendenden Bastdach. Ihre Kunden suchten und fanden sie.

1974, als Aussicht auf einen konstant wachsenden Saharatourismus bestand, kaufte der Vater Grund in Agadez und übersiedelte bald darauf. Elhadji denkt nicht gern an diese erste Zeit: »Wir waren erst einen Monat in der Stadt, als mein Vater mich das erste Mal auf den Markt schickte. Es gelang mir tatsächlich, eine kleine Tüte Zucker zu kaufen. Auf dem Rückweg, den ich so schnell wie möglich hinter mich bringen wollte, fuhr mich ein Toyota an. Ich weiß nicht, was geschah, aber plötzlich wachte ich auf. Um mich herum standen lauter fremde Menschen. Schnell machte ich die Augen wieder zu und öffnete sie erst Minuten später einen winzigen Spaltbreit. Zuerst sah ich Körper, dann ernste Gesichter. Ich kannte niemanden und hatte große Angst. Was wollten diese Menschen von mir? Sie sprachen davon, daß ich tot sei.

Ich suchte einen Ausweg. Ein Körper entfernte sich. Er brach den dichten Kreis von Feinden auf. Eine Lücke wurde frei. Ich nutzte sie sofort und rannte, rannte um mein Leben, bis ich zu Hause war. Ich hatte wirklich Angst. Noch nie hatten mich so viele Menschen angeschaut. Noch nie war ich so allein. Draußen, weit weg von der Stadt, war alles einfach. Wir kannten die Landschaft, die Nachbarn und alle Tiere.«

Elhadji ging zur Schule. Er bestand eine Klasse nach der anderen und schaffte die Zulassung für die Universität. Mathematik, Physik und Chemie waren seine Stärke. Parallel dazu erhielt er zu Hause die langwierige Ausbildung zum Silberschmied. 1986 stand Elhadji vor der Wahl, zu studieren oder nicht: »Ich habe mich entschieden, Schmied zu werden, weil mir die Arbeit Spaß macht. Außerdem hatte die Familie wenig Geld. Was sollte mit einem Studium, aber ohne familiäre Beziehungen zu einem Politiker aus mir werden?«

Eine durchaus realistische Einschätzung. Durch die Kolonialwirtschaft kam es in Afrika zu ungleichen Entwicklungen in den verschiedenen Stammesgebieten, was Rivalitäten und Konkurrenzverhalten unter den Völkern schürte oder verschärfte. Daraus versuchten die Herrschenden, Vorteile zu ziehen – divide et impera. Einzelne Völker wurden als anderen überlegen betrachtet. Diese Auswahl übernahmen die Afrikaner im Laufe der Jahrzehnte schließlich selbst. Viele afrikanische Staatschefs scharen, um ihre Macht zu erhalten, Leute um sich, auf deren Rückhalt sie bauen können. Die Loyalität zum eigenen Volk und in erster Linie zur eigenen Familie hat meist Vorrang vor dem Gefühl nationaler Zusammengehörigkeit. Im traditionellen Sinn ist das keine Amigowirtschaft, sondern soziale Verpflichtung. Alle wollen am Glück eines Angehörigen teilhaben, da im Falle eines Unglücks auch alle die Folgen tragen. Ein durchaus vernünftiges Verhalten in Ländern, in denen staatliche Strukturen wie Ausbildung, Sozialhilfe, Renten- und Krankenversicherung, medizinische Versorgung sowie Rechtsprechung nicht oder nur ungenügend funktionieren.

»Ein Tuareg sucht seine Abholer!« tönte im Sommer 1994 die Durchsage am Frankfurter Flughafen. Elhadjis erster Besuch in Deutschland. Freunde hatten mehrere Schmuckausstellungen organisiert. Nun sollten wir uns wiedersehen. Da stand er mit zwölf Kilo Silberschmuck in einer Plastiktasche schüchtern und bescheiden am Zoll. Schlank und hochgewachsen, in einen weiten, bestickten Übermantel, *bubu*, eingehüllt, den großen Turban fest um den Kopf gewickelt und ein langes, prachtvoll verziertes Schwert über der Schulter. Selbst den hartgesottenen Zöllnern war soviel Naivität noch nicht untergekommen. Sie ließen ihn großzügig mit geringen Gebühren passieren.

Am ersten Abend wurde langsam gesprochen, aber auch viel und lange geschwiegen. Eine Zigarette nach der anderen verschwand zerdrückt im Aschenbecher. Familie und Essen schienen die unverfänglichsten Themen. Wir quälten uns durch schwierige Namen und unbekannte Gerichte, bis wir lachen mußten. Die erste Fremdheit verschwand. Elhadjis Schweigen war nun nicht mehr peinlich und wurde es auch nie wieder. Trotzdem gibt es noch oft Momente, die viel Geduld und Ausdauer erfordern. Ich befremde ihn, wenn mich einer seiner Bekannten um einen in meinen Augen unverschämten Gefallen bittet und ich einfach ablehne, statt mir eine gute Ausrede einfallen zu lassen. Mich hingegen irritiert, wie wenig Selbstbewußtsein er in manchen Situationen zeigt.

Betritt Elhadji seine Bank in Niamey, dann blickt er sofort zu Boden, zieht die Schultern hoch und benimmt sich so zurückhaltend und beinahe ängstlich, daß der Bankangestellte ihn unweigerlich schlecht behandelt. Der Kunde ist König. Diese sehr westliche Haltung braucht er in Agadez nicht und hat sie folglich nie gelernt. Dort gibt es zur Zeit weder Banken noch Einkaufspassagen mit festen Preisen, sondern nur die Post und einen winzigen, überteuerten libanesischen Supermarkt. Libanesen, von denen in Westafrika mehr als 200.000 leben, kontrollieren vielerorts einen Großteil der Wirtschaft. In Agadez kauft man alles auf zwei großen Märkten ein. Jeder kennt jeden. Die Preise ergeben sich aus Stimmung und Geschick.

Es ist Montag nachmittag, zehn vor vier. Bald wird die große, moderne Bank der Hauptstadt ihre mächtigen Glastüren öffnen. Ich brauche Geld. Auf der Straße warten viele Europäer sowie einige Einheimische in Anzug und Schlips. Sie sind vielfach teurer gekleidet als die Weißen. Bettler versuchen ihr Glück. Uniformiertes Wachpersonal vertreibt sie. Ein sich täglich wiederholendes Schauspiel. Punkt 16 Uhr ist Einlaß. Schnell füllt sich das Gebäude mit lärmenden und drängelnden Kunden. Geordnetes Schlangestehen ist hierzulande nicht üblich. Ich frage mich durch die Schalter der großen Halle und lande endlich im Vorzimmer des Bankdirektors. Elhadji ist verstummt, seit wir die Bank betreten haben, und schleicht wie sein eigener Schatten hinter mir her. Meine MasterCard wird auf ein kleines Silbertablett gelegt und weggetragen. Ich muß viele Formulare ausfüllen und unterschreiben. Die Karte kommt zurück. Anhand langer Computerlisten wird überprüft, ob sie gültig ist. Eine freundliche, gewichtige ältere Angestellte überwacht den Vorgang. Das restliche Personal nähert sich ihr mit großem Respekt. Zwei Stunden vergehen. Die Angestellte begleitet mich kurzatmig, mit langsamen Schritten zum Schalter und wartet, bis ich mein Geld bekommen habe: »Auf Wiedersehen und viel Glück.« Elhadji, der die ganze Zeit über kein Wort verloren hat, sagt draußen: »Die Familie hat hier auch ein Konto. Wenn ich Geld abheben möchte, bekomme ich keines.«

»Bei euch ist es viel zu grün, und alles ist sehr fett.« Dieser Satz war das Resümee von Elhadjis erster Deutschlandreise. Viel später wurde mir klar, welchen Kulturschock er erlebt haben mußte. Abgesehen von unüberwindbaren Banalitäten wie völlig anderen Lebensgewohnheiten – sei es ein deutsches Bad oder ein Staubsauger, seien es unsere Tischmanieren, der unübersichtliche Straßenverkehr oder das ungewohnte Klima – mußte sich der Tuareg in einer Welt zurechtfinden, in der es in seinen Augen sehr kalt zuging. Keiner grüßt den anderen auf der Straße; beim Gespräch schaut man sich direkt in die Augen; die Jungen widersprechen den Alten; es gibt das Wort »nein«; Frauen und Männer essen zusammen; die Menschen haben keine Zeit füreinander. Alles Dinge die gegen sein *tekerakit*, sein Gefühl für Anstand, verstoßen. *Tekerakit* – diesem geheimnisvollen Wort sollte ich noch oft begegnen. Immer dann, wenn sich jemand in meinen Augen merkwürdig verhielt, über bestimmte Dinge nicht sprechen wollte oder plötzlich verstummte. Besucht der Schwiegervater das Haus seines Schwiegersohnes, so erstarrt dieser sofort in Bescheidenheit und Respekt. Am liebsten wäre er unsichtbar, um nur keinen Fehler zu machen.

Agadez im Sommer 1996. Elhadjis Schwiegervater besucht uns. Wir sitzen im Hof und essen. Unsere Blicke sind zu Boden gerichtet. Wir schweigen, wie es sich gehört. Der Schwiegervater wundert sich: »Ihr könnt ruhig reden. Hier ist jetzt Europa.« Elhadji ißt hastig. Er fühlt sich unwohl. Eigentlich darf er in Anwesenheit seines Schwiegervaters nicht essen. Andererseits kann er mich nicht mit ihm allein lassen. Der

Schwiegervater grinst, weiß um das Dilemma und genießt es ausgiebig, indem er immer wieder eine Frage vorschiebt, um Elhadji an der Flucht zu hindern: »Stimmt es, was Désirée über Deutschland erzählt? Bezahlen die Menschen mit ihrer Arbeit wirklich den Staat?«

Kurz nach Elhadjis erstem Deutschlandbesuch, im Dezember 1994, lag ich mit der üblichen Grippe, die irgendwann jeden erwischt, der nach Afrika kommt, in einem staubigen Hotelzimmer und betrachtete die Sandkörner, die über den Boden schwebten. Der Wind trug sie unablässig herein, so daß sich in den Ecken kleine Dünen bildeten. Ein verrosteter Ventilator hing an der Decke. Sein Lärm war so lästig, daß ich lieber die Hitze ertrug. Das Bett quietschte bei jeder Bewegung. Aus dem Hahn im Bad kam braunes Wasser. Nach der langen Reise durch Algerien und einem erzwungenen Aufenthalt in dem nigrischen Grenzort Assamakka empfand ich mein Zimmer wie eine Suite im Ritz. Ich befand mich in Arlit, einer Retortenstadt, die 1971 zusammen mit einem monströsen Uranbergwerk, wo im Tagebau geschürft wird, errichtet wurde. Hier liegen die drittgrößten Uranvorkommen der Welt. Nur zweihundertfünfzig Kilometer von Agadez, aber mehr als tausend Kilometer vom Meer entfernt.

Es klopfte, und Elhadji war da. Staubfrei und faltenlos im hellen Anzug. Wie sehr ich seine offenen Augen vermißt hatte, wurde mir in diesem Moment bewußt. Er drückte mich lange an seine knochigen Schultern. »Ich habe seit Tagen auf dich gewartet. Vor zwei Wochen, als der letzte Konvoi ankam, war ich schon einmal hier.« Unglaublich, wie er einfach so auf Verdacht auf mich wartet. Sich telefonisch anzumelden ist unmöglich. Die Verbindungen aus Algerien funktionieren nie. Das ist so, als könnte man von Deutschland aus nicht nach Österreich, Italien oder Frankreich telefonieren. Schwer vorstellbar, aber es gibt sehr unterschiedliche Realitäten im 20. Jahrhundert – hier Internet, dort »schnelle Post«; hier Strom, dort Feuer; hier Wasserverschwendung, dort Wassermangel; hier Delikatessenabteilungen, dort der tägliche Kampf um einen Bissen Nahrung; hier Singles, dort Großfamilien; hier Tamagotchis, dort Kamele; hier Video, dort Geschichten ...

Elhadji setzte sich an mein Bett. Er hatte den Blick auf den Boden gerichtet. Das konnte nur bedeuten, daß er mir etwas Wichtiges zu erzählen hatte. Die Worte sprudelten fast ohne Betonung aus ihm heraus, so als wollte er eine Beichte ablegen: »Ich muß dir etwas sagen. Ich habe eine Tochter. Sie heißt Armina. Das mit dem Baby ist vor meiner Abreise nach Deutschland passiert. Meine Frau heißt Kola. Unsere Eltern hatten die Ehe schon lange vor dem Imam geschlossen. Nach meiner Rückkehr aus Deutschland wurde ich plötzlich Vater. Es gefällt mir.« Ich unterbrach ihn mit einem Lachen. Als er im Sommer in Deutschland war, wich er beim Thema Liebe stets auf Vorschulniveau aus oder verstummte – *tekerakit*. Daß er zu diesem Zeitpunkt bereits verheiratet war, hat er nie erzählt.

Uneheliche Kinder haben es in dieser islamisch geprägten Gesellschaft unendlich schwer. Um dem Kind eine Zukunft zu ermöglichen, wird in der Regel schnell geheiratet. Man kann sich ja später wieder scheiden lassen. Das geht wesentlich einfacher und schmerzloser als bei uns. Normalerweise gibt es keinen Streit um Besitz und Kinder. Alles ist von vornherein festgelegt. Wenn man sich nicht mehr versteht, geht man auseinander und versucht sein Glück anderswo.

»Bis daß der Tod euch scheidet« – diesen Satz empfindet die Familie als Kriegserklärung. »Das ist zu schwer«, murmelt ein alter Herr und spuckt Tabak in elegantem Bogen aus der Tür. »Du darfst bei euch nicht heiraten«, erklärt er mir. »Woher soll man wissen, ob man es ein ganzes Leben miteinander aushält?« Auch alle anderen empfinden den christlichen Eheschwur als unhaltbar und unmöglich. Das Thema wird heiß diskutiert: »Nimm dir hier einen Mann«, rät man mir.

Heute, nach vielen gemeinsam erlebten Monaten in Afrika und Europa, fühlen und benehmen Elhadji und ich uns wie richtige Geschwister. Seine Familie im Niger, vor allem seine Frau Kola, hat mich aufgenommen. Das gleiche gilt umgekehrt für meine Familie in Deutschland. Irgendwie wissen wir meistens, was oder wie der andere denkt und fühlt. Es hat sich einfach ergeben, daß wir uns trotz aller Unterschiede sehr nahe sind und jeder den anderen vermißt, wenn er nicht da ist. Wir können gut zusammen reisen und lassen uns selbst unter engsten Verhältnissen genügend Raum. Für Elhadji steht fest, daß ich, sobald ich einmal nicht mehr arbeite, ganz nach Agadez ziehe. Mein Haus steht schon. Nur durch einen großen Innenhof von seinem getrennt. Er hat es für mich bauen lassen. Je mehr ich es einrichte und zu meinem mache, desto glücklicher ist er.

Ihm fällt es jedesmal leicht, Europa zu verlassen. Das Leben dort berührt ihn nicht. Ihn berühren nur einige Menschen. Mir ergeht es anders. Ich glaube, daß ich nie ganz ohne Europa leben könnte. Abgesehen von gewohntem Luxus wie Bibliotheken, Museen und Theatern frage ich mich, ob ich mich je mit einem einfachen *Inschallah* zufriedengeben könnte und angesichts der unlösbaren Probleme in der Republik Niger gelassen bliebe. Rechtssicherheit besteht de facto kaum. Regierungen wechseln in den letzten Jahren schnell. Die Umweltverschmutzung nimmt rapide zu. Die medizinische Versorgung ist, sofern vorhanden, miserabel. 19 Prozent der Säuglinge sterben, 28 Prozent der Bevölkerung sind Analphabeten, und die Lebenserwartung liegt bei 46 Jahren. Deutschland zum Vergleich: Die Säuglingssterblichkeit beträgt 0.6 Prozent, weniger als 5 Prozent der Bevölkerung sind Analphabeten, und die Lebenserwartung liegt bei 76 Jahren.

In der Republik Niger stagnieren Wirtschaft und Außenhandel. Die Auslandsverschuldung ist hoch. Die Staatskasse ist leer. Korruption bestimmt das Leben. Staatsbeamte, Soldaten und Funktionäre werden seit Januar 1995 unregelmäßig oder überhaupt nicht bezahlt. Seit Herbst 1996 rufen die Oppositionsparteien und der Gewerkschaftsdachverband zu Generalstreiks auf. Verhaftungen von Regimegegnern und regelmäßige Amnestien, die durch Druck aus dem Ausland erzwungen werden, sind an der Tagesordnung. Ich bezeichne die politische Lage Anfang des Jahres 1997 als gesittete Anarchie, da es trotz fehlender Perspektiven für die Bevölkerung zu erstaunlich wenig Gewalttaten kommt.

Große Demonstration der Oppositionsparteien gegen den Präsidenten Ibrahima Baré Maïnassara am Grand Marché in Niamey. Am 11. Januar 1997 brennen jede Menge Autoreifen. Schwarze Rauchsäulen zerschneiden die heiße Luft und tragen ätzende Gifte in die Lungen. Ich verstecke mich mit Elhadji hinter den Lederwaren eines Straßenhändlers. Der Verkäufer nimmt es gelassen zur Kenntnis. Menschen rennen wild durcheinander. Junge Männer schreien Parolen. Kinder genießen das Spektakel. Händler schließen ihre Stände und warten. Von links, aus Richtung Stadtmitte, kommt ein dumpfes Geräusch wie ununterbrochenes Trommeln stetig näher: Dum – dum, dum – dum, dum – dum, dum – dum ...

Sie sind da. Etwa dreißig Soldaten mit modernen französischen Plexiglasschilden, die sie mit Schlagstöcken bespielen, marschieren in Fünferreihen, dahinter einer mit einem schweren MG und als Nachhut sechs Männer mit leichten MGs. Jetzt erscheint der Kommandant mit einem leuchtendroten Barett schräg auf dem Kopf. Er steht, umringt von weiteren Bewaffneten, auf der Ladefläche eines Toyotas. Es folgen vier Transportfahrzeuge. Langsam bewegt sich die Kolonne an uns vorbei auf den ersten brennenden Reifen zu, der in etwa dreißig Metern Entfernung neben einer Shell-Tankstelle liegt.

Die Trommler umrunden den Reifen und warten. Zwei Soldaten begutachten den Brandherd. Sie versuchen, mit einem Wasserkanister zu löschen. Fehlanzeige. Die Menge johlt. Decken werden angeschleppt. Die Soldaten drängen sich enger um den Brandherd und versperren die Sicht. Ein paar Kinder werfen Steine. Plötzlich fällt ein Schuß. Ruhe. Panik. Schaulustige stieben auseinander und kommentieren das Geschehen aus angemessener Entfernung. Nach einer halben Stunde ist der Reifen gelöscht. Die Kolonne setzt sich wieder in Bewegung: Dum – dum, dum – dum, dum – dum, dum – dum ... Es warten noch viele Reifen.

Eine Europäerin ist zu Besuch. Sie erfrischt nicht nur mich mit ihrer erstaunlichen Naivität: »Daß ihr sogar fließendes Wasser habt! Und einen Kühlschrank! Geht das Fax wirklich?« Elhadji verläßt den Raum und lacht heimlich im Hof.

Erwartungen und bestehende Realität klaffen oft weit auseinander. Wie schnell verdirbt man den »Touristen« das romantische Bild vom edlen Ritter. Sie erwarten meist Menschen, die denken und handeln wie sie selbst. Nur das Äußere dieser Menschen soll möglichst fremd sein. Innere Strukturen und Verhaltensweisen müssen jedoch in gewohnter Art berechenbar bleiben. Hier liegt die Falle. Viel von dem, was ich bisher gelernt habe, kann ich in Agadez in den Papierkorb werfen, den es nicht gibt. Worte und Gesten, Vernunft und Gefühle, Wissen und Glauben – nichts entspricht dem, was ich als Europäerin kenne. Alles entzieht sich der gewohnten Vorstellung. Schon ein Blick zuviel, sei er auch noch so schüchtern und respektvoll, kann beleidigen. Es gelten völlig fremde Regeln, gebunden an die strengen Vorschriften des *tekerakit*. Dabei sind die Schmiede die einzigen, die es verletzen dürfen. Nach bestimmten Regeln, versteht sich.

Ähnlich genau festgelegt ist die Aufgabenverteilung. Ich räume mit Lalla, einer Nichte von Elhadji, den Verkaufsraum auf. Wir fegen und wischen wie besessen, befestigen die blauen Stoffe an den Wänden neu und stellen die Schmucktische um. Die Männer lassen sich ab und zu blicken, werden aber sofort vertrieben. Elhadji bringt Lederarbeiten der Frauen, die aufgehängt werden sollen. Es macht Spaß, die Waren zu sortieren und auszulegen. Nach drei Stunden glänzt nicht nur das Silber. Die Frauen können nicht verstehen, warum ich den Männern bei der Arbeit helfe. Der Laden ist ihre Domäne. Sollen sie doch selbst Ordnung halten.

Mein Anfall von Arbeitswut wird als weitere europäische Merkwürdigkeit abgetan, von denen sie schon einige kennen. Hadja Kune, die Frau des Familienoberhauptes, findet es zum Beispiel unverständlich, daß ich meine Kleidung selber wasche, das Haus fege und beim Abwasch helfe. Für diese Arbeiten sind Kinder zuständig. Sie lacht, wenn ich neuerworbene Stoffe eigenhändig säume. Schneidern ist Mänsnerarbeit. Die Schmiedefrauen in der Stadt kochen und stillen ihre Babys, geben sie dann aber gleich wieder an die älteren Geschwister ab. Sie melken Ziegen, flechten Bastmatten, fädeln Ketten und stellen komplizierte Lederarbeiten her. Keine arbeitet für sich allein. Immer sitzen sie zu mehreren in einem Innenhof. Besucher finden sich ein und erzählen den neuesten Tratsch. Einer von Hadja Kunes Cousins kommt oft vorbei. Er ärgert sie jedesmal mit der Bemerkung: »Dein Mann muß sich eine junge Frau suchen. Du wirst alt und faul.« Hadja Kune läßt dann das Ledermesser sinken. Ihr tiefes Lachen füllt den Hof: »Da wird er viel Spaß haben, wenn der Haushalt durcheinandergerät.«

Alle Kinder der Brüder eines Mannes zählen für seine eigenen Kinder als Brüder und Schwestern, während die Kinder seiner Schwestern Cousins und Cousinen sind. Zwischen Cousins oder Cousinen herrscht immer ein scherzhafter, leicht bissiger Umgangston. Auch wenn zwei gut befreundet sind, werden diese Wortgefechte von der Umgebung erwartet. Ein Ventil für die sonst so strengen Verhaltensregeln.

Es gibt Momente, da würde Elhadji mich am liebsten auf den Mond schießen. Meistens dann, wenn ihn eine seiner älteren Schwestern herzitiert, um ein Problem mit mir zu besprechen. Wie ein Schulbub sitzt er dann da und findet keine Möglichkeit, sich der unangenehmen Situation zu entziehen. Frauen- und Männerwelt sind eigentlich streng getrennt. Da die Frauen jedoch kaum französisch sprechen, ist Elhadji oft der einzige, der übersetzen kann. Sein *tekerakit* zählt in diesen Momenten nicht. Dem Respekt gegenüber den älteren Schwestern kann er sich nicht entziehen.

Hadja Cari, Elhadjis älteste Schwester, sitzt neben mir auf dem Boden. Sie möchte ein medizinisches Problem klären, das eine ihrer Töchter nach jeder Geburt hat. Elhadji soll übersetzen. »Du mußt mir alles genau erzählen, auch wenn es dir peinlich ist. Sonst kann ich bei den Ärzten in Deutschland keine Diagnose bekommen.« Unruhig, den Blick starr nach unten gerichtet, rutscht Elhadji auf dem einzigen Stuhl im Raum hin und her. Er spricht ohne Betonung. Ich bin sicher, daß er das ganze Gespräch hindurch knallrot war. Spätestens jetzt kennt er sich in weiblicher Anatomie gut aus. Ich verspreche Elhadjis Schwester, eine Lösung zu suchen. Hadja Cari strahlt eine gelassene Fröhlichkeit aus. Ihre Augen sind wach und neugierig. Sie kann zuhören und erzählen. Dabei bewegt sie sich wenig und zieht nur ab und zu mit einer eleganten Handbewegung ihren blauen Kopfschal zurecht. Ihr Alter ist schwer zu erraten: vielleicht vierzig, vielleicht fünfzig, vielleicht auch sechzig.

Durch seine Aufenthalte in Europa lernt Elhadji, immer besser mit ihm peinlichen Situationen umzugehen. Meine Freundinnen und Freunde in Deutschland nehmen kaum ein Blatt vor den Mund, wenn sie Fragen haben. Manchmal erröte ich schon statt seiner. Elhadji entwickelt inzwischen vorsichtige Neugier, was die Geheimnisse der Frauen betrifft. Allerdings erörtert er dieses Thema am liebsten mit mir allein. Dabei ist er völlig offen und kaum verlegen. Oft muß er bei seiner Frau Kola nachfragen, was ihn nicht zu stören scheint. Ich habe das Gefühl, die beiden können über fast alles reden. Kola lacht dann immer: »Das kommt doch schon wieder von Désirée.« Nicht selten läßt auch sie durch ihn die Fragen stellen.

In Agadez sitzt man täglich nach dem Mittagessen mit Verwandten und Freunden zusammen – Siesta. Wer müde ist, schläft. Manchmal ergeben sich Gespräche über Männer, Frauen und Familie in Europa.

Unsere Freiheiten sind ihnen unheimlich, wenngleich der Umgang zwischen den Geschlechtern, im Gegensatz zu arabischen Gesellschaften, hier ungezwungen ist. Manche Liebschaft allerdings gedeiht im verborgenen. Die Form muß gewahrt werden. Frauen sind Mütter, Schwestern, Cousinen, Töchter, Ehefrauen und Geliebte. Daß man mit ehemaligen Geliebten noch Kontakt haben kann, ist befremdlich. Eine Frau als intellektuelle Gefährtin und Freundin ist unvorstellbar. Für mich gilt diese Regel nicht. Ich bin weiß und werde dank Elhadjis grenzenlosem Vertrauen von seinen Freunden angenommen.

Der Nachmittag vergeht bei Salah, dem Schneider. Elhadji lungert schläfrig auf einer Matratze. Salah zeigt mir sein Fotoalbum. Vergilbte und abgegriffene Jugendbilder: Elhadji und Salah Arm in Arm. Elhadji mit langen Haaren. Salah im Jeansanzug. Und immer wieder stehen und sitzen junge Frauen eng an die Männer gedrängt. »Verflossene«, wie Elhadji verschämt gesteht. Ich wende mich an Salah: »Was ist aus ihnen geworden? Seht ihr sie noch?« Dieser lacht grundlos und weiß nicht, wohin er schauen soll. Er entscheidet sich für den Boden. Elhadji hilft dem Freund: »Manche sind verheiratet, aber von vielen weiß man nichts. Der Kontakt ist abgebrochen. Bei mir sowieso. Ich bin doch verheiratet.« Jetzt schaut Salah mich plötzlich an: »Ist das bei euch etwa anders? Sieht man sich nach einer Trennung noch?« Elhadji antwortet für mich: »Ja, bei denen ist alles anders. Mann und Frau küssen sich auf der Straße. Sie sprechen über alles. Frauen haben männliche Freunde, so wie wir Freunde sind. Es gibt sogar Ehepaare, die keine Kinder wollen.« Salah unterbricht: »Warum heiraten sie dann?« Ein Junge bringt Tee. Als er verschwunden ist, nimmt Salah das Thema wieder auf: »Die Frauen dort sind einfach anders. Sie verdienen ihr eigenes Geld. So wie Désirée. Aber vielleicht sind sie nicht so heißblütig wie unsere Frauen?«

»Ich liebe dich, meine Schwester« – so hingeworfen, einfach und klar, ohne falsche Töne, sagt nur Elhadji diesen Satz. Bei uns beinhaltet »Ich liebe dich« zu oft Kitsch, Sentimentalität oder Selbstaufgabe. Dadurch verliert dieses fundamentale Bekenntnis seinen Wert. Die Tatsache, daß ein Mensch bereit ist, den anderen so zu nehmen, wie er ist, wird meist von künstlichen Normen und Lifestyle verdorben. Für Elhadji war und ist dieser Satz kein Problem, während ich ihn aufgrund schlechter Erfahrungen möglichst vermeide.

Die abendländische Ehe läuft aufgrund unserer Traditionen und Geschichte oft auf die Gleichung 1+1=1 hinaus, während der Afrikaner nie etwas anderes als 1+1=2 gelebt hat. Wie können sich zwei »Ich liebe dich« sagen, wenn es von einem Selbstaufgabe fordert? Dies ist für Elhadjis Familie in Agadez unverständlich. Männer und Frauen bleiben ihrer eigenen Familie stets mehr verhaftet als der, in die sie eingeheiratet haben. Das gilt auch in bezug auf den Partner. Vielleicht rührt diese Haltung aus der Vergangenheit her, als es den Islam noch nicht gab und der Glaube an eine Wiedergeburt aus dem Kreis der eigenen Ahnen das Leben bestimmte. Wie könnte einer die Ahnen des anderen für sich in Anspruch nehmen? Zwei Lebenskreise können sich in einem kleinen Bereich schneiden, aber spätestens mit dem Tod kehrt jeder zu seinen eigenen Ahnen heim und von dort irgendwann in das irdische Leben zurück. Die Kinder eines Paares richten sich entweder nach den Ahnen der Mutter oder nach denen des Vaters aus. In dieser Hinsicht sind die Traditionen der Völker verschieden. In vielen afrikanischen Kulturen erforschen die Seher vor der Geburt eines Kindes, welcher Ahne auf die Welt zurückkehren will, und empfangen diesen mit den entsprechenden Ritualen.

»Es gibt Menschen, die mit dem Herzen sprechen, und solche, die es nicht tun.« So klar und einfach unterteilt Elhadji seine Umgebung in zwei Kategorien. Für die erste würde er sein letztes Hemd geben. Der anderen versucht er aus dem Weg zu gehen, weil Begegnungen mit diesen Menschen, vor allem wenn sie älter sind als er, immer Komplikationen hervorrufen. Das Wort »nein« gibt es kaum. Es wäre zu unhöflich und zu respektlos. Statt dessen muß man sich gute Ausreden einfallen lassen.

So wie bei Abbu, dem Freund eines Freundes von Elhadji, den wir einmal in Niamey besuchten. Er ist der Sohn eines Politikers und Student. Abbu kocht Tee und fixiert mich. Ich drehe den Kopf zu Elhadji. Er hat bemerkt, daß sich Abbu für einen Tuareg reichlich unhöflich verhält. Ehe er ihn ablenken kann, platzt auch schon ein lauter Satz auf französisch in den Raum: »Du mußt mir ein Flugticket nach Europa kaufen!« Ich bin kurz versucht zu fragen: »Warum?« Wieder ein Blickwechsel mit Elhadji und Abbus ungeduldiges: »Und?« Ich blicke zu

Boden: »Ich würde dir gern helfen. Leider haben wir in Europa noch nicht herausgefunden, wie man Geld auf Bäumen wachsen läßt.« Abbu sagt empört etwas auf tamaschek zu Elhadji und kocht wieder Tee. Der Rest des Nachmittags verläuft friedlich. Die Gastfreundschaft ist heilig. Später übersetzt mir Elhadji, was Abbu gesagt hat: »Die ist gemein. Woher weiß sie, wie man richtig antwortet?«

März 1997. Seit zwei Tagen befindet sich die Republik Niger im Streik. Es gibt weder Strom noch Wasser. Die Hirseernte steht kurz bevor. Die elektrischen Pumpen zur Bewässerung der trockenen Felder im Haussaland stehen still. Die Preise steigen. Kosteten zwanzig Liter sandiges Brunnenwasser gestern noch zwei Pfennige, so sind es heute schon neunzig.

Ich bin vorbereitet. Alle verfügbaren Kanister und Schüsseln sind, bis zum Rand gefüllt, im Schatten meiner Dusche versteckt. Mittlerweile bedient sich auch Kola bei mir. Sie hatte, genau wie ich, ihre Reservoire gefüllt, scheiterte aber an den vielen Anfragen von Nachbarinnen und Verwandten, die wegen der allzu verständlichen »Müdigkeit« keine Vorräte angelegt hatten. Was sollte sie machen, da sie unmöglich nein sagen konnte, zumal die meisten auch noch älter waren?

Athyma, eine besonders herrische und faule, von allen Frauen der Familie gefürchtete Schwägerin, betritt mein Haus: »Guten Tag, gib mir Wasser«, sagt sie. »Gern«, anworte ich. »Sogar sehr gern. Aber du weißt schon, daß ich das Brunnenwasser nicht trinken kann wie du und davon Durchfall bekomme. Manche Europäer sterben sogar daran.« Schnell dreht sie sich um und verschwindet mit einem schroffen, wütenden Hüftschwung: »Bis morgen.« Ich habe ihr *tekerakit* berührt. Kola, die die ganze Zeit neben uns stand, freut sich. Wir beschließen, beim nächsten Streik einen Teil ihrer Wasservorräte in meiner Dusche zu verstecken.

Eines Tages kommt Machmed zu Besuch. Ein sehr unangenehmer Tuareg, den ein europäischer Freund angeschleppt hat. Machmed ist dafür bekannt, daß er lügt und betrügt. Sein gepflegtes Äußeres und sein gutes Französisch lassen ihn seriös erscheinen. Da er aus einer angesehenen Familie stammt, kann man ihn nicht einfach abweisen.

Machmed rutscht unruhig auf seinem Stuhl hin und her. Seit er da ist, betritt ein Freund nach dem anderen mein Haus und erzählt belangloses Zeug. Elhadji dirigiert den Besucherstrom heimlich vom Hof aus.

Keinen Moment ist Machmed mit mir allein. Plötzlich verläßt er den Raum. Minuten später ruft mich ein kleinlauter Elhadji hinaus. Man sollte Machmed nie unterschätzen. Nun hat er statt meiner den armen Elhadji um 6.000 CFA gebeten. »Ich habe kein Geld, aber vielleicht ist Désirée bereit, dir etwas zu leihen«, schlägt Elhadji vor. Dabei zwinkert er mir zu. »Ich gebe dir 5.000 CFA, aber du mußt sie mir morgen zurückbringen«, lautet meine Antwort. In der Vergangenheit hat Machmed seine Schulden noch nie beglichen. So wird mich dieses Darlehen an ihn in Zukunft von seinen Besuchen verschonen, da er mein Haus nicht mehr betreten kann, ohne das Geld zurückzuzahlen – *tekerakit*.

Im Sommer ist es am frühen Nachmittag oft so heiß, daß jede Bewegung zur Qual wird. Selbst der Ventilator bläst dann nur noch warmen Wind. Männer, Frauen und Kinder liegen fast regungslos auf den Bastmatten im Schatten der Schmiede. Irgendwann beginnt einer mit den Worten: »Es war einmal ein Monsieur ...« Oft ist es Elhadji, der das Wort ergreift. Geschichtenerzählen ist seine Leidenschaft.

»Ein Tuareg wird von einem großen, aufgeregten Kamelhengst verfolgt und rennt um sein Leben. Er wäre nicht der erste, den so ein Tier in blinder Wut zertrampelt. Das Kamel ist ihm dicht auf den Fersen. Nicht weit vor dem Tuareg steht eine einzelne Akazie, die über und über mit dichtem *cram cram* bewachsen ist, einem Wüstengewächs mit unzähligen winzigen Stacheln, die in die Haut eindringen und eitern, wenn sie nicht entfernt werden. Noch wenige Meter. Die Akazie bietet die einzige Zuflucht. Das Kamel holt den Mann ein. Schon ist der Gestank seines Atems zu spüren. Blub, blub, blub – blub, blub, blub ... – die bedrohlichen Geräusche des Tieres sind gefährlich nah. Der Tuareg hat große Angst. Im letzten Moment durchdringt er das *cram cram* und versteckt sich dahinter. Das vor Wut blinde Kamel rast vorbei. Erleichtert will der Tuareg seinen Zufluchtsort verlassen. Aber kein Weg führt hinaus. Die winzigen, angriffslustigen Stacheln versperren den Weg in die Freiheit. Stundenlang versucht er, das gemeine Dickicht zu durchdringen. Inzwischen sind andere Tuareg herbeigekommen und helfen von außen nach. Vergebens. Die Akazie will den Tuareg behalten. Schnell bricht die Nacht herein. Feuer werden angezündet. Man beratschlagt, wie der Gefangene befreit werden könnte. Ein alter Mann meint, nur das, was den Tuareg in die Akazie getrieben habe, könne ihn auch wieder von ihr lösen. Die anderen sehen ihn ratlos an. Ein junger Bursche begreift, nimmt ein brennendes Holzscheit, geht langsam zu der Akazie und zündet sie an. Schnell frißt das Feuer die trockenen Äste, und noch schneller bricht der Eingeschlossene mit einem lauten Schrei aus seinem Gefängnis aus. Wieder hat die Angst gesiegt.«

Einige alte Männer lassen sich nieder. Nach dem endlosen Begrüßungszeremoniell bitten sie mich, ihnen den Begriff »Föderalismus« zu erklären. Kein leichtes Unterfangen. Bald ist Wahltag. Beide Tuaregparteien haben dieses Wort als Zugpferd in ihrem Wahlprogramm. Ich male einen fiktiven Staat, unterteilt in mehrere Bundesländer, in den Sand. Wir diskutieren lange. Fleißig wird Kautabak gekaut und gespuckt. Ekaouel, ein Cousin, trifft ein. Er hat unter den Franzosen als Offiziersbursche gedient und versucht stets, schlauer zu sein als alle anderen. Seit ich da bin, möchte er eine Schmuckbestellung ergattern, kann aber nicht offen fragen, da er sonst Ärger mit dem Familienoberhaupt Hadj Sidi bekäme. Ich stelle mich regelmäßig dumm.

Ekaouel ist berühmt für seine Silbertiere und hat schon für Hermès gearbeitet. Gestern bekam er meine Bestellung: »Ich hätte gern eine Giraffe mit Sattel und Reiter.« Er war verzweifelt: »Wie soll denn ein Sattel auf einer Giraffe halten?« – »Das ist dein Problem.« Die anwesenden Männer lachen, als sie von dem Auftrag hören. Ratschläge werden erteilt. Einer fragt, ob der Reiter Europäer oder Tuareg ist.

Ein anderer setzt zu einer Anekdote über Ekaouel an. Dieser protestiert laut. »Vor einigen Jahren saß ich mit Ekaouel vor dem Hotel Aïr, um Schmuck zu verkaufen. Ekaouel hatte seine Tiere – Elefanten, Strauße, Wüstenfüchse, Kamele und eine Giraffe – vor sich ausgebreitet. Auf die Giraffe war er besonders stolz, da es seine erste war. Ein Franzose näherte sich uns, betrachtete die Waren und nahm die Giraffe in die Hand. Ekaouels Augen glänzten. Der Tourist sagte: ›Dieser Hund gefällt mir gut.‹ Ekaouel war empört: ›Das ist kein Hund! Das ist eine Giraffe.‹ Wieder sagte der Franzose: ›Dieser Hund gefällt mir gut.‹ Ich konnte Ekaouel gerade noch davon abhalten, den Franzosen zu beleidigen. ›Wenn der Franzose meint, daß es ein Hund ist, dann ist es eben ein Hund.‹ Wütend packte Ekaouel seine Sachen zusammen und verschwand ohne ein weiteres Wort.«

Elhadji fragt die Runde, ob sie sich an die Geschichte mit der Polizei erinnern. »Ekaouel spielte mit einem Cousin im Sand *dera*, eine Art Damespiel. Der andere gewann. Da brauste Ekaouel auf und behauptete, sein Gegenspieler habe ihn betrogen. Eine wilde Diskussion entbrannte. Plötzlich griff Ekaouel, der damals sehr stark und jähzornig war, zu einem Stein. Die Zuschauer versuchten zu fliehen. Einer schrie geistesgegenwärtig: ›Polizei!‹ Sofort ließ Ekaouel den Stein fallen.« Lachen in der Schmiede.

Jemand erzählt von Bakar, dem Beschneider. Jungen werden zwischen dem fünften und achten Lebensjahr beschnitten. Früher erledigten das Korangelehrte oder Schmiede. Heute wird die Beschneidung meist im Krankenhaus durchgeführt. »Vor Jahren war Bakar zu Besuch bei seiner Schwiegermutter. Und ihr wißt doch, daß man sich bei den Schwiegereltern keine Fehler erlauben darf.« Alle stimmen laut zu. »Als Bakar dort sitzt, sieht er plötzlich, wie eine Schlange in sein Hosenbein kriecht. Er bleibt ruhig. Die Schwiegermutter bemerkt nichts und unterhält sich weiter mit ihm. Als die Schlange ein wichtiges Teil erreicht, zischt Bakar plötzlich: ›Ein Messer!‹ Die Schwiegermutter stellt sich taub. Erneutes Zischen, diesmal eindeutig und so laut es geht: ›Ein Messer!‹ Die Schwiegermutter fragt, ob er verrückt geworden sei. Wieder: ›Ein Messer!‹ Da Bakar immer ein vernünftiger Mensch war und ihre Tochter liebt, gibt sie es ihm mit langer Hand und flieht dann eilig in Richtung Tür. Dort bleibt sie stehen und beobachtet den vom bösen Geist besessenen Schwiegersohn mißtrauisch. Dieser schneidet langsam – erst links, dann rechts – seine Hosenbeine der Länge nach auf und springt dann plötzlich in die Höhe. Das Beinkleid fällt. Er steht ohne Hose da. Die Schwiegermutter flüchtet.« Alle lachen. Bakar leidet noch heute, zwanzig Jahre später, unter dieser Geschichte.

Meine Lieblingsgeschichte hat Elhadji auf einer Reise durch Nigeria selbst erlebt. Wenn es etwas gibt, worin sich die verschiedenen Völker der Republik Niger einig sind, dann die Tatsache, daß aus Nigeria nur Schlechtes kommt – Diebe, Betrüger, Mörder, Prostituierte und Drogenhändler. Außerdem essen die Menschen dort auch Hunde, Katzen, Ratten, Affen und Mäuse. Die Nigerianer haben keinerlei Ehrgefühl und nehmen, egal ob Staatsbeamter oder einfacher Bürger, Fremde grundsätzlich aus. Nigerias Grenzstationen sind gefürchtet. Von Raub und Erpressung wird berichtet. Keiner, der nicht eine Geschichte über die Gemeinheiten der Nachbarn zu erzählen wüßte.

Um so erstaunlicher, daß Elhadji dort einem anständigen Mann begegnet ist. »Ich saß mit meinem Bruder Ata an der Busstation in einem kleinen Dorf in der Nähe von Lagos. Es war um die Mittagszeit und sehr heiß. Dort schwitzt man wirklich. Kaum jemand war auf der Straße. Wir hatten Hunger, aber es gab nur einen Mann, der angeblich gebratene Hühner verkaufte. Die Hühner sahen komisch aus. Sie waren sehr klein und hatten keine Flügel. Außerdem esse ich in Nigeria kein Fleisch. Man weiß nie, von welchem Tier es stammt. Wir saßen ziemlich müde herum. Ata schlief bald ein. Wann der Bus kommen würde, konnte uns niemand genau sagen. Ich versuchte, wach zu bleiben, da wir etwas Silberschmuck zum Verkauf bei uns hatten. Alles war gut am Körper versteckt. Immer wieder tastete ich nach meiner rechten Wade, wo in einer Lederlasche mein Messer steckte. Dort reist niemand unbewaffnet. Plötzlich kam ein kleiner, dicker Mann direkt auf mich zu. Er blieb einen Meter vor mir stehen und sagte: ›Ich bin ein Dieb. Gebt mir sofort euer Geld.‹ Irgendwie mußte ich lachen. Hat man bei uns je von einem Dieb gehört, der sich als Dieb ausgibt? Er wiederholte: ›Gebt mir sofort euer Geld, sonst rufe ich meine Freunde.‹ Er sah nicht besonders gefährlich aus, und ich zeigte ihm meine leeren Taschen: ›Wie kannst du einen Mann mit leeren Taschen nach Geld fragen?‹ Zögernd kam der Dieb noch einen Schritt näher: ›Habt ihr wirklich nichts?‹ Endlich wachte auch Ata auf, schaute den Mann verschreckt an und schlang sofort seinen Turban fester um den Kopf. Du weißt ja, wie ängstlich er ist. Ich bedeutete ihm, ruhig zu sein, und wandte mich dem Dieb zu: ›Na ja, ich will nicht lügen. Wir haben gerade noch genug für den Bus nach Lagos. Mehr nicht. Willst du etwa zwei Fremden in deinem Land ihr letztes Geld abnehmen? Dann müßten wir ja zu Fuß laufen.‹ Jetzt lachte der Dieb und setzte sich einfach neben mich. Wir haben uns gut unterhalten, bis endlich nach vier Stunden der Bus kam. Sogar Tee hat der Dieb uns spendiert.«

Im Sommer 1996 ging Elhadji mindestens einmal in der Woche auf die Polizeiwache. Er hatte im April einen Antrag auf einen Führerschein Klasse III gestellt. Um den begehrten Ausweis zu erwerben, muß man unendlich viele Formulare ausfüllen, mindestens sechs Paßfotos organisieren und all das mit den Bearbeitungsgebühren bei der Polizei einreichen. Elhadji hatte Glück. Monate später und nach zahllosen Anfragen war der Führerschein endlich da. Ein sauberes, neues Papier, das noch in Plastik eingeschweißt werden sollte. Diese Hürde wurde in einer winzigen, dunklen Bretterbude am Markt genommen. Der eigene Wagen war bei einem Freund in Deutschland bestellt worden und sollte bald eintreffen. Er hatte den schwierigen Weg durch die Sahara glänzend überstanden. Jetzt konnte der Spaß beginnen. Elhadji durfte endlich Auto fahren.

Bisher war er auf seinem Motorrad sehr schnell und weitgehend unfallfrei über die sandigen Pisten gepreschst. Selbst wenn es kritisch wurde, hatte er meistens Glück. So auch damals, als wir zusammen unseren Freund Offon in Akirkui besuchen wollten.

Der Kori, das normalerweise ausgetrocknete, sandige Flußbett, führt nach dem heftigen Regen am Tag zuvor plötzlich viel Wasser und hat sich in drei Arme verzweigt. Das bedeutet immer wieder schieben. Sand und Matsch, gespickt mit langen, stachligen Akazienzweigen, bereiten wenig Vergnügen. Unsere Füße sind ungeschützt, da wir die Mokassins, die längst tropfnaß sind, auf den Gepäckträger geschnürt haben. Lange, tiefe Sandfelder lassen sich mühsam durch heftiges Aufundabwippen im Sattel überwinden. Wie immer fährt Elhadji viel zu schnell. Er wundert sich, wenn der Lenker in den Kurven fast den Boden berührt. »Das war zu schnell«, sagt er dann und dreht sich erstaunt zu mir um, bis ich das nächste Hindernis sehe und seine Aufmerksamkeit nach vorn lenke. *Alhamdulillah* – kein gemeiner Stachel kreuzt unseren Weg. Reifen und Füße sind weder platt noch blutig. Unser Freund Offon reitet uns gelassen auf einem weißen Kamel entgegen. Sein blauer Turban läßt nur die Augen frei. Ich weiß genau, daß er lacht.

Mit Elhadjis silbergrauem Peugeot Kombi wurde alles anders. Seine mangelnde Fahrpraxis machte sich schnell bemerkbar. Besonders das Rückwärtsfahren barg gemeine Tücken. Manchmal reichte Elhadjis schräger Blick über die linke Schulter nicht aus. Aber den Kopf etwas weiter nach hinten drehen wollte er auch nicht. Und den Rückspiegel verschmähte er ebenfalls. Bald hatte der neue Peugeot einen großen Stein getroffen, die erste Schubkarre gerammt und viel Lack verloren. »Ich habe eine Dummheit gemacht«, sagte Elhadji dann jedesmal und wartete, bis ihm ein besserer Fahrer aus der Klemme half. Sein Auto paßt sich zunehmend der Umgebung an. Überall gibt es Mechaniker, und sie haben immer Arbeit. Kaum ein Fahrzeug hier ist ohne Macken, und auch mancher Fahrer weist im europäischen Sinne gewisse Mängel auf. Beim Warten sind die Leute unvergleichlich geduldig. Aber fahren sie erst einmal, so zählt nur Geschwindigkeit. Wie vom Teufel gejagt, donnern sie viel zu schnell über sandige Pisten und noch schneller über die seltenen Teerstraßen, rasen eilig durch überschwemmtes Gelände und Flüsse, steinige Hänge hinab und in enge Kurven hinein. Halsbrecherisch, ohne Rücksicht auf Verluste. Ein Kontinent voll ambitionierter Rennfahrer, die, mißtrauisch beäugt von Hühnern, Schafen, Ziegen und Kamelen, meist die Familie oder Fahrgäste mit gewaltigem Gepäck bis unters Wagendach gestapelt haben, manchmal auch noch obendrauf.

Im Winter 1994 sitzen Elhadji und ich in einem privaten Reisebus. Wir warten auf den Militärkonvoi, ohne den niemand Agadez Richtung Süden verlassen soll. Plötzlich setzt sich unser Führungsfahrzeug, ein Militärjeep mit schwerem MG, ohne Vorwarnung in Bewegung. Alle anderen mit ihm. Motoren heulen auf. Jeder versucht sich einen guten Platz an der Spitze zu sichern. Fahrzeuggröße und Schnelligkeit spielen keine Rolle. Alle fahren so schnell wie möglich, wie bei einer gigantischen Rallye. Dabei ist klar, daß keiner das Rennen gewinnen kann, da der Militärjeep nicht überholt werden darf. Leise murmelt Elhadji: »*Bismillah*.« Ich schließe mich an. Unser Busfahrer muß sich konzentrieren, um nicht von der Straße gedrängt zu werden. Er ist entschlossen, an der Spitze mitzumischen. Die privaten Busunternehmen liefern sich täglich Rennen mit der staatlichen Transportgesellschaft. Das Militär gibt zügig die Geschwindigkeit vor. Ab und zu versagt unser Motor: »Er ist noch zu kalt.« Der Assistent des Fahrers, ein junger Mann, der diesen Beruf erlernen will, eilt mit seinem Werkzeugkoffer hinaus und repariert. Junge Mitreisende feuern ihn an: »Schneller, alle überholen uns.« Sobald der Motor wieder läuft, fährt der Bus an. Der Assistent rennt hinterher und springt geschickt auf den fahrenden Bus auf. Wie oft er das wohl schon gemacht hat? Fällt er nie hin? Um jeden Zentimeter Straße wird erbittert gekämpft. Eine alte Frau neben mir findet die Männer verrückt, betet immer wieder und ißt in den Pausen ununterbrochen Trockenfleisch. Sie ist beleidigt, weil unser Busfahrer zu den vorgeschriebenen Gebetszeiten nicht anhält. »Hadja, der Prophet hat doch erlaubt, das Beten beim Reisen ausfallen zu lassen.« – »Aber ich war in Mekka. Man kann nie wissen.«

Die Tuaregrebellion hat einiges auf den Kopf gestellt. Das alte, von Respekt geprägte System bricht an vielen Ecken auseinander. Die *ishomar*, die im Geist des Widerstandes lebenden Tuareg, die seit 1980 in Libyen ausgebildet wurden, im Ausland gekämpft haben und erst zehn Jahre später in den Niger zurückkehrten, wo sie erneut kämpften, lassen sich kaum noch von den Alten im Zaum halten. Zu lange haben sie allein, ohne das Netz ihrer Familien, in der Fremde gelebt. Sie haben nie einen richtigen Beruf erlernt.

Auch in Elhadjis Schmiedefamilie sind die Veränderungen groß. In wirtschaftlicher Hinsicht funktioniert die alte Hierarchie schon lange nicht mehr, obwohl sie, gesellschaftlich betrachtet, noch keiner in Frage stellt. Das mag daran liegen, daß Hadj Sidi, das Familienoberhaupt, ein integrer, großzügiger, gerechter und sehr gläubiger Mann ist. Das Wohl der anderen liegt ihm stets mehr am Herzen als sein eigenes. Elhadji trägt weit mehr Verantwortung, als ihm in seinem Alter zusteht. Langsam versucht er, jüngere Brüder und Cousins, die eine Schule besucht haben, mit einzubeziehen. Die Alten können oft nur hilflos zusehen und versuchen, das Neue zu verstehen.

Derzeit ist nur Elhadji imstande, die Schmuckbestellungen aus Marokko, Südafrika und Europa zu koordinieren sowie die Qualität der einzelnen Stücke zu kontrollieren. Das bringt ihn in die unangenehme Lage, die Arbeit älterer Schmiede beurteilen zu müssen. Ein kleiner Fehler in der Gravur, ein Riß im Stein, ein Kratzer oder eine minimale Delle sind hier keine Katastrophe. Kunden aus dem Ausland hingegen verlangen Perfektion, die Elhadji auf seinen Deutschlandreisen, durch den Vergleich mit Schmuck aus der ganzen Welt, gesehen hat. Sein Respekt und sein sensibles *tekerakit* jedoch verbieten ihm eine direkte Kritik an älteren Schmieden. Deshalb schiebt er einfach mich vor: »Ihr wißt doch, Désirée hat gesagt, daß die Europäer verrückt sind. Sie kaufen nur vollkommene Stücke.« Das ist den Schmieden sehr suspekt. Viele sind der Meinung, daß Gewicht und Größe eines Schmuckstücks wichtiger sind als Qualität. Wenn beides zusammenkommt, ist es natürlich am besten. Kleinteile in erlesener Qualität herzustellen empfinden sie als Verschwendung. Wie kann man damit seinen Reichtum zur Schau stellen? Frauen und Männer tragen an hohen Feiertagen allen Schmuck, den sie besitzen. Je mehr, desto angesehener ist die Familie.

Als mich das erstemal ein alter Schmied darauf ansprach, ob die Europäer wirklich verrückt seien, stutzte ich: »Wieso?« – »Elhadji hat behauptet, daß du das gesagt hast.« Da fragte ich nicht mehr: »Was?«, sondern sagte einfach: »Ja, sie sind wirklich verrückt.« Der Alte war mit dieser Auskunft sehr zufrieden und bot mir Kautabak an: »Du bist aber nicht so verrückt. Vielleicht bist du deshalb oft bei uns.«

Später habe ich Elhadji gebeten, mich in Zukunft vorzuwarnen. Wir haben lange über das merkwürdige Bild des verrückten Europäers, dessen Frau nur einen kleinen, aber vollkommenen Silberring am Finger trägt, gelacht, das jetzt im Kopf des Alten einen festen Platz hat.

Inzwischen lebt Elhadjis Familie von Verkäufen im nahen und fernen Ausland. Die Kontakte hat Elhadji 1993 mit Briefen um Hilfe an alle Kunden, die bei früheren Besuchen in Agadez ihre Adresse in der Schmiede hinterlassen hatten, aufgebaut. Seine Familie ist nicht auseinandergebrochen im Gegensatz zu vielen anderen, bei denen die Schmiede ihr Geld in der Hauptstadt Niamey oder noch weiter weg im afrikanischen Ausland unter teilweise menschenunwürdigen Bedingungen verdienen müssen. Jahrelang bleiben die meist jungen und ungebildeten Tuareg von zu Hause fort. Willkommene Opfer für gewinnsüchtige Zwischenhändler, deren Vorteil darin liegt, daß sie französisch sprechen. Die Schmiede sind dem Leben und der Mentalität in den großen Städten des Südens nicht gewachsen und tappen mit erstaunlicher Naivität in jede Falle, seien es unseriöse Arbeitgeber oder gerissene Frauen. In einer Welt, in der jeder auf seinen Vorteil bedacht ist, um zu überleben, legen sie ihre strengen Regeln für Anstand und Ehre zugrunde.

»Er wird gefressen« – das sagt Elhadji von Bekannten, Freunden und Cousins, die in den Fängen einer Freundin gelandet sind und deren Familie aushalten müssen, um an weibliche Gunstbeweise zu gelangen. Nicht wenige haben dafür ihre gesamte Existenz riskiert. Viele sind gescheitert und halten sich jetzt mit kleinen und großen Gaunereien über Wasser. Sie können nie wieder nach Hause zurück. Nicht daß ihre Familien sie nicht aufnehmen würden. Diese ahnen in den seltensten Fällen die Wahrheit. Sie könnten sie auch kaum verstehen. Nein, die gefressenen Schmiede haben das süße Leben kennengelernt. Wein und Kuchen im Überfluß. Jetzt fressen sie selbst. Wie sollten sie sich je wieder mit dem kargen Leben am Rande der Wüste zufriedengeben? Daß ihre Seelen dabei langsam und unvermeidlich auf der Strecke bleiben, wird vergessen oder verdrängt. Nur manchmal, wenn Elhadji und ich in der Hauptstadt eintreffen und von daheim berichten, spüre ich eine verklärte, uneingestandene Sehnsucht, wenn sie sich nach zu Hause erkundigen und dann erzählen. Das verlorene Paradies.

Elhadji und ich verbringen Stunden in einer verwitterten, staubigen Basthütte am Châteaux Un von Niamey, einem Stadtteil für Europäer und Reiche. Die Hütte steht dicht an einer Teerstraße, eingezwängt zwischen fest umzäunten Luxusvillen, auf dreckigem Sand. Neun Schmiede arbeiten auf engstem Raum. Sofu, ein kleiner, drahtiger Tuareg mit wachen Augen, ist der älteste – die oberste Respektsperson. Einige der jüngeren arbeiten für ihn. Andere verdienen selbständig. Sofu kopiert eine alte Berberkette anhand einer Fotovorlage. Der Auftrag kommt von einer Französin. Ich habe das Gefühl, daß ihm die vielen Kleinteile auf die Nerven gehen. Um sich abzulenken, biegt er Kettenglieder aus Silberdraht – ein Auftrag für einen Schmuckladen in Niamey. Dort kaufen Touristen europäisierten Tuaregschmuck oder von teuren westlichen Juwelieren kopierte Sachen wie etwa Silberbesteck, Bilderrahmen und Kerzenständer. Fast alle Schmiede in Niamey arbeiten via Zwischenhändler für solche Läden. Poliermaschinen werden eingesetzt, da die Waren für den französischen Markt stark glänzen müssen. Sofu beherrscht noch alle alten Techniken: »Die Jungen lernen das Handwerk nicht mehr ordentlich. Der Zeitdruck ist einfach zu groß. Sobald ich genug verdient habe, werde ich wieder zu meiner Familie nach Agadez zurückkehren, *inschallah*.«

Ein Cousin von Elhadji betritt die Hütte. Er läßt sich, monoton die Begrüßungsformeln murmelnd, neben Elhadji nieder. Wenig später packt er ihn an der Hand und zieht ihn hinaus. Männergespräche. Nach einer Weile kommt Elhadji allein zurück: »Er wird gefressen. Aber ich habe ihm kein Geld gegeben. Er will nicht einsehen, daß man dafür arbeiten muß. Jetzt ist er böse auf mich und erzählt wahrscheinlich allen, wie unehrenhaft ich mich verhalte. Früher, in Agadez, waren wir gute Freunde. Du kennst seine Frau. Es ist die, die von einem Schaf in die Wange gebissen wurde. Er hat sie seit sechs Monaten weder besucht noch ihr Geld geschickt. Wer verhält sich da unehrenhaft?« Elhadji ist traurig. Der Vorfall beschäftigt ihn sehr. Sofu hat unser leises Gespräch aufmerksam verfolgt. »Das Leben in Niamey ist schlimm!« meint er. Elhadji blickt auf den Boden: »Vielleicht müssen wir uns doch ändern.«

Kola

> Für den Sohn des Nomaden
> Nimm deine Sandalen und tritt fest in den Sand,
> den noch kein Sklave berührt hat.
> Wecke deine Seele und schmecke den Ursprung,
> den noch kein Schmetterling gestreift hat.
> Entfalte deine Gedanken zu den milchweißen Spuren,
> die noch kein Unbesonnener zu träumen gewagt hat.
> Atme den Duft der Blumen,
> dem noch keine Biene gehuldigt hat.
> Entferne dich von den Schulen und Dogmen.
> Lausche den Geheimnissen der Ruhe,
> die dir der Wind ins Ohr flüstert. Sie genügen dir.
> Entferne dich von den Märkten und Menschen.
> Stelle dir die Muster der Sterne vor,
> wie Orion sein Schwert gürtet,
> wie die Plejaden um den Hof des hellen Mondes lachen.
> Dort, wo kein Phönizier seine Spur hinterlassen hat.
> Pflanze dein Zelt weit an den Horizont,
> dort, wo kein Strauß je daran gedacht hat,
> seine Eier zu verstecken,
> wenn du frei aufwachen willst!
>
> Hawad

Elhadjis Frau, Kola, betritt mit ihrer Tochter Armina im Arm den Raum. Unsere erste Begegnung. Nach Elhadjis Beichte in Arlit war ich sehr gespannt. »Was macht die Müdigkeit?« – »Es geht.« ... Sie spricht sehr langsam. Das Begrüßungsritual dauert endlos. Kola sieht umwerfend aus. Ihre großen, leuchtenden Augen, die bescheiden auf den Boden gerichtet sind, ziehen mich an. Sie ist genauso neugierig wie ich und versucht mich, wenn sie sich für Sekundenbruchteile unbeobachtet fühlt, zu taxieren. So treffen sich unsere Blicke immer wieder, bis wir beide lachen und irgendwie bedauern, daß uns kaum ein Wort verbindet. Es bleiben nur Gesten.

Inzwischen spricht Kola etwas französisch, obwohl sie nie auf der Schule war, sondern im Aïr groß geworden ist. Sie weiß viel über Kinder,

Hüttenbau und Lederarbeiten, Heilkräuter, Wildgetreide, Früchte, Beeren und Hirse, Käseherstellung, Schafe, Hühner und Ziegen. Fremd in der Stadt, war sie anfangs sehr schüchtern. Eilig lernte sie die Handelssprache Haussa, die in Agadez fast alle sprechen, und mittlerweile baut sie ihre Stellung im Familiengefüge mit der Sicherheit und Bestätigung, die ihr die Rolle als Mutter zweier Kinder gibt, beständig aus. Sie hat ihre stille und feine Art beibehalten, ist jedoch imstande, mit ihrem leisen, stechenden Humor ihr Gegenüber bei Bedarf schnell in seine Schranken zu verweisen.

Für den ersten Besuch hat Kola ein Festgewand angelegt. Auf ihrem Kopf türmt sich ein kunstvoll aufgeschichteter Indigoschal, dessen Abrieb ihre tiefdunkle Haut leicht bläulich schimmern läßt. Um die Hüften hat sie ein kobaltblaues Tuch gewickelt, darüber ein weiteres in Türkis. Die Stoffe der Tuaregfrauen sind einfarbig, vorzugsweise Blautöne. In der Region Agadez haben sie an einer Längsseite eine meist rote Stickbordüre. Verheiratete Frauen wickeln an Festtagen darüber eine dritte, doppelt gefaltete Stoffbahn. Beim Tanzen nehmen sie sie ab und verlängern damit die Bewegung der Arme. Kolas *tago*, eine als einfaches langes Rechteck geschnittene Bluse, besteht aus durchsichtiger schwarzer Spitze mit roten, gelben und grünen Mustern. Jede Bewegung läßt die nackte Haut darunter erahnen. Sehr sexy, aber die Brust einer Frau wird hier nicht als Tabu betrachtet, sondern ist in erster Linie für die Babys da. Bei Bedarf wird ungeniert auch in der Öffentlichkeit gestillt. Heute tragen manche Frauen BHs, um moderner zu erscheinen. Die Modelle sind für unsere Begriffe recht bieder und passen in den seltensten Fällen. Eine Hommage an den goldenen Westen, dessen Bild nur durch oft sehr leicht bekleidete Touristinnen, abgegriffene Hochglanzbroschüren und Fernsehfilme wie den freitäglichen »Alten« aus den achtziger Jahren geprägt ist.

Tuaregfrauen widmen ihrer Erscheinung viel Zeit. Allein die komplizierte Frisur nimmt oft vier bis fünf Stunden in Anspruch. Mindestens eine Freundin wird als Flechterin benötigt. Meistens arbeiten zwei Frauen an einem Kopf. Hände und Füße müssen mit filigranen Hennamustern geschmückt werden. Das erfordert Geduld und Stunden bewegungslosen Wartens. Schon die jungen Mädchen nehmen diese Aufgaben ernst und sind sehr früh auf möglichst viel Schmuck und Parfüm aus. Die Mode ändert sich schnell. Sind ein Jahr lang goldene Stickereien gefragt, so sind es im nächsten weiße Pailletten. Eine Frau kauft sich ihre Stoffe nicht selbst. Der Vater oder ihr Ehemann muß sie heranschaffen. Dies geschieht zu hohen Feiertagen und Festen. Dann wird die ganze Familie neu eingekleidet und demonstriert, neu ausstaffiert, der Umgebung das geschäftliche Geschick des Mannes. Obwohl die Mädchen und Frauen nicht selbst einkaufen und zum Schneider gehen, finden sie Mittel und Wege, ihre Väter und Ehemänner zu der richtigen Auswahl zu veranlassen. Da heißt es dann: »Salah näht besonders gut« oder: »Aischas Bluse ist sehr schön.« Die Männer wollen »ihre Frauen« schön sehen. So versuchen die meisten, auch ausgefallene Wünsche zu erfüllen. Schnell gerät ein Mann in Verruf, wenn seine Familie schlecht gekleidet in der Öffentlichkeit erscheint: »Dem geht es zur Zeit nicht gut«, heißt es dann.

Endlich bin ich wieder da. Die erste Umarmung – Kola. Es folgen viele, aber kaum eine ist so wichtig wie die erste. Alle sind da und haben auf mich gewartet. Rhythmisch reihen sich Wörter aneinander. Begrüßung. Ich habe nichts verlernt und genieße den zärtlichen Klang der Stimmen. Leise, sanfte Wellen.

Seit vier Stunden sitzt Kola, Füße und Hände in Plastiktüten verpackt, auf einer Bastmatte im Hof. Sie macht sich schön. Dazu gehören die filigranen schwarzen Hennamuster. Wir wollen zu einer Hochzeit in der entfernten Verwandtschaft. Gestern kam ein Bruder des Bräutigams mit einer mündlichen Einladung. Der Bräutigam hat seine sozialen Verpflichtungen, wie den Besuch von Hochzeiten und Taufen, in der Vergangenheit vernachlässigt und konnte deshalb nicht damit rechnen, daß die Gäste von sich aus zahlreich erscheinen. Einer direkten Aufforderung jedoch kann man sich nicht entziehen.

Der Handel der Brüder und Freunde des Bräutigams um die Herausgabe der Braut, die von ihren Schwestern und Freundinnen bewacht wird, ist in vollem Gange. Unter den Freunden des Bräutigams sitzt eine auffallend dicke Europäerin und starrt jeden böse an. Sie muß sehr wichtig sein. Das signalisiert zumindest ihre Körpersprache. Ich frage jemand, wer sie ist. »Nur eine Freundin vom Bruder des Bräutigams, der in Belgien lebt.« Elhadji dreht sich zu mir um: »Das stimmt nicht. Sie ist seine Frau. Das soll hier aber niemand wissen.«

Die Belgierin entspricht mit ihrer gewaltigen Körperfülle zwar dem hiesigen Schönheitsideal, zeigt aber weder weibliche Anmut noch Zurückhaltung – das höchste Ziel, das die Frauen mit ihrer äußeren Erscheinung verfolgen. Wahrscheinlich lebt ihr Ehemann in Europa auf ihre Kosten. So etwas kommt leider oft vor. Ein entfernter Cousin von Elhadji ist seit Jahren mit einer Schweizerin und zugleich mit einer Frau aus Agadez verheiratet. Beide Frauen wußten bis vor kurzem nichts voneinander. Er verbrachte jeden Sommerurlaub im Niger. Vor einigen Monaten kam die Sache heraus, weil die Schweizerin einen Überraschungsbesuch in Agadez machte. Seitdem versucht dieser Cousin mit allen Mitteln, ein Flugticket in die Schweiz zu bekommen, um die Sache wieder ins reine zu bringen. Es wird ihm hoffentlich nicht gelingen.

Etwas Ähnliches hat Bukri, ein Verwandter unseres Freundes Offon und ein großer Gauner, dessen Vater vorgeschlagen: Offon solle mich heiraten, damit die Familie besser leben könne. Bukri hätte natürlich seinen Anteil als Vermittler eingefordert. Der alte Vater hatte ernsthaft Mühe, die Form zu wahren und den Vorschlag höflich abzulehnen. Offon und Elhadji haben selten so ausgiebig gelacht.

Am Nachmittag nach der Einladung zur Hochzeit ist *barkar*, der Tag der Sandale. Die drei dicksten Frauen aus der Familie der Braut suchen sich die drei dünnsten Frauen aus der Familie des Bräutigams aus und geben ihnen Zuckerwasser zu trinken. Diese werden sich auf einer der nächsten Hochzeiten für die Schande rächen. Kola ist erstaunlicherweise unter den Geberinnen. Drei Tücher um die Hüften verleihen ihrem Körper mehr Fülle. Sehr aufrecht, die Augen geradeaus gerichtet, schreitet sie mit ihren wirklich dicken Begleiterinnen auf die »feindliche« Frauenreihe zu. Alle drei balancieren ihren Wasserbehälter, eine lila und zwei grüne Emailleschüsseln, in Kopfhöhe auf der rechten Hand. Schon jetzt protestieren etliche Zuschauer, weil ihnen Kola zu dünn erscheint. Endlich erreichen sie die anderen Frauen, wählen sich schnell ihre Opfer aus und drücken ihnen die Schüsseln in die Hand. Kolas Gegenüber ist nicht einverstanden. Mit einem Faden wird der Umfang des rechten Handgelenkes gemessen. Man stellt fest, daß die Frau dünner ist als Kola und trinken muß. Kola verzieht keine Miene.

Kolas Familie stammt aus der Gegend von Iferouane im Aïr. Früher arbeiteten die Männer ihrer Familie als Schmiede. Kolas Vater, Atefok,

Abendgewitter vor der Stadt

Elhadji

Ata

Kola und Ismarel

Armina

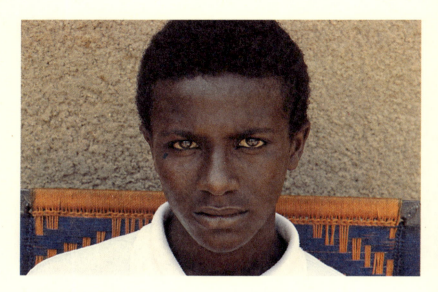

Onkele

Elhadji und Ibrahima

Addu und Aischa

Danda

Ata und Alchassoum

Mariam

Offon

Awinougou

Sandsturm vor der Haustür

war unter den ersten Tuareg, die während der Kolonialzeit eine Schule besuchen mußten. Französische Soldaten fingen die Nomadenkinder im Aïr ein und steckten sie in Internatsschulen. Später unterrichtete Atefok selbst jahrelang Kinder aus Nomadenfamilien in einfachen Buschschulen. Dadurch reiste seine Familie viel. Kola kennt den Aïr und die angrenzenden Gebiete viel besser als Elhadji. Heute arbeitet Atefok in der staatlichen Schule von Agadez und bewohnt ein großes, luxuriöses Haus, das ihm das Erziehungsministerium zur Verfügung gestellt hat. Auch seine Söhne sind Lehrer oder wollen es werden. Aufgrund der nachlässigen Zahlungsmoral des Staates geraten sie immer wieder in große Schwierigkeiten.

Elhadji und ich sitzen still zwischen Atefok und seinen Söhnen. Ich bin die einzige Frau in der Runde. Toulba, die Hausherrin, bittet zum Essen. Ich begebe mich mit Onkele, einem von Kolas jüngeren Brüdern, zu den Frauen, die getrennt von den Männern essen. Es wäre unschicklich, wenn ein Mann ihnen dabei zusehen würde. Onkele ist dreizehn und spricht ausgezeichnet französisch. Nach kurzer Zeit erklärt er sich zu meinem neuen Brieffreund. Die Lehrer streiken seit zwei Monaten, da sie vom Staat unregelmäßig oder überhaupt nicht bezahlt werden. Der Junge ist um seine Ausbildung besorgt.

Nach dem Essen wird der Fernseher eingeschaltet. Die Männer setzen sich zu uns. Sie sprechen alle französisch. Die Frauen und Mädchen haben nie eine Schule besucht. Toulba, Elhadjis Schwiegermutter, maßgeblich für die Erziehung der Kinder verantwortlich, betrachtet Schulbildung für Frauen als nutzlos: »Meine Töchter sollen aufwachsen wie üblich. Wenn sie zwölf Jahre alt sind, schicke ich sie zu meiner Familie in die Gegend von Iferouane. Dort lernen sie bis zu ihrer Hochzeit das traditionelle Leben.« Die jüngeren Leute sind der Ansicht, daß sich das ändern muß. Ibrahima, der älteste Sohn und als einziger verheiratet, hat sich bereits eine Frau mit Schulbildung ausgesucht. Onkele bemerkt: »Ich werde auch eine gebildete Frau heiraten.«

Toulba hat Rückenschmerzen. Ich massiere sie. Ibrahima bittet mich und Elhadji vor das Haus: »Meine Frau und ich sind jetzt zwei Jahre verheiratet und haben immer noch kein Kind. Ich könnte damit leben, aber sie ... Fällt dir etwas ein, was man tun könnte?« Er beantwortet meine Fragen mit erstaunlicher Offenheit: »Das haben wir schon probiert. Jeden Tag! Ziemlich anstrengend.« Ich kann ihm nur die erfolgversprechendsten Tage sagen, beiden eine medizinische Untersuchung empfehlen und vom *marabout*, dem heiligen Mann, der schützende Amulette herstellt, als einziger Behandlungsmethode abraten.

Frauen setzen sich unter großen Druck, wenn sie keine Kinder bekommen. Sie fühlen sich minderwertig. Viele Ehen scheitern an diesem Problem. Da Ibrahima und seine Frau direkte Cousins sind, würde ein Mißlingen der Ehe die Familie vor unlösbare Probleme stellen. Eine Scheidung ist kaum möglich. Es bliebe nur die Verbindung mit einer Zweitfrau. Kola überlegt seit längerem, ob sie ihre Tochter Armina nach dem Abstillen zu ihrer Schwägerin geben sollte. Elhadji wäre einverstanden. Wir sprechen über Aids, hier SIDA genannt: »Gibt es das wirklich, oder ist es nur Propaganda der Regierung?«

Bei allen Ereignissen, die die Frauenwelt betreffen, ist es immer wieder Kola, die mich an der Hand nimmt und hinter sich her zieht. Ich gehöre zur Familie und muß erscheinen und repräsentieren. Ausreden läßt sie nicht gelten. Wie viele geheimnisvolle Momente hätte ich ohne ihr entschiedenes »Wir gehen jetzt!« verpaßt. Inzwischen erkenne ich an ihrer Kleidung, um welches Ereignis es sich handelt – ein Pflichtbesuch bei Verwandten, eine Taufe, eine Hochzeit oder Beerdigung.

Kola packt energisch meine rechte Hand und zieht mich mit. Wir gehen zum ominösen *guus guus* anläßlich der Geburt eines Babys in der Familie. Bis jetzt dachte ich, daß es sich beim *guus guus* um ein Essen handelt. Vielleicht das arabische *couscous*, zu Kügelchen gerollter und über Wasserdampf aufgequollener Grieß mit leckerer Soße. Der Begriff klingt sehr ähnlich. Ich sollte mich gewaltig irren.

Im großen Hof vor dem Haus der jungen Mutter Raischa sind rund zwanzig verheiratete Frauen versammelt. Alle sind miteinander verwandt. Nur Frauen der weiblichen Linie sind zum *guus guus* zugelassen. Eine Frau verteilt Reisig an alle Anwesenden. Auf einem tragbaren Drahtgestell mit glühender Holzkohle werden Parfümhölzer entzündet. Die Frauen bilden eine lange Reihe. An ihrer Spitze stehen die ältesten. Sie verlassen hintereinander den großen Hof und schreiten langsam in den Innenhof vor Raischas Haus. Ein leiser Gesang beginnt. Die Frauen tanzen der Reihe nach in das mit Teppichen reich geschmückte Zimmer. Raischa sitzt mit dem Baby auf einem großen Bett. Noch hat es keinen Namen. Nacheinander schlagen die Frauen mit den Reisigbüscheln auf das Bett. Ihr Gesang schwillt gleichmäßig an, endet mit einem lauten, langgezogenen *guus guus*. Dann beginnt er leise von neuem. Eine Frau schwenkt das Gestell mit den brennenden Parfümhölzern. Die Frauen verlassen das Zimmer in Richtung Innenhof, tanzen erneut durch die Tür herein und wiederholen den Vorgang. Sie durchtanzen den Raum dreimal. Danach werden die Reisigbüschel eingesammelt.

Ein *tam tam* schließt sich an. *Tam tam* heißen die kleinen Feste der Tuareg. Die Frauen bilden einen Kreis. Eine gibt den Takt vor und schlägt mit einer Gummisandale auf eine Kürbisschale, eine Kalebasse, die, auf den Kopf gestellt, in einer großen, mit Wasser gefüllten Emailleschüssel schwimmt. Die anderen singen, trällern und klatschen. Manchmal tanzen die Frauen, manchmal die Männer. Nur selten tanzen beide Geschlechter zusammen. Diesmal sind die Frauen unter sich. Die Musik fasziniert mich. Das laute Trällern an besonders schönen Stellen verwirrt. Zungen bewegen sich wie wild gewordene Pendel hin und her. Die Frauen wechseln sich in der Rolle der Vorsängerin ab. Eine beginnt mit einem Lied. Der Rest bildet den Chor. Nacheinander tanzen heute vor allem die alten Frauen. Kola ist eine gute Sängerin. Sie feuert die anderen unermüdlich an. Eine dünne Alte macht sich über den dicken Hintern einer anderen lustig. Eine andere tanzt sich in Trance. Zwei Schwestern passen auf und stützen sie, wenn ihre Bewegungen zu heftig werden. Sie ist krank und will die bösen Geister loswerden. Drei Frauen haben sich das Gesicht mit einer rötlichen Paste beschmiert – Lehm aus Tabelot, einer Heilquelle im Aïr. Nach Elhadjis Auskunft dient er zur Schönheitspflege. So schnell, wie das *tam tam* begonnen hat, endet es wieder. Wie auf ein Zeichen verabschieden sich die Frauen und eilen nach Hause zu ihren Kochtöpfen. Es ist halb sieben.

Hadja Cari erklärt mir die Zeremonie: »Das Neugeborene ist seit sechs Tagen mit der Mutter im Haus. Morgen, am siebten Tag, wird sein Vater es endlich sehen. Die Mutter bleibt zurück. Die Reisigbüschel fegen das Kind ins Freie. Der Gesang soll es ermuntern und anfeuern.« Sie rückt ihren Kopfschal zurecht und fährt fort: »Raischa wird ihr Haus nicht verlassen. Ihr Ehemann wohnt seit der Geburt bei Freunden oder bei seiner Familie. Am vierzigsten Tag schickt er ihr neue Kleider. Sie zieht sie an und geht mit dem Baby auf dem Arm zum Haus ihrer Schwiegereltern. Dort wird dann ein großes Fest gefeiert. Das Ehepaar sieht sich endlich wieder, und die Schwiegereltern lernen das Kind kennen. Raischa bekommt Amulette und Silberschmuck geschenkt. Dem

Kind werden noch einmal die Haare geschnitten. Danach leben Mann und Frau wieder zusammen.«

Am nächsten Morgen gegen halb sechs führt mich Kola zum Platz vor Raischas Hofmauer. Dort versammeln sich die Männer zur Zeremonie. Sie selbst verschwindet schnell ins Haus. Große Teppiche liegen auf der Straße im Sand ausgebreitet. Dahinter stehen lange Stuhlreihen. Ein paar Männer sitzen bereits. Ich begrüße sie. Nach und nach füllt sich der Platz. Alle Männer tragen prunkvolle Gewänder. Im Hintergrund huschen Frauen durch das Tor ins Haus. Würdenträger fahren vor. Ein merkwürdiger Anachronismus, sie in ihren reichbestickten *bubus* umständlich aus den Autos klettern zu sehen. Junge Männer bringen noch mehr Stühle. Es ist kalt. Einer hat sich eine rote Skimütze über den Kopf gezogen. Ein Verwandter des jungen Vaters geht mit einer großen Emailleschüssel herum und verteilt Kolanüsse. Rot, gelb und grün schimmernde, unregelmäßige Halbmonde in der Größe von Wachteleiern, die in den feuchten Waldgebieten an den Küsten Afrikas wachsen. Kolanüsse sind bitter, koffeinhaltig und außerordentlich beliebt. Nur mir bleibt ihr Geheimnis nach wie vor verschlossen. Ich stecke meine zwei ein, um sie später Kola abzutreten.

Der Platz hat sich gefüllt. Jetzt gehen drei Männer auf den Hauseingang zu, wo ein anderer Mann mit einem schwarzen Schafbock aufgetaucht ist. Er führt das Tier auf die Straße. Ein alter Marabout schreitet hinterher und stolpert über seinen langen, hellblauen *bubu*. Die Gesellschaft quittiert es mit freundlichem Lachen. Der Bock wird von den Männern auf die Seite geworfen, sein Hals wird gen Mekka gedreht. Der Marabout ruft: »*Allah akkubar* – Gott ist groß«, durchschneidet dem Bock mit einem raschen Schnitt die Kehle und ruft laut den Namen der Neugeborenen: »Mariama!« Die versammelten Männer antworten: »Gott beschütze dieses Kind.«

Mit diesem Ritual erkennt der Vater seine Vaterschaft an. Die Anwesenden sind Zeugen und sollen darüber wachen, daß er sein Kind gut behandelt. Aus dem Haus erklingt wildes, freudiges Trällern. Der Name der Neugeborenen ist bei den Frauen angekommen, die jetzt den Schafbock ausnehmen und zubereiten werden. Sein Fleisch wird später an die Armen verteilt. »*Allah akkubar*« – der Muezzin ruft zum Gebet. Alle schweigen. Einige breiten ihre Teppiche aus und beten.

Ich gehe mit Elhadji nach Hause, um meine Männerhosen gegen die weibliche Festtracht einzutauschen. Außerdem muß ich noch hundert CFA und ein Stück Seife zurechtlegen. So hat Kola es verlangt. Sie wird mich zu den Frauen begleiten.

In Raischas Haus befinden sich an die siebzig Frauen in zwei kleinen Räumen. Es herrscht ununterbrochenes Kommen und Gehen. Alle reden durcheinander. Es ist laut. Ich gebe mein Stück Seife und das Geld ab. Einige Frauen lachen. Hadja Cari erklärt: »Raischa muß dir die Seife zurückgeben, wenn du ein Kind bekommst.« Eine Freundin vermerkt die abgegebenen Geschenke auf einer Liste und gibt mir drei Kaugummis in Zigarettenform. Jede Frau, die ihr Geschenk abliefert, bekommt diese penibel abgezählten Kaugummis. Die 100-CFA-Münzen werden in einem Glas gesammelt. Sie sind für die alte Frau, die dem Säugling später die Haare schneiden wird. Ich setze mich auf den Boden und begrüße meine Umgebung. Einige der jungen Frauen tragen Polyester-BHs und bunte Haussagewänder, die mit vielen Schleifen und vorzugsweise grellrosa Plastikperlen bestickt sind. Dieses Jahr bestimmen weite Puffärmel die Mode. Kola sitzt mit Armina im Arm neben mir. Sie ist, wie bei unserer ersten Begegnung, traditionell gekleidet. Mittlerweile kenne ich viele der Anwesenden. Immer wieder werden mir Kinder gereicht. Manche fangen sofort an zu schreien. Andere lassen sich durch meine helle Haut und die blauen Augen nicht stören.

Schmalzgebäck, mit Honig bestrichen, wird verteilt. Es schmeckt gut. Kola paßt auf, daß niemand zuviel ißt. Eine Frau öffnet den Knoten eines kleinen, schwarzen Plastiksäckchens. Es enthält ein cremefarbenes Pulver. Sie stippt ihren Finger hinein, steckt ihn in den Mund und bietet mir etwas an. Es sind Amphetamine. Ich muß später mit Hadja Cari darüber sprechen. Bestimmt wissen die Frauen nicht, daß es sich um Drogen handelt.

Wir essen mit der Hand von großen Emailletabletts auf dem Boden. Ein Kreis von acht bis zehn Frauen bildet sich um jedes Tablett. Reis und Nudeln werden, mit roter Fleischsoße verknetet, in den Mund geschoben. Später macht ein grüner Plastikeimer mit Wasser zum Händewaschen die Runde. Inzwischen ist das Haus überfüllt. An die zweihundert Frauen. Eine Dicke reicht einer Dünnen einen Reisknödel auf der Straßenseite ihrer Sandale. Die Zuschauenden lachen. Schönheitsideale mögen verschieden seien, aber die Gemeinheiten stehen sich in nichts nach.

Nach dem Essen läßt mich Hadja Cari durch Kola in eine etwas abgelegene, kleine Hütte rufen. Zwanzig alte Frauen sind hier versammelt. Hadja Cari und ihre Schwester Hadja Tata sitzen am Kopfende. Hadja Tata zählt die CFA-Münzen, die vorher bei Raischa abgegeben wurden. Auf dem Boden liegt ein mit Hirsekörnern gefülles Emailletablett mit einem Stück Seife in der Mitte. Dahinter sitzt eine Frau mit Mariama im Schoß. Endlich hat das Baby einen Namen. Vorsichtig beginnt sie ihm mit einer großen Schere die Haare abzuschneiden. Die losen Haare legt sie auf das Tablett. Raischa wird sie später, zusammen mit der Nabelschnur, verstecken. Nach zwei Jahren wird ein Amulett für das Kind daraus gefertigt.

Manchmal gibt es eine ganze Woche lang nur Reis. Reis mit roter Soße, Reis mit roter Soße und wieder Reis mit roter Soße. Nicht weil es Kola an Phantasie fehlte, sondern weil Elhadji wieder einmal vergessen hat, einen Sack Pasta oder Hirse und diverse andere Zutaten zu bringen. Männer sind für den Einkauf der Lebensmittel zuständig. Vielen ist es allerdings wichtiger, sich den Bauch möglichst vollzuschlagen, als auf den Geschmack zu achten. Die traditionelle Nahrung der Tuareg ist wenig raffiniert. Milch und Hirse. Hirse in jeder Form – mit Wasser, Ziegenkäse und Datteln zu flüssigem Brei verrührt als *erele* oder als fester, ungesalzener Pudding in warmer Kamelmilch, *eschink*. Gegen Kälte wird die Hirse grob mit Datteln und Käse verknetet. Der zähe Teig ist sehr beliebt.

Manchmal gibt es *tagella*, im Sand gebackenes Brot aus Weizenmehl, selten *couscous*. An hohen Feiertagen wird ein Schaf geschlachtet, von dem in Agadez fast alles gegessen wird. Im Aïr ißt man selten die Innereien und nie den Kopf. Gekocht wird in großen, schweren Eisentöpfen über offenem Feuer. Zu fast allen Gerichten wird gesalzene rote Soße aus Tomatenmark gereicht. Gemüse findet nur in der Stadt und bei den Oasenbauern Verwendung. Wenn die Ziegen genügend Milch geben, machen die Frauen *takomert*, einen Käse, den man zum Tee ißt. An Süßem gibt es getrocknete oder zu Sirup verkochte Beeren, Datteln, Honig oder gezuckerte Erdnüsse. Inzwischen tauschen Kola und ich Rezepte aus. Sie kocht rote Bete und putzt Salat. Ich koche Kohl mit scharfer Erdnußsoße und stampfe Datteln.

Nach dem Tag der Namensgebungszeremonie soll ich für alle kochen. Elhadji hat die erforderlichen Zutaten vom Markt angeschleppt. Die Kinder bringen Töpfe, Schüsseln, Messer und Löffel. Ein Junge richtet in meinem Innenhof eine Feuerstelle ein. Zum Nachtisch gibt es Obstsalat. Alle helfen beim Schneiden – Bananen, Orangen und Datteln. Dann das Gemüse – Zwiebeln, Knoblauch, Tomaten, Zucchini und Auberginen. Kola und Hadja Kune sitzen auf Gartenstühlen. Sie feuern uns an und lachen viel, weil ich alle Zutaten so klein schneiden lasse. Mittlerweile helfen sieben Kinder. Viele Obststückchen und Gemüsescheiben landen direkt im Mund. Der Junge bedient inzwischen eifrig den Blasebalg aus der Werkstatt. Wie die Schmiede wohl ohne ihn arbeiten? Wahrscheinlich hat er, als er ihn holte, einfach gesagt: »Désirée braucht ihn.« Dabei könnte er das Feuer durch Wedeln mit einem Stück Pappe genauso gut in Gang halten. Das wäre freilich anstrengender.

Kurz nach Sonnenuntergang sind wir fertig. Es gibt Spaghetti mit Ratatouille und danach Obstsalat. Wir verteilen das Essen – eine Schüssel für Elhadjis Vater, eine für die Frauen und Kleinkinder, eine für die Männer, eine für Elhadji, seine Nichte Lalla und mich. Lalla darf heute bei mir essen.

Nach dem Essen besucht uns Elhadjis alter Vater. Er führt einen Freudentanz auf und ruft: »Das war sehr gut!« Seine Frau kommt dazu und meint: »Er hat alles aufgegessen und wollte nicht, daß man ihm die Spaghetti kleiner schneidet. Dabei benutzt er doch immer den Löffel.« Kola grinst und läßt von Elhadji weiter übersetzen: »Na ja, wir haben vorsichtshalber Hirse gekocht. Keiner wollte sie. Aber deine Art zu kochen dauert sehr lange.« Hadja Kune stellt fest: »Obstsalat ist fast so gut wie Äpfel aus Mekka«, und fragt dann: »Kann Lalla ihn jetzt allein machen?« Ihre Tochter Lalla blickt mich zögernd an. Ich nicke.

Kolas dreijährige Tochter Armina ist sehr verwöhnt. Kurz nach dem Abstillen, mit etwa einem Jahr, wurde sie zu Kolas Mutter gebracht. Diese hatte verlangt, daß das Kind bei ihr aufwachsen solle. Dem konnten sich weder die Tochter noch Elhadji widersetzen, da Großmütter nach den Wechseljahren oft ihre Enkel aufziehen. Jeder Wunsch wurde dem Kind erfüllt. Kein Wunder, daß Armina anfing, ihre Umgebung zu tyrannisieren. War sie bei ihren Eltern zu Besuch, so fragte spätestens nach zwei Stunden eines der anderen Kinder: »Wann wird die denn endlich wieder abgeholt?« Verließ Elhadji mit mir auf dem Motorrad den Hof, dann rannte Armina brüllend und heulend hinterher. Wagte ich es, einem anderen Mädchen etwas zu schenken, wurde sie zur Furie und klagte hartnäckig ihren Teil ein, bis es Kola zu bunt wurde. Sie zog ihre Tochter an einem Arm vom Boden auf und schleifte sie, mit ihrer dunklen Stimme schimpfend, hinter sich her. Armina verstummte und heulte leise vor sich hin.

Seit der Geburt ihres Bruders Ismarel spielte auch sie wieder Baby. Sie wollte nur noch bei ihrer Großmutter bleiben, bis selbst dieser der Geduldsfaden riß. Endlich konnte Kola mit ihrer Mutter vernünftig über das verzogene Kind sprechen. Armina wurde zu Verwandten nach Iferouane in den Aïr geschickt, wo das Leben einfach ist und es kein Coca-Cola, keinen Fernseher und nicht ständig neue Kleider gibt. Dort lernt sie jetzt auch ihre Sprache, Tamaschek. Bisher konnte sie sich nur auf Haussa verständigen. Später soll Armina eine Schule besuchen. Das hat mir Kola schon bei meinem ersten Aufenthalt versprochen. Auch Elhadji ist in diesem Punkt unerbittlich und wagt es sogar, seiner Schwiegermutter zu widersprechen. Sonst ist er bei der Erziehung keine große Hilfe, da er in seiner Gutmütigkeit stummen, bittenden Kinderblicken nichts abschlagen kann. Kola verdreht dann jedesmal die Augen. Bei ihrem Sohn Ismarel läßt sie sich das Zepter nicht aus der Hand nehmen. Die Großmutter will ihn nicht und findet, wenn auch im Spaß: »Das Baby ist zu schwarz.« Dabei ist Kolas ganze Familie, im Gegensatz zu der von Elhadji, sehr dunkel. Die Helligkeit der Hautfarbe spielt eine große Rolle – je heller, desto schöner.

Eines Nachmittags sitzen Kola und Elhadji in meinem Innenhof: »Wir wollen vorerst keine Kinder mehr. Zwei sind genug. Gute Ausbildung ist teuer.« Kola lächelt verlegen: »Das traditionelle Getränk, das einem die alten Frauen nach der Geburt geben, hilft bei mir nicht. Ismarel war trotzdem plötzlich da.«

Verhütung ist ein wichtiges Thema. Ich hatte mich auf Kolas Bitte hin in der Maternité, dem Geburtshaus, nach den Möglichkeiten erkundigt. Der Staat fördert mit ausländischen Geldern die Geburtenregelung, um so die Bevölkerungsexplosion in den Griff zu bekommen. Die Pille oder eine dreimonatige Hormonspritze bekommt man kostenlos. Alle anderen Verhütungsmittel sind entweder zu unsicher, oder es fehlen die kulturellen und auch sanitären Voraussetzungen. Das staatliche Programm zeigt kaum Erfolg, da die Männer sich nicht darum kümmern und die wenigsten Frauen lesen können. Das Thema wird selten gemeinsam besprochen. Viele Kinder werden nach wie vor als gute Altersabsicherung betrachtet. Ich verspreche, mit Kola zu der Beratung zu gehen. Sie hat große Scheu davor.

Manchmal ist Kola mir unheimlich. Immer geduldig, immer bescheiden, meistens fröhlich und sich stets ihres eigenen Wertes bewußt. Und immer arbeitet sie. Selten gibt es bei ihr Zeiten der Ruhe. Noch nie zeigte sie mir gegenüber einen Hauch von Eifersucht. Vielleicht hätte sie allen Grund dazu, da ich ihren Mann Elhadji doch viele Stunden und Tage als Bruder in Anspruch nehme und er jedes Jahr bis zu drei Monate allein nach Europa fährt. Kola ist die gute Seele, die alles zusammenhält.

Der alte Achmoudou, Faktotum, Schmied und gerissener Händler, betritt aufgeregt den Hof. Wir ziehen ihn regelmäßig damit auf, daß er die häßliche Kohlverkäuferin von gegenüber heiraten sollte. Sie macht ihm seit Monaten schöne Augen. Dabei ist er mit seiner Frau sehr glücklich. Heute ist Achmoudou nicht zum Scherzen aufgelegt. Er nimmt Elhadji beiseite. Bald hört man die beiden lachen. Elhadji kommt auf mich zu. Er lacht noch immer: »Das mußt du dir unbedingt anhören. Du kennst doch den dünnen Peulnomaden mit dem großen, zerbeulten Hut, der öfter bei uns in der Schmiede vorbeikommt. Heute morgen setzte er sich neben Achmoudou und sagte: ›Darf ich dir eine Frage stellen, die mich seit einiger Zeit beschäftigt?‹ Achmoudou sagte: ›Natürlich.‹ Der Peul rutschte unruhig auf der Bastmatte hin und her: ›Es könnte aber sein, daß du danach nicht mehr mit mir redest.‹ Achmoudou sah ihn an: ›Trau dich nur.‹ Der Peul blickte lange zu Boden: ›Also, ist Désirée nun Elhadjis Zweitfrau?‹ Achmoudou lachte, bis ihm die Tränen kamen, und der arme Peul erhielt keine Antwort.« Mittlerweile steht auch Kola neben uns. Elhadji wiederholt die Geschichte auf Tamaschek. Auch sie lacht sehr. Dabei ist die Schlußfolgerung des Peul gar nicht so abwegig. Kolas Haus und meines sowie unsere Innenhöfe sind ungefähr gleich groß. Wir kochen oft gemeinsam, und Elhadji geht in beiden Häusern ein und aus. Was wird Achmoudou dem Peul bei der nächsten Begegnung antworten? »Vielleicht, daß ich Elhadjis dritte Frau bin?« schlage ich vor. Dieser Gedanke gefällt dem Alten: »Aber wer ist die zweite?« Kola zwinkert mir zu.

Offon

Das Auge begehrt den Anblick des geliebten Wesens.
Die Liebe ist ein Schurke, der einen weder leben noch sterben läßt.

Tuareggedicht aus dem Hoggar

Offon taucht immer sehr plötzlich auf und verschwindet ebenso wieder. So war es beim ersten Mal. So ist es noch heute. Er ist Elhadjis bester Freund, ein schmächtiger Jüngling mit stets unordentlich gewickeltem Turban. Bei jedem Wetter trägt er eine an der rechten Schulter zerrissene, schwarze Lederjacke über dem traditionellen knielangen Hemd. Bei unserer ersten Begegnung legte er seine Kamelpeitsche auf meinen Tisch, setzte sich in eine Ecke auf den Boden und schwieg. Er schwieg drei Stunden lang. Außer den Begrüßungsformeln war ihm keine Silbe zu entlocken: »*ajuan* – Guten Tag.« »*mani asamet* – Ist die Kälte erträglich?« »*asamet ilüye* – Es ist kalt.« »*mani erian* – Wie geht es zu Hause?« »*alkhe ghas* – Danke, gut.« »*mani barraran* – Wie geht es der Familie?« »*alkhe ghas* – Danke, gut.« »*mani charret* – Wie geht es den Kindern?« »*alkhe ghas* – Danke, gut.« »*togodem* – Geht es gut?« »*sram* – Es geht gut.« ...

Diese Worte werden unendlich variiert und wiederholt. Dabei gibt man sich die ausgestreckte rechte Hand, krümmt bei der ersten Berührung die Finger und zieht sie sofort wieder zurück. Bei jeder Frage erneuert sich dieses Händestreichen. Früher wurden oft Mondringe getragen, *telit*, deren kegelförmiger Hohlkörper mit kleinen Steinchen gefüllt war, die bei jeder Berührung der Hände leise klingelten. Heute sind diese Ringe selten. Es ist unhöflich, seinem Gegenüber bei der Begrüßung und auch sonst in die Augen zu schauen. Man blickt zu Boden, während der andere spricht, und umgekehrt. Bei älteren Menschen sind diese Verhaltensregeln genau einzuhalten. Respekt gilt als oberstes Gebot, das streng beachtet wird. Europäern verzeiht man Fehler. Ihnen fällt es schwer, den Blickkontakt zu unterbrechen. Wie oft wurde ihnen als Kind gesagt: »Schau mich an, wenn ich mit dir rede.«

Offon war mit Elhadji in der Schule. Die beiden sind eng befreundet. Sie helfen sich gegenseitig und würden den anderen in Notsituationen immer versorgen. Oft zuckt der Freund zusammen, wenn Elhadji eine seiner Meinung nach ungehörige Bemerkung macht: »Warum besuchst du mich so oft? Hast du eine Freundin in Agadez?« Dann zieht Offon seinen Turban bis zu den Augen hinauf und dreht den Kopf weg, damit man ihn nicht lachen oder erröten sieht.

Wie es dazu kam, daß die Tuaregmänner im Gegensatz zu den Frauen ihr Gesicht verhüllen, erzählt eine Legende: »Als die siegesgewohnten Krieger von einem ihrer Raubzüge nach Ouargla geschlagen, erschöpft und ohne Kamele zu ihren Zelten heimkehrten, rissen sich ihre enttäuschten Frauen die Schleier vom Gesicht. Sie beschimpften die Männer als feige, und um nicht dauernd in solch schandbare Gesichter blicken zu müssen, verlangten sie von ihnen, sie unter einem festen Schleier zu verstecken. Fortan bekam jeder Jüngling, der ins Mannesalter kam, einen Schleier, den er bis an sein Lebensende tragen muß.«

Offon ist kein Schmied. Seine Familie lebt heute in Akirkui, etwa zehn Kilometer außerhalb der Stadt, in einfachen Basthütten. Kein Strom, nur Brunnenwasser. Der Vater hat eine große Kamelherde, die Mutter Schafe, Ziegen und Hühner. Elhadjis Vater lagerte nach seiner ersten Heirat bis zum Jahr 1974 gemeinsam mit Offons Familie. Daraus haben sich enge Beziehungen ergeben. Hochzeiten untereinander gab es nie. In der heutigen Generation wären sie möglich. Elhadjis Familie gehört zur Gruppe der *inadan*, der Schmiede, während Offons Familie *imrad* sind, Vasallen. Der höchste Stand, die geachteten Freien, *imajeghan*, gefolgt von den angesehenen Korangelehrten, den *inesleman*, und die breite, oft verspottete Masse der Vasallen hatten jeweils sowohl ihre eigenen Schmiede als auch ihre Sklaven, die *eklan*. Diese lebten, im Gegensatz zu den Schmieden, in völliger Abhängigkeit. In den abgelegenen Tälern und Ebenen des Aïr bestehen diese gesellschaftlichen Strukturen noch heute.

Die Schmiede stehen außerhalb der Hierarchie und werden geachtet, verachtet und gefürchtet. Als Beherrscher des Feuers und der Mineralien wähnt man sie im Bund mit den Geistern. Sie dürfen einige Tabus brechen, an die sich alle anderen halten müssen. Ihr sozialer Rang hängt weitgehend von der Gruppe ab, für die sie arbeiten.

Die Schmiede fertigen sämtliche Metallgegenstände, die ein Tuareg benötigt: von Waffen wie Messern und Schwertern über Gebrauchsgegenstände wie Pinzetten, Schminkstifte, Schlösser oder Parfümdosen, auch Kamelsättel, Zaumzeug und sonstiges Haushaltsgerät, bis hin zu vorwiegend aus Silber geschmiedetem Schmuck. Die Marabouts unter ihnen dürfen lederne Amulettbehälter, Korantäschchen und andere beschützende Schmuckstücke herstellen, welche die Geister vertreiben. Außerdem verarbeiten Schmiede Holz zu Zeltpfosten, Betten, Tragestangen, Mörsern, Schüsseln und Löffeln. Ihre Frauen fädeln Ketten und verarbeiten Leder mit großem handwerklichem Geschick: Kissen, Säcke, Taschen, Beutel, Seile, Zügel und Kamelpeitschen.

Im gesellschaftlichen Leben fällt dem Schmied, vor allem bei den *imajeghan*, die Rolle des Heiratsvermittlers zu, der die Eltern der Braut um ihre Zustimmung bittet. Er ist dafür zuständig, bei den Hochzeitsvorbereitungen die als Brautpreis gezahlten Tiere mit lauter Stimme schlechtzumachen und auf diese Weise vom Vertreter des Bräutigams bessere Tiere einzufordern. Außerdem ruft der Schmied nach der Eheschließung: »Gott ist groß, der Sohn des X. hat die Tochter des Y. geheiratet ...« Im Gegenzug hält der Freie um die Hand der Auserwählten des Schmiedes an.

Die *imajeghan* beauftragen die Schmiede oft mit heiklen diplomatischen Missionen, die ihnen ihr eigenes *tekerakit* verbietet, sei es das Bespitzeln möglicherweise untreuer Ehefrauen oder das Vermitteln zwischen verschiedenen Parteien, die alle ihr Gesicht wahren wollen. Außerdem werden Schmiede für Eingriffe bei Mensch und Tier – etwa das Einbrennen von Brandzeichen bei den Kamelen oder das Beschneiden der Knaben – in Anspruch genommen. In der Stadt übernehmen meist Tierärzte und Krankenhaus diese Funktion.

Elhadji und ich wollen nach Akirkui zu Offons Familie. Mein erster Besuch steht an. Es ist Dezember 1994. Bis entschieden ist, welcher Kochtopf und welche Nahrungsmittel mitgenommen werden, vergehen Stunden. Der Peugeot von Elhadjis Bruder Ata muß betankt werden. Diesel und Benzin, aus Nigeria geschmuggelt, wird vor dem Haus in Literflaschen verkauft. Auf einem Tapeziertisch ist die Ware aufgestellt und schimmert golden wie Olivenöl hinter Glas. Eine abgeschnittene

Plastikflasche mit anmontiertem Gartenschlauch dient als Trichter. Über fünfzig Prozent des verkauften Treibstoffs im Niger kommt aus dem Schwarzhandel. Tankstellen lohnen sich kaum. Auf diese Weise läßt sich der Staat viele Steuern entgehen. Ein Ersatzreifen wird gesucht. Ich fülle noch einen Kanister, da das Wasser außerhalb der Stadt angeblich zu sandig ist.

Offon drängt zum Aufbruch. Der Grund: »In der Stadt gibt es *kel essuf* – Geister.«

Dazu schrieb der deutsche Tuaregkenner, Dr. Hans Ritter, 1993: »Diese Wesen der Einöde sind ihre Gestalt wandelnde und nach Belieben unsichtbare Wesen der einsamen Regionen, eine Art Schattengesellschaft der Lebenden. Sie bilden Familien, sind sterblich und stammen nach den meisten Quellen nicht von den Seelen der Toten ab. Da sie Blut lieben, spielen Tieropfer, etwa bei der Namensgebung, Hochzeit und auch bei Erkrankungen eine wichtige Rolle.«

Offon fühlt sich in der Stadt befangen und möchte ihr schnell wieder den Rücken kehren. Die Menschen hier sind ihm zu laut und zu direkt. Endlich fahren wir los. Bald verlassen wir die Straße. Die Männer halten Ausschau nach Militärkontrollen. Ich habe keine Genehmigung, Agadez zu verlassen. Offon dirigiert uns durch das Gelände. Büsche und Bäume werden umfahren. Der Wagen hält sich tapfer. Nach fünfundvierzig Minuten erreichen wir das Lager. Hunde bellen, und Hütten stehen unter großen, schattigen Akazien. Kamele, Schafe und Ziegen bewegen sich frei ohne Zäune. Die Landschaft ist überwiegend grün. In der Ferne schimmern die hohen Berge des Aïr.

Alchassoum, ein Bruder von Offon, begrüßt uns und bittet alle in seine Hütte. Tee wird gekocht. Offon bringt lauwarme, schäumende Kamelmilch. Der Gast muß sie bis zur Erschöpfung trinken. Alchassoum: »Mehr, noch mehr. Bis das Gefäß leer ist.« Ziegen- und Kamelmilch ist ein lebenswichtiges Grundnahrungsmittel, ein Luxus, der häufig Müttern, Kindern und alten Menschen vorbehalten bleibt. Der Gast bekommt immer das Beste.

Alchassoum spricht französisch. Er ist ähnlich dürr wie Offon, nur etwas länger, und trägt eine große Brille aus den siebziger Jahren. Auch er hat seinen Turban unordentlich um den Kopf geschlungen. Haarbüschel stehen zwischen den einzelnen Bahnen wild hervor. Alchassoum ist der erste Tuareg, den ich kennenlerne, der ununterbrochen redet und andauernd hektische Bewegungen macht. Vielleicht liegt das an seinem französischem Großvater, dem letzten Militärkommandanten von Agadez. Er entwirft sofort einen Plan, was ich alles sehen muß. Nach fünfzehn Minuten packt er meine Hand, schleppt mich zur Hütte seiner Eltern, wo die Kamelstuten für das Mittagessen gemolken werden. Die jungen Kamele schreien erbärmlich und verlangen hartnäckig ihren Anteil. Sie sind festgebunden, damit ihre Mütter immer wieder zurückkehren. Ich begrüße den Vater, Awinougou, und die Frauen. Wieder wird Tee gekocht.

Alchassoum zeigt mir ein Kameljunges, das drei Monate zu früh geboren wurde. Geduldig träufelt er ihm mit einer Teekanne Milch ein. Das Tier ist schwach und kämpft um sein Leben. Von allen Haustieren vermehren sich Kamele am langsamsten. Eine Stute wirft mit sechs Jahren ihr erstes Fohlen. Danach folgen die Geburten im Zweijahresrhythmus.

Ich möchte mein Lager für die Nacht, ein kleines Moskitozelt, unter drei mächtigen Akazien aufbauen. Alchassoum will unbedingt, daß ich in der Hütte bei den Frauen schlafe. Ich muß hartnäckig argumentieren, um ihn davon abzubringen. Am Ende sieht er ein, daß der Sternenhimmel dort nicht zu sehen ist. Offon zwinkert mir zu und vergräbt sein Gesicht im Turban. Elhadji schleppt seine Schlafmatte in meine Nähe unter die Bäume. Er ist nervös, weiß nicht, ob ich das Abendessen tatsächlich über dem offenen Feuer kochen kann. Spaghetti und Tomatensoße gelingen. Den Männern schmeckt es. Beim Kochen haben sich die Frauen zu uns gesellt und jeden meiner Handgriffe genau beobachtet. Sie essen von uns getrennt. Nach der Pasta gibt es leicht gesalzenen Hirsebrei in frischer, warmer Kamelmilch, das traditionelle Nomadenessen. Jeder bekommt einen reich verzierten Holzlöffel. Die Männer essen gemeinsam aus einer großen, runden Holzschüssel. Die Milch liegt mir mehr als der Brei. Alchassoum zwinkert mir zu: »Du mußt aufpassen. Bei zuviel Milch muß man hinter die Büsche rennen.« Nach der Mahlzeit wird Tee gekocht. Frauen und Kinder setzen sich zu uns. Man kuschelt sich eng zusammen und rückt so dicht wie möglich ans Feuer. Es wird kühl. Geschichten und Neuigkeiten werden ausgetauscht. Immer wieder verschwindet eines der Kinder und sucht Brennholz. Alle gehen früh schlafen.

Endlich wieder eine Nacht im Freien und das Gefühl, allein zu sein. Nur das Brüllen der Kamele durchbricht die Stille. Kein anderes Geräusch stört den Schlaf. Ein leichter Wind läßt mich frösteln. Der

Mond scheint sehr hell. Plötzlich ist es zu still. Ich kann nicht schlafen. Jetzt wandert *amenagh*, Orion mit seinem aus Sternen geschmiedeten Schwert, über den Himmel. Er ist nah. Unendlich viele funkelnde Brillanten schimmern im tiefen Schwarz. Sterne fallen. Ich liege im All. Die Nacht über der Wüste ist vollkommen. Nichts, was sich zwischen sie und den Menschen schiebt. Kein Smog und kein elektrisches Licht. So muß es vor langer Zeit in Europa gewesen sein.

Der nächste Tag beginnt bei Sonnenaufgang. Bald kocht der Tee auf einem kleinen Feuer, an dem sich Elhadji und Offon aufwärmen. Die Nacht war kalt.

Awinougou legt lange, trockene Grashalme um seine rechte große Zehe. Sie werden ununterbrochen gedreht und ineinandergerollt, ähnlich wie man bei uns Kordeln aus Wollfäden herstellt. Zum Abschuß wird die fertige Kamelfußfessel mit einem Stein weich geklopft.

Offon drängt zum Aufbruch. Ich möchte die Frauen zum Brunnen begleiten. Er liegt inmitten von ockerfarbenen Sanddünen, die mit einem lichten Akazienhain bewachsen sind. Sonst wächst nichts, und so mutet dieser Ort wie ein künstlich angelegter strenger Raum an. Nur das unübersichtliche Treiben am Brunnen lockert das Bild auf. Kamele, Rinder, Esel, Schafe, Ziegen und dazwischen vorwiegend Frauen, die Wasser schöpfen, Tiere tränken und ihre schlaffen Gerbas füllen, bis sie, prall und rund, den kleinen Eseln um den Bauch gebunden werden. Kamele und Rinder werden von den Männern versorgt. Eine Frau würde sie nur im Ausnahmefall anrühren.

Jede Familie hat ihr eigenes Zugseil und den dazugehörigen Schöpfsack aus Gummi, um an das Wasser in zwanzig Meter Tiefe zu gelangen. Nach welchem System wer am überfüllten Brunnen zum Zuge kommt, ist nicht auszumachen. Offons Auskünfte darüber sind verworren. Eine Mischung aus »wer zuerst da ist«, Gruppenzugehörigkeit und Glück ...

Awinougou schenkt mir einen lebenden weißen Hahn für das Mittagessen. Ich bin überwältigt und frage Elhadji leise: »Töten ist doch Männersache?« Er nickt. »*Alhamdulillah!*«

Alchassoum findet einen windgeschützten Platz zum Kochen. Dem Hahn wird der gen Mekka gerichtete Kopf abgeschnitten. Offon und Elhadji rupfen ihn, brühen ihn ab und nehmen ihn aus. Jetzt bin ich an der Reihe und improvisiere ein Limonenhähnchen. Heimlich schenke ich der dürren Hündin, die manchmal Fremde beißt, den Hals.

Wir liegen faul auf Wolldecken im Sand. Alchassoums Frau, Mariam, setzt sich zu uns. Sie läßt sich von einer Freundin die Haare waschen, ölen, kämmen und flechten. Nach vier Stunden ist die Frisur fertig. Die Frauen albern herum, haben jede Scheu verloren und taufen mich Chaua, da sie meinen Namen nicht aussprechen können. Chaua heißt eine ihrer Lieblingscousinen.

Offons Cousinen bauen gerade neue Hütten. Erst wird das Bett aufgestellt. Danach bohren sie zwei Tragegabeln aus Holz, an denen die Habseligkeiten der Familie befestigt werden, am Kopfende des Bettes in den Sand. Um den Hausrat stecken sie einen Kreis aus Stangen, die sie mit biegsamen Querstangen verbinden, bis die Form eines halben Eis entstanden ist. Später werden über das fertige Gerüst Bastmatten gerollt und daran festgebunden. Immer zwei Frauen arbeiten zusammen. Der Hausbau ist ihre Domäne. Die Männer helfen nur, wenn eine Matte zu schwer ist oder eine Stange partout nicht im Sand steckenbleiben will. Das Haus und sein Inhalt gehören der Frau.

Tourist, einer von Offons Brüdern, verabschiedet sich. Seinen Spitznamen bekam er, weil er andauernd unterwegs ist. Tourist trägt seine schönsten Kleider. Der Turban ist tadellos gewickelt. Er wird zu Fuß fünfzehn Kilometer zu seiner Angebeteten gehen, dort gegen Mitternacht eintreffen und das Mädchen leise aus der Hütte ihrer Eltern rufen. Gefällt er ihr, kommt sie zu ihm heraus. Dann werden sie sich in den Sand setzen und die Sterne betrachten ... und in der Morgendämmerung wird er wieder zurückwandern. Angeblich magern verliebte junge Tuareg stark ab, da sie wegen der nächtlichen Fußmärsche sowohl Abendessen als auch Frühstück verpassen und oft das Mittagessen verschlafen. In der Nähe der potentiellen zukünftigen Schwiegereltern dürfen sie nicht essen. Das wäre äußerst respektlos.

Im Sommer 1997 steht Offon, wie gewohnt, plötzlich in meinem Zimmer. Seine Haare sind kurz geschnitten. Ein neuer Turbanstoff liegt lose mehrmals um den Hals geschlungen. Er redet noch immer nicht viel, läßt sich aber zu einer Umarmung beim Wiedersehen hinreißen. Wie habe ich sein verschmitztes Lächeln vermißt, das unruhige Zucken mit dem rechten Auge und seine langsamen Bewegungen. Nur niemals rennen: »Die Familie erwartet dich.«

Offon bringt mir bei jedem Besuch frischen Ziegenkäse, den seine Schwestern und Cousinen hergestellt haben. Ich hole dann ein Schüsselchen mit Honig. Der *takomert* wird eingetunkt, und die obligatorischen Gläser mit Tee werden gereicht. Sobald Besuch den Hof betritt, entfacht einer der älteren Jungen ein Feuer und kocht Tee. Meist finden sich Freunde ein, die irgendwie von Offons Ankunft erfahren haben und sich unser Begrüßungsritual nicht entgehen lassen wollen. Schon der kleinste Luxus macht einen Tag zum Fest und unterscheidet ihn von allen anderen.

Wir sitzen faul in der Sonne, die sich langsam den Weg durch die Wolken bahnt. Freunde finden sich ein, um Offon zu begrüßen. Dieser fragt mich ungewohnt hartnäckig aus: »Wandern bei euch in Deutschland auch Schweine durch die Landschaft?« Ich lache: »Bei uns gibt es überall Zäune. Es ist verboten, Tiere frei herumlaufen zu lassen.« Offon schaut mich ungläubig an: »Wie kann man denn Tieren das Wandern verbieten?«

Elhadji dreht die Alpha-Blondie-Kassette um. Sie liegt, dicht gefolgt von Anouar aus Algerien, auf Platz eins. Offon nimmt mir das Versprechen ab, ihn am folgenden Tag zu besuchen: »Wer weiß, ob es nächstesmal soviel Wasser gibt und meine Familie in der Nähe von Agadez lagern wird. Wenn der Frieden hält, ziehen wir vielleicht weiter.«

Seit dem Friedensvertrag zwischen der Regierung und den Rebellen, der im April 1995 unterzeichnet wurde, fühlen sich die Nomaden wieder etwas sicherer und halten sich nicht mehr wie in den fünf Jahren der Rebellion in unmittelbarer Nähe der Städte auf. Im freien Gelände waren sie oft Zielscheiben des Militärs. Viele Tuareg, die nur ihre Kamele suchten, wurden als Rebellen verdächtigt und manchmal auf der Stelle erschossen.

Am Abend gibt Mikel, ein Amerikaner, ein großes Fest. Elhadji und ich haben ihn im Januar 1997 durch eine französische Freundin kennengelernt. Mikel arbeitet für CARE, das derzeit einzige Hilfsprojekt in Agadez, das sich seit dem Winter 1996 um Impfschutz, hauptsächlich für Kinder im Aïr, kümmert: Polio, Tetanus und Diphtherie. Impfstoff gegen Meningitis, die im Sahel grassiert, ist zu teuer.

Aus allen Winkeln von Agadez und Umgebung tauchen plötzlich Weiße auf. Die meisten habe ich noch nie gesehen. Bald sind wir rund dreißig Personen. Der Anteil an Einheimischen ist verschwindend gering. Vielleicht ein Fünftel. Elhadji und ich haben Offon überredet, uns zu begleiten. Offon kann sich an der ungewohnten Umgebung nicht satt sehen. Bunt gemischt sitzen Frauen und Männer auf diversen Matratzen verteilt und unterhalten sich angeregt. Bierflaschen kreisen. Die Musik ist laut. Eine ganz normale, etwas altmodische Partyszene, aber für Offon tut sich eine neue Welt auf: »Sprecht ihr immer so rasch mit Menschen, die ihr nicht kennt?« Elhadji spielt den coolen Nachtschwärmer. Immerhin hat er letztes Jahr in Berlin schon eine Techno-Disko überlebt: »Das hier ist Kindergarten«, stellt er souverän fest. Ein Weißer betritt mit zwei in Agadez sehr bekannten jungen Frauen in Stretchhose und Minirock im Arm den Raum. Offon zieht zum wiederholten Mal seinen Turban hoch, damit man ihn nicht lachen sieht. Alle um ihn herum zeigen, vom Bier enthemmt, ungeniert ihre Emotionen. Offon fällt mit seinen guten Tuaregmanieren unweigerlich auf. Wie ein Fremdkörper lehnt er steif und aufrecht an der Wand. Eine Amerikanerin gesellt sich zu uns. Sie redet die zwei Tuareg auf Haussa an. Elhadji und Offon sind hingerissen, ähnlich wie die Briten, wenn eine Französin englisch spricht. Gegen halb elf brechen wir auf. Elhadji und Offon sind müde.

Oft sitzen wir alle – Offon, Elhadji und Freunde sowie Zufallsbekannte – unter einer großen Akazie in Akirkui herum. Ununterbrochen wird Tee getrunken. Eigentlich passiert nichts, aber für mich sind diese Stunden reiner Genuß. Die Landschaft ringsum ist entweder grün oder sandig. Darüber entscheidet der Regen. Hier leben ständig Menschen und Tiere. Mal besser, mal schlechter. Und immer, wenn ich da bin, gibt es den kostenlosen Schatten der widerstandsfähigen Akazien.

Einmal zeigt mir Offon eine große, umgestürzte Akazie, die mit einer Kerbe im Stamm markiert ist. Diese besagt, daß der tote Baum bereits gefunden worden ist. Der Finder wird das Holz irgendwann abholen. Niemand sonst rührt die Akazie an. Die Brennholzsuche in der Umgebung von Agadez ist streng reglementiert. Nur ausgewählte Familien dürfen es verkaufen. Intakte Bäume werden nicht gefällt. Man hält sich daran. Verstöße werden mit Gefängnis bestraft. Ein Versuch, den Vormarsch der Wüste zu stoppen. Die Sahara wächst an ihren Randgebieten, erobert zu ihren neun Millionen Quadratkilometern jährlich zwanzigtausend dazu. Die Desertifikation ist ein komplexes Phänomen.

Natürliche Gründe wie Trocken- und Dürreperioden, die für das Klima im Sahel bestimmend sind, führen nicht notgedrungen zu Verwüstung, sondern lassen eine dürregeschädigte Landschaft oft nur wüstenhaft aussehen. Nach ausreichenden Regenfällen regeneriert sie sich. Anders verhält es sich mit desertifikationsgeschädigter Landschaft. Der Mensch zerstört durch Überweidung, Überrodung, Abholzung und kurzsichtige Brunnenprojekte das ökologisch labile Gleichgewicht der Sahelzone. Bevölkerungsexplosion, mangelnde Bildung, falsche Siedlungspolitik, Hungersnöte und Kriege zwingen ihn dazu. Kurzfristig angelegte Entwicklungshilfe tut ein übriges. Ein Teufelskreis, der schwer zu durchbrechen ist. Das Klima kann man nicht ändern, wohl aber die politische und wirtschaftliche Ordnung.

Welch große Rolle die Akazien spielen, zeigt eine Geschichte, die die Tuareg oft und gern erzählen. Eine königliche Akazie stand jahrzehntelang allein in der Ténéré, der unbarmherzigsten Wüste der Welt, und wies den Karawanen den Weg zum Brunnen. Heute steht dort ein künstlicher Baum aus zusammengeschweißten Rohren. Die Stelle heißt nach wie vor »der Baum der Ténéré«. 1973 wurde die einsame Akazie von einem libyschen Lastwagenfahrer gerammt und starb. Sie starb mit all ihren Wurzeln, die sich siebenundzwanzig Meter tief in den Sand gebohrt hatten. In kalten Beton eingegossen, steht ihr vertrocknetes Gerippe im Museum von Niamey. Der Geist der einsamen Akazie hat den Körper verlassen.

Die Früchte der Akazien ernähren Kamele, Schafe und Ziegen. Ihr Holz gibt Feuer, und die dichten Zweige und Blätter schützen uns Menschen vor der Sonne. Vor einiger Zeit aber konnte nicht einmal ihr Schatten mir helfen. Alles war plötzlich ganz anders.

Elhadji und sein Bruder Ata, Offon und seine Brüder, Kolas ältester Bruder Ibrahima und ich lungern auf Bastmatten im ausgetrockneten Flußbett unter drei mächtigen Akazien in Akirkui. Offon kocht Tee. Mir geht es schlecht. Darmprobleme und Kopfschmerzen. Ibrahima spendiert seinen Turban als Wadenwickel. Ich dämmere im Halbschlaf, rolle mich zur Seite. Ab und zu die besorgte Frage: »Geht es dir besser?« Die Hitze ist unerträglich.

Ein Sandsturm kommt auf. Ihm folgt kurz darauf der Regen. Heftig und maßlos. Offon befiehlt den Aufbruch: »Schnell, bevor das Wasser da ist.« Wir fliehen auf eine Düne. Mein Moskitozelt wird neben Alchassoums Hütte aufgeschlagen und dient mir als Krankenzimmer.

Heftige Fieberschübe und Bauchkrämpfe. Das Wasser kommt und steigt, steigt unablässig. Junge Kamele brüllen erbärmlich nach ihren Müttern, die irgendwo mit möglichst trockenen Füßen warten.

Zwei Stunden später – noch zehn Quadratmeter Land. Gefangen auf einer Insel. Der plötzlich entstandene Fluß rauscht mächtig und reißend nach Süden. Er bringt die Babys, erzählen die Tuareg ihren Kindern: »Wenn du böse bist, holt dich der *kori* wieder ab.« Kurze Wellen schlagen ständig gegen die kleine Düne. Eine phantastische Nacht am Meer, wäre da nicht das Fieber, das die Gegenwart verschwimmen läßt.

Bis zum nächsten Morgen ist unsere Insel etwas größer geworden. Am Ufer bleibt eine zähe, braune Lehmmasse zurück. Der scharfe Geruch von Kamelurin verpestet die Luft. An Abfahrt ist nicht zu denken. Immer noch fließt das Wasser heftig. Mir ist alles egal. Der zweite Tag ohne Essen. Das Fieber lähmt meinen Willen. Elhadji, Ata und Offon brechen zu Fuß auf, um einen Arzt zu holen.

Ich habe jedes Gefühl für Zeit verloren. Die Sonne brennt. Hadj Umar, der Arzt, trifft ein. Ein Tuareg aus Iferouane mit gütigem, breitem Gesicht. Etwas außer Atem. Die drei Männer hatten ihn im Peugeot an den Rand des *kori* gefahren. Von dort aus waren es noch einige Kilometer zu Fuß. Gefährliche Strömung, glitschiger Boden, Wasser und Schlamm. Elhadji reicht Hadj Umar seinen »Arztkoffer«, eine braune Plastiktüte mit Stethoskop, Kochsalzlösung, eingeschweißten Schläuchen, Nadeln und Spritzen, Ampullen, Zäpfchen und Pillen. Die Diagnose ist schwierig: »Man müßte eine Stuhlprobe ins Krankenhaus schicken. Aber unter diesen Bedingungen ... vielleicht morgen.« Leider hat Hadj Umar schon lange keinen Tropf mehr gelegt und sticht wiederholt daneben. Und immer wieder die Frage: »Geht es schon besser?«

Die Krankheit beherrscht meinen Körper. Der feuchte Duft des heißen Sandes strömt in die Nase. Verworrene Bilder formen sich im Kopf. Die Geister der Vergangenheit verlassen ihre Gräber. Mächtige Gottheiten tauchen auf. Verschwommene, zerfließende Gestalten. Das Fieber legt sich und löscht ihre Spuren. Abrupt reißen mich schwere Bauchkrämpfe in die Wirklichkeit zurück.

Meine Uhr zeigt als Datum den 3. August 1996 an. Heute vor sechsunddreißig Jahren wurde die Republik Niger unabhängig. Mein Zustand könnte besser sein. Der dritte Tag ohne Essen. Fieber und Durchfall. Und diese Hitze. Abfahrt. Der Wagen bleibt stecken.

Fünf Stunden später erreichen wir Agadez. Hadj Umar verschwindet mit einer Stuhlprobe und 2.000 CFA zum Krankenhaus. Das Geld dient als Anreiz für Fachpersonal. Hadja Cari bringt einen bitteren Tee und bläst mir Parfüm um die Füße. Zumindest wird alles versucht. Kola wacht an meiner Seite. Männer und Frauen geben sich die Tür in die Hand: »Geht es schon besser?«

Am nächsten Vormittag bekomme ich das Ergebnis: Amöbenruhr. Welch wunderbare Nachricht. Kleine Tierchen fressen sich satt. Ich bekomme dicke Pillen. Der Brechreiz ist unvermindert. Vierter Tag ohne Essen. Ein Ventilator wird aufgestellt. Wie immer bläst er heißen Wind. Ich erwäge ernsthaft, den Kühlschrank auszuräumen und mich hineinzulegen. Die unmenschliche Hitze zwingt zur Entscheidung: »Elhadji, ich brauche ein Hotelzimmer mit Klimaanlage und Wassertoilette.«

Endlich, das Wunder eines kühlen Raumes. Halb zehn, ein Stromausfall löscht das Licht. Es wird sich geben, *inschallah*. Und niemand fragt: »Geht es schon besser?«

Um halb neun am nächsten Morgen stehen Elhadji und Offon im Zimmer. Verabredet war neun Uhr. Hadj Umar berichtet, daß er einen halbtoten Patienten nach Arlit zu einer Operation begleiten muß: »Morgen kommt Siti, mein Partner.« Fünfter Tag ohne Essen.

Es folgt der sechste Tag ohne Essen. Elhadji sieht erschöpft aus: »Dein ganzes Haus ist verwüstet. Überall Sand. Der Sturm gestern war sehr heftig.« In meinem abgeschiedenen Bunker habe ich nichts bemerkt.

»So kann es nicht weitergehen«, erklärt Siti, entnimmt eine Blutprobe und bittet um die üblichen 2.000 CFA. Siti ist Anästhesist, von Eltern aus Togo im Niger geboren, Medizinstudium und Ausbildung in Paris, lange Arbeitsjahre in Frankreich und Algerien, jetzt zusammen mit Hadj Umar Inhaber einer kleinen Privatklinik in Agadez und der einzige Anästhesist bei allen Operationen im öffentlichen Krankenhaus. 1988 hatte Agadez 52.000 Einwohner. Heute sind es doppelt so viele. Der Zuzug von Haussa aus dem Süden hält an; die Flucht vor den Militärs hat viele Tuareg mit ihren Familien aus dem Aïr in die Nähe der Stadt getrieben. Seit die UN im Winter 1994 dort patrouillierte, fühlen sie sich vor willkürlichen Übergriffen einigermaßen sicher.

Drei Stunden später erscheint Siti mit dem Ergebnis: »Das ist Pallue!« – »Was?« – »Malaria. Eine sehr hinterlistige Form ohne

Fieber.« Siti legt einen Tropf: Chinin, Kochsalzlösung, Vitamine, Magnesium und ein Mittel gegen Brechreiz. Elhadji spielt Krankenpfleger. Siebter Tag ohne Essen.

Am achten Tag esse ich wieder. Kola kommt zu Besuch. Sie hat es geschafft, sich an der Rezeption vorbeizuschleichen. Sie ist das erste Mal in einem Hotel. »Das ist Europa!« Ein niedriger Glastisch mit Sprung, dahinter eine abgewetzte schwarze Ledercouch und rechts daneben ein beige Bürostuhl auf vier Rollen vor einem Schreibtisch aus braun gestrichenem Preßspan, dem zwei Schubladen fehlen. Der Kühlschrank ist mit Mahagonifolie beklebt. Er surrt zu laut. Zwei durchgelegene Betten mit gelbroter Wäsche füllen den noch vorhandenen Raum. Eines steht auf drei Beinen. Ein Holzklotz ersetzt das vierte und hinterläßt seinen Abdruck auf dem olivgrüngrauen Spannteppich. Eine orangerote Stehlampe und eine nackte Glühbirne an der Decke runden das Bild ab. Über allem liegt ein Film aus Sand, Staub und den ewigen Ameisen. *Alhamdulillah*, keine Kakerlaken!

Dafür quält mich Siti außer mit dem täglichen Tropf mit sehr gemeinen Spritzen: »Sei froh, daß deine Haut dünner ist als unsere.«

Zwei Tage später bin ich wieder zu Hause. Zehnter Tag. Kola hat geputzt und erwartet mich. Der Besucherstrom reißt nicht ab: »Geht es schon besser?« »Ja, *Alhamdulillah*.« Malaria und Ruhr sind überstanden. Es ist unglaublich, wie schnell sich der Körper erholt. Aber hätte ich ohne Hadj Umar und Siti überlebt?

Endlich kann ich zu Offon nach Akirkui fahren und seine Eltern angemessen begrüßen. Ein Fest. Im *kori* liegt ein grüner Teppich aus frischem Gras. Kamele, Esel, Schafe und Ziegen schreiten und schlendern berauscht umher. Offons Vater hält das faltige Gesicht hinter dem Turban versteckt und lächelt verschmitzt: »Na ja, der Tag deiner Krankheit war auch der Tag, an dem der große Regen kam. Ein guter Tag für Mensch und Tier.«

Als ich das letzte Mal nach Agadez kam und Offon leise wie üblich in mein Haus schlich und mich rasch umarmte, brachte er eine große Neuigkeit: »Ich werde bald heiraten. Bleibst du so lange?« Es war Februar 1997. Geheiratet wird normalerweise in der Regenzeit im Juli und August. Wie hätte ich so lange bleiben können?

Vor einem Monat war er mit seinem Bruder Alchassoum vierzig Kilometer von Akirkui entfernt bei Verwandten von Alchassoums Frau, um eine Erbschaftsangelegenheit zu regeln. Dort sah er Gambo. Liebe auf den ersten Blick! Die zwei einigten sich in nur drei Tagen, obwohl es zwei weitere Bewerber gab. Der *taggalt*, der Brautpreis in Höhe von 70.000 CFA, wurde bezahlt. Jetzt mußten die Väter nur noch den Hochzeitstermin festlegen.

Offons Vater Awinougou hatte gehofft, daß sein Sohn die Tochter eines seiner Brüder heiraten würde. So bliebe das Erbe in der Familie. Dies ist wahrscheinlich der eigentliche Grund für die vielen Ehen unter Verwandten. Wenn ein Mann stirbt, erben seine Frau und seine Kinder allen Besitz. Die Frau kehrt dann damit meist in ihre Familie zurück. Ehen in der Verwandtschaft führen oft zu langwierigen Verwicklungen. Scheidung ist immer schwierig, da die Eltern kaum Partei ergreifen können und, koste es, was es wolle, um eine Einigung des Paares bemüht sein werden. Das wiederum führt manchmal dazu, daß sich der Mann eine zweite Frau nimmt. Die erste kann ihn in diesem Fall nicht, wie es sonst die Regel ist, verlassen. Frauen und Männer widersprechen ihren Eltern in den seltensten Fällen. Dieses Verhalten würde sie unweigerlich zu Außenseitern machen. Jeder braucht den Schutz und die Hilfe seiner Familie, um zu überleben. Selbst die vielen behinderten Kinder und häufige Sterilität werden in Kauf genommen. Die meisten Menschen hier wissen nichts über die besonderen Risiken bei Ehen unter Cousins und Cousinen ersten Grades, da der Anteil von Analphabeten unter den Nomaden sehr hoch ist.

Zu den Hochzeitsvorbereitungen gehörte auch, daß Offon den Koffer für seine Braut zusammenstellte: zwei Paar Ledersandalen, drei Indigokopfschals zu dreißig, vierzig und sechzig Ellen, drei traditionell bestickte Blusen, eine schwarze und zwei weiße, drei sechs Meter lange, bestickte Hüfttücher in Blau, Schwarz und Weiß, zwei buntbedruckte Haussastoffe, zwei Unterröcke, fünf Fläschchen Parfüm, zehn Stück gute Seife und zwölf Stück Kernseife. Seine Freunde halfen ihm bei der Finanzierung, aber das Geld wollte erst einmal gesammelt werden.

Offon sitzt im Hof und zählt mir umständlich 85.000 CFA in alten, zerfledderten Scheinen in die Hand. Am Vortag hat er ein Kamel verkauft. Ich soll mit Elhadji in die Hauptstadt Niamey fahren, um die Aussteuer für seine Braut zu besorgen, da die Stoffe dort besser und billiger sind. Parfüm und Seife sollen wir unterwegs in Birnin-Konni kaufen. Günstige Schmugglerware aus Nigeria.

Elhadji, sein älterer Bruder Ata und ich schlängeln uns durch den Grand Marché, um Stoffe für Offons Brautkoffer auszusuchen. Unser Haussahändler, bei dem wir immer einkaufen, ist schlecht gelaunt und läßt, wie immer, nur schwer mit sich handeln. Fast der gesamte Inhalt meiner Kleiderkiste in Agadez stammt von ihm. Leider weiß er genau, daß nicht viele Händler so gute Qualität haben wie er. Baumwollbatist aus Deutschland und der Schweiz, ausschließlich für den afrikanischen Markt produziert, sind erste Wahl und Stoffe aus Taiwan die schlechteste Qualität. Der Preis pro Meter bei 1,30 m Breite liegt zwischen 4.500 und 1.000 CFA. Wir entscheiden uns für die beste Qualität. Schließlich ist Offons Familie nicht gerade arm, auch wenn Awinougou immer so tut. Ata diskutiert unermüdlich mit dem Händler, der keine Miene verzieht. Nach einer Stunde kommt es endlich zu einer Einigung – 3.000 CFA pro Meter. Alles zusammen, je vier Meter in Weiß, Blau und Schwarz, dazu ein weißer und ein schwarzer Baumwollspitzenstoff für zwei Blusen – 45.000 CFA. Plötzlich wird der Händler wieder fröhlich. Er verabschiedet uns überschwenglich.

Die bunten Haussa*pagnes* sind schnell gefunden und billig. 5.000 CFA für sechs Meter. Der gewickelte Rock, den die Frauen hier tragen, heißt *pagne*. Außerdem bezeichnet das Wort eine afrikanische Maßeinheit für ein Stoffstück von etwa 1,30 auf 2,00 Meter.

Jetzt fehlt noch der weiß schillernde Paillettenstoff für die Hochzeitsbluse. »Sie soll genauso aussehen wie die von Kola«, hatte Offon immer wieder betont. Elhadji kennt den Händler. Zwei Meter kosten 9.000 CFA. Der Preis ist gesunken. Um 3.000 CFA. Mode aus dem Vorjahr! Vier Stunden sind vergangen. Offons Geld wird nicht für alles reichen, aber Elhadji bekümmert das nicht: »Eine Hochzeit ist nun mal teuer. Außerdem muß er später nicht so viele neue Sachen für seine Frau kaufen, wenn wir ihm jetzt gute Qualität besorgen. Die Stoffe aus Taiwan bleichen nach zweimaligem Waschen aus.«

Der Termin für Offons Hochzeit steht fest. Mitte März. Er wurde vorverlegt, damit ich dabeisein kann. Es gibt noch eine Menge vorzubereiten. Glücklicherweise fehlt in der Brautkiste nicht mehr viel.

In diesen Tagen blieb Offon verschwunden. Er zeigte sich nur einmal in der Stadt. Er hatte Angst vor uns, weil wir ihn mit seiner Hochzeit gehänselt und sein *tekerakit* herausfordert hatten. Das ist so Sitte.

Außerdem mußte er seine Freunde und Cousins aufsuchen, die in der näheren und weiteren Umgebung von Akirkui lagerten, um ihren Geldanteil für seinen Brautkoffer einzutreiben. Ein mühsames, zeitraubendes Unterfangen, da man nie schnell zum Kern der Sache kommt und Offons große Schüchternheit ein zusätzliches Hindernis darstellt. Ihm fehlten noch die sehr teuren Kopfschals aus Indigo. Alles andere haben Elhadji und ich organisiert. Unser Freund Salah, der Schneider, mußte noch nie so billig nähen und sticken.

3. März. Offons Vater, seine Brüder und seine Söhne sitzen im Hof, um mit Elhadji und mir über die bevorstehende Hochzeit zu reden. Wir haben versprochen, bei der Organisation zu helfen. Bukri, Awinougous gerissener Cousin, erhebt sich zum Wortführer und bestimmt, wer alles eingeladen werden soll und in welcher Form. Ein langatmiges Schriftstück wird aufgesetzt. Um das Finanzielle mogeln sich die Männer seltsam herum. Normalerweise übernimmt der Vater des Bräutigams die Bewirtung der vielen Gäste. Sieben Tage und Nächte lang. Natürlich steuern auch seine Brüder und entfernte Verwandte ihren Teil bei. Awinougou ist eigentlich ein sehr großzügiger Mann. Soll er jedoch Geld ausgeben, verursacht ihm das körperlichen Schmerz. Er besitzt rund hundert Kamele, das Gewohnheitsrecht an dem Grund und Boden in Akirkui sowie ein großes Grundstück mit Haus in Agadez. Seine Familie lebte immer bescheiden. So hat sich im Laufe der Jahre ein gewisser Wohlstand angehäuft.

Irgendwann verschwinden Elhadji, Awinougou und sein Sohn Achmed in meinem Haus. Zuvor hatten sie leise miteinander geflüstert. Bukri blickt immer wieder unruhig in Richtung Haustür, traut sich aber nicht hinein, da ich ihn noch nie eingeladen habe. Nach einer Stunde kommen die drei wieder heraus. Awinougou verabschiedet sich herzlich, aber erstaunlich schnell von mir und zieht Bukri hinter sich her. Elhadji und Achmed bleiben zurück. Sie sind seltsam aufgeregt. Kaum sind die Gäste außer Reichweite, macht Elhadji seinem Ärger Luft: »Weißt du, was Bukri behauptet hat?« Ich verneine. »Daß du und ich die Hochzeit bezahlen würden.« Achmed blickt beschämt zur Seite: »Ich habe meinem Vater heute nachmittag erzählt, wie sehr ihr Offon bei seinem Brautkoffer geholfen habt. So kam durch Zufall heraus, daß

Bukri ihn angelogen hat. Weißt du, als neulich abends der Hochzeitstermin vorverlegt wurde, war es Bukri, der darauf drängte. Anscheinend hat er damit gerechnet, daß ihr, vor vollendete Tatsachen gestellt, einfach ohne Widerspruch bezahlen würdet. Dann hätte er später bei meinem Vater eine Belohnung für die billige Hochzeit gefordert.« Hätte Achmed nicht all seinen Mut zusammengenommen und mit seinem Vater gesprochen, hätten wir wahrscheinlich wirklich bezahlt. Sowohl Elhadji als auch ich sind einfach zu jung, um den Alten auf so ein Thema anzusprechen – *tekerakit*.

 13. März. Mungenia, eine Schwester von Elhadjis Mutter, Hadja Cari, Kola und ich warten in unseren besten weißen Blusen und blauen *pagnes* auf den Chauffeur des Präfekten, um die Brautkiste abzugeben und die Braut zu holen. Es ist von alters her Sitte, daß Schmiedefrauen die Brautkiste übergeben. Der Präfekt ist ein Freund von Offons Vater. Endlich hält sein Toyota vor dem Haus. Kola mit ihrem Sohn Ismarel und ich müssen in die Fahrerkabine, obwohl ich gern einer der älteren Frauen den Vortritt gelassen hätte. Der Chauffeur ist strikt dagegen. Hadja Cari und Mungenia klettern mit der Kiste auf die offene Ladefläche, wo bereits ein Cousin der Braut wartet. Auch Offons Bruder Achmed ist mit von der Partie. Jetzt muß nur noch ein bewaffneter Soldat zu unserem Schutz abgeholt werden, und dann verlassen wir die Stadt.

 Die Familie der Braut lagert auf einem kargen Geröllfeld. Einige Frauen begrüßen uns freundlich und bitten zum Tee vor ihre Hütte. Sie sind so herb wie die Landschaft. Ich fühle mich zu schick angezogen. Kola hingegen zeigt ihre ganze Pracht, sucht akribisch ein möglichst sauberes Stück Decke und läßt sich langsam darauf nieder. Nun wird die Brautkiste geöffnet, mit anerkennenden Blicken in Augenschein genommen und akzeptiert. Der Hausrat, den die Braut in die Ehe einbringt, wurde unter einer kleinen, krummen Akazie zusammengetragen. Ein Junge verscheucht ausdauernd Schafe und Ziegen, die es auf die neuen Bastmatten abgesehen haben.

 Die Brautkiste wandert zu den Männern hinüber, die in dreißig Meter Entfernung vor einer anderen Hütte Platz genommen haben. Nach ein paar Minuten kommt Achmed mit sorgenvollem Gesicht angeschlichen: »Wir haben ein Problem. Ein Onkel der Braut will diese nicht herausgeben. Er sagt, sie sei kein Stück Käse, das man einfach mitnehmen könne. Ihr Vater ist seit Sonnenaufgang zum Brunnen unterwegs. Wir müssen warten, bis er zurückkommt.« Mungenia gefällt diese

Aussicht überhaupt nicht: »Können wir nicht einen heiligen Mann holen und die beiden gleich hier verheiraten? Der Brautkoffer ist doch angenommen worden.« Hadja Cari, Kola und die anderen Frauen lachen. Eine flüstert Hadja Cari zu: »Der will doch nur Geld, damit er den Mund hält.« Hadja Cari entgegnet: »Der Brautpreis ist schon bezahlt und akzeptiert.« Wir warten lange. Bald geht die Sonne unter.

Endlich unterbricht das jämmerliche Meckern und Blöken junger Ziegen und Schafe die Stille. Die Herde kommt zurück, und mit ihr hoffentlich der Vater der Braut. Schwarze, braune und weiße Punkte tüpfeln die Landschaft am Horizont.

Der Vater der Braut ist da. Nach der Begrüßung ißt er erst einmal allein in seiner Hütte. Er war den ganzen Tag unterwegs. Dann jedoch geht alles erstaunlich schnell. Der bunte Stoff aus der Brautkiste wird in drei Teile geschnitten, damit die Braut etwas Neues zum Anziehen hat und sich verhüllen kann. Bis nach der Hochzeit darf nun keiner mehr ihr Gesicht sehen. Wenig später führt eine ältere Schwester ein unförmiges Stoffbündel zur Fahrerkabine des Toyota, und beide steigen ein. Gleichzeitig wird die Aussteuer aufgeladen: Stangen und Bastmatten für die neue Hütte, drei große, reich bestickte Ledersäcke mit langen Fransen, in denen Kleidung aufbewahrt wird, zwei große Holzgabeln, die in den Sand gerammt werden und in denen die Ledersäcke zum Schutz vor Tieren hoch über dem Boden liegen, ein Bett, ein schwerer Kelim, Löffel, Schüsseln, Tabletts und Töpfe. Dann nehmen auch wir Platz.

Mittlerweile ist es dunkel. Der Mond scheint als schmale Sichel. Ich nehme Kola den kleinen Ismarel ab, da mein Platz auf einer großen Bastmatte stabiler ist als ihrer. Das Baby schläft. Wind kommt auf. Der Cousin der Braut leiht mir einen Teil seines weiten Gewandes als Schutz für Ismarel. Langsam quält sich der Toyota über Schotter und Sand. Immer wieder muß er großen Akazien und Steinen ausweichen. Nach zwei Stunden ist die Teerstraße erreicht. Jetzt fährt der Chauffeur sehr schnell. Alle halten sich krampfhaft fest. Mungenia versucht wiederholt, einen Blick in die Fahrerkabine zu werfen, um einen Blick auf die Braut zu erhaschen. Doch die bleibt unter ihrem bunten Stoff verborgen.

Wir kommen in Agadez vor einem Haus von Awinougous Verwandten an, wo die Braut heute nacht schlafen wird. Schnell verschwindet sie mit ihrer Schwester durch eine Tür. Ich würde sie gern einmal sehen.

Am nächsten Nachmittag schließen die Väter und ihre Freunde Offons Ehe vor dem Imam. Frauen sind in der Moschee nicht zugelassen.

Den ganzen Tag über ist mein Haus Hauptquartier für das Unternehmen Hochzeit, dessen Leitung Elhadji und Achmed übernommen haben. Freunde und Brüder gehen in meinem Hof ein und aus, um Bericht zu erstatten und dann mit neuen Aufträgen zu verschwinden. Elhadjis Brüder Buta und Ata sind seit Stunden als Chauffeure unterwegs. Ich hätte nie gedacht, daß so viel organisiert werden muß. Wasserfässer, Teppiche und Matten zum Sitzen, Töpfe, große Tabletts und Schüsseln, Brennholz, Tabak, Tee und Zucker, Säcke mit Reis, Hirse und Nudeln, Brot, Fahrgelegenheiten für die Frauen und ein Bettuch für den Bräutigam, Benzinkanister, ein Aggregat, eine Neonlampe mit Fassung, ein Verstärker und zwei Boxen für die Gitarristen und Sänger der Rebellenband. Erst gegen Abend machen sich Elhadji und ich auf den Weg nach Akirkui. Alles hat geklappt, sogar ein Verstärker und ein Aggregat wurden im letzten Moment aufgetrieben.

Offon hockt unter seinem grünweiß karierten Bettuch versteckt am Boden. Er hat den Platz für das Fest gut ausgesucht. Ein großer Kreis mit weichem, hellem Sand, um den sich kräftige Büsche und Akazien gruppieren. Bis jetzt liegen erst einige Teppiche. Zwei Kinder fegen mit Besen aus frisch abgebrochenen Ästen Kamel- und Ziegenknödel beiseite. Die Sonne geht schnell unter. Schwarze Nacht legt sich über uns. Nur das kleine Feuer mit der obligatorischen Teekanne und viele Sterne geben etwas Licht. Ata fährt vollbeladen mit der Ausrüstung der Band vor. Diese trifft kurz nach ihm mit Buta ein. Eilig wird ausgeladen, damit die Autos Gäste abholen können. Dann beginnt das Aufbauen. Das Aggregat wird in zweihundert Meter Entfernung abgestellt, Kabel werden gelegt, Verstärker aufgestellt, Boxen und Gitarren angeschlossen. Mühsam wird die Neonlampe an einem dicken Ast befestigt, der vorher in den Boden gerammt wurde.

Nun setzt das Katzengejammer ein. Endlose Rückkopplungsgeräusche von Gitarren, Boxen und Mikrophonen. Inzwischen weiß ich jedoch, daß es noch mindestens drei Stunden dauern wird. Die ersten Gäste schlendern langsam durch die Büsche – Freunde von Offons

Familie. Die Gitarren locken. Ata ist mit einer Fuhre Frauen aus der Stadt zurück. Alle, vor allem die Mädchen, sind prächtig zurechtgemacht. Heute abend, in der Nacht vor der eigentlichen Hochzeit, trägt man phantasievolle Gewänder aus bunten Haussastoffen. Die weiße Paillettenbluse und das reichbestickte blaue *pagne* sind erst am morgigen Abend an der Reihe.

Nur die Männer brauchen sich wie immer keine Gedanken zu machen. *Bubu*, Hose und Turban – möglichst neu. Ein Brüderpaar aus der Nachbarschaft hat sich große Mühe gegeben und erscheint in künstlich ausgebleichten Jeansanzügen und dicken Sonnenbrillen, auf deren rechtem Glas noch das Etikett mit dem Qualitätsstempel klebt. Das ist Mode in diesem Jahr. Die Brüder finden sich sehr schön und stolzieren vor den Mädchen eifrig auf und ab, die diesen Aufzug durchaus goutieren. Langsam füllt sich der runde Platz. Immer mehr bunte Plastikteppiche werden ausgerollt. In der Mitte liegt ein kleiner Kelim, auf dem höchstens zwei Paare tanzen können.

Vier Stunden nach Ankunft der Band beginnt das Spektakel endlich. Abdulaziz, der Conferencier, ohne den überhaupt nichts geht, hat das Mikrophon ergriffen und schreit hinein, daß er dem Bräutigam sehr dankbar für das Schaf ist, das dieser ihm morgen schenken wird. So versucht er bei jeder Veranstaltung, an Dreingaben zu gelangen. Dann bestimmt er die zwei Tanzpaare für das erste Lied. Man kann durchaus Wünsche anmelden, muß aber aufpassen, daß er dafür nicht wenigstens ein Huhn fordert. Die Rebellenlieder, zu denen *takkamba* getanzt wird, sind sehr lang. Durch Abklatschen kann sich jeder in den Kreis der Tanzenden mischen. Mann und Frau stehen sich gegenüber, trippeln einen Schritt vor, dann zurück, wieder vor und zurück, bis das Lied zu Ende ist; dabei ahmen die Frauen Hand- und Armbewegungen indischer Tempeltänzerinnen nach. Die Männer halten die Arme angewinkelt und bewegen nur die Füße. Nur die Jugend tanzt *takkamba*, den Tanz der Rebellion. Er kann Stunden dauern – ein extremer Gegensatz zu den traditionellen Tänzen, die man höchstens ein paar Minuten lang durchhält und die selten von Männern und Frauen gemeinsam getanzt werden.

Alle Cousinen versuchen, den armen Offon auf die Tanzfläche zu zerren. Heute ist ihr Tag. Elhadji und ich müssen ihn vor ihnen schützen; wir schirmen ihn mit unseren Körpern ab. Achmed hilft dabei. Offon ist nun vollkommen verhüllt. Er hat einen großen Turban fest um den Kopf gewickelt. Darüber liegt das karierte Bettuch. Wie die Braut, die erst morgen abend nach der Hennazeremonie in Akirkui eintrifft, muß er sein Gesicht bis dahin vor der Öffentlichkeit verbergen. Dann wird sich das Brautpaar zum ersten Mal ganz allein sehen. Offon hat Angst davor. Ununterbrochen setzen sich Freunde neben ihn und geben ihm gute Ratschläge.

Plötzlich ertönt das Wort *akafer* aus den Lautsprechern. Die Stimme gehört Abdulaziz. *Akafer* heißt »Weiße« auf Tamaschek. Damit bin eindeutig ich gemeint. Lalla, eine Tochter Hadj Sidis, läßt mich zum Tanz auffordern. Keiner klatscht uns ab. Erst nach gut zehn Minuten erbarmt sich Arali, ein Bruder von Kola, und klatscht Lalla ab. Eine Viertelstunde *takkamba*.

Inzwischen ist die Zahl der Gäste auf mindestens dreihundert angewachsen. Einige ältere Männer und Frauen haben sich im Hintergrund niedergelassen und betrachten das Treiben. Junge Männer gehen Hand in Hand auf und ab. Sie taxieren die Mädchen. Diese wiederum wandern unerreichbar in Gruppen umher und stellen ihre Reize zur Schau. Hier ein koketter Augenaufschlag, dort ein gekonntes Festzurren des *pagnes* in der Taille, so daß das wohlgeformte Hinterteil prall zur Geltung kommt. Währenddessen singen die Rebellen ununterbrochen ihre traurigen Lieder von Freiheit und Kampf, Mut, Stolz und Ehre und immer wieder von der Liebe, die alles ertragen läßt.

Gegen drei Uhr ist der Spuk schlagartig vorüber. Das Aggregat hat seinen Geist aufgegeben. Alle Ersatzkanister mit Diesel sind verbraucht, und auch die Tanks sämtlicher Motorräder sind leer. Innerhalb von Minuten zerstreuen sich die Menschen in alle Richtungen. Nur die Rebellen bleiben zurück. Der kleine Kelim dient als Lager. Elhadji kocht Tee. Die Gitarren erklingen. Einer fängt zu singen an. Ein anderer löst ihn ab. Die Zeit verfliegt. Plötzlich glimmt die Dämmerung. Weiches rosa Licht. Heute wird Offon verheiratet. Heute bekommt er eine eigene Hütte. Und ab heute trägt er die Verantwortung für einen anderen Menschen.

Am späten Vormittag betreten Tambo, eine Schwester von Elhadjis Vater, Hadja Cari, Mungenia und ich ein Zimmer in Agadez, in dem mitten auf dem Boden eine Matratze liegt. Darauf versteckt sich, unter einem Tuch, die Braut. Sie darf weder Gesicht noch Körper zeigen. Um sie herum hocken Schwestern und Freundinnen. Fröhliche Begrüßung. Hadja Cari setzt sich mit Mungenia und Tambo neben die Matratze. Jemand reicht Mungenia feingemahlenes Henna in einer Plastiktüte, ein Fläschchen Parfüm und eine Emailleschüssel mit Wasser. Hadja Cari durchtrennt mit ihren Fingernägeln einzelne Halme einer Doum-Palme der Länge nach in schmale Fasern. Danach bereitet sie die Hennapaste vor. Zum Schluß wird das Parfüm in den grünen Brei gegeben und gleichmäßig eingerührt.

Mungenia legt die Kopfhaare der Braut frei. Sie beginnt zu kämmen. Tambo hält das Gesicht der Braut mit dem Tuch verdeckt. Die Frauen singen. Mungenia streicht wiederholt Vaseline auf den Haaransatz und kämmt kräftig von oben nach unten. Die Haare glänzen tiefschwarz. Sie taucht den Kamm in das Parfümwasser, das sich um die Hennapaste gebildet hat, und kämmt es in die Spitzen. Die Haare werden Strähne für Strähne in einzelne Partien unterteilt. Sie beginnt, die traditionellen Zopfmuster einzuflechten, die zuletzt in zwei langen Zöpfen im Nacken enden. Streckenweise werden die einzelnen Zöpfe noch durch eine komplizierte Wickeltechnik verschönert. Bis die Frisur fertig ist, vergehen vier Stunden.

Während dieser Prozedur hat Hadja Cari die Füße der Braut unter dem Tuch hervorgeholt und je drei Palmfasern um die Stellen gebunden, an denen das Henna nicht einfärben soll. Vorsichtig streicht sie die dicke Paste auf. Zum Schluß werden die Füße in Plastiktüten gewickelt und unter das Tuch geschoben. Anschließend wird mit den Händen ebenso verfahren.

Danach essen erst einmal alle von den mir mittlerweile vertrauten Emailletabletts. Inzwischen sind fünfundzwanzig Frauen im Raum. Nebenan sitzen sorgfältig herausgeputzte, unverheiratete junge Mädchen. Immer mehr treffen ein. Nach dem Essen tanzen sie zu Discoklängen aus einem Kassettenrekorder. Hadja Cari nimmt die Schüssel mit der restlichen Hennapaste, knetet diese noch einmal sorgfältig durch und verläßt das Haus. Die Braut bleibt mit ihrer älteren Schwester und zwei Freundinnen zurück. Alle anderen folgen Hadja Cari. Erst die älteren Frauen und zum Schluß die jungen Mädchen. Ein offener Toyota wartet. Schnell ist die Ladefläche dicht gefüllt.

Ankunft in Akirkui. Hadja Cari, Mungenia und Tambo setzen sich mit der Schüssel unter eine große Akazie. Das grüne Henna glänzt in ihrer Mitte. Es wird streng bewacht, da es dem, der es schafft, einen Finger voll zu stibitzen, Glück bringen soll. Offon wartet bereits mit einigen Freunden. Er ist vollständig unter seinem Bettuch versteckt und wird von Elhadji und Achmed scharf bewacht, damit es keiner seiner Cousinen gelingt, ihm das Bettuch wegzureißen. Sie versuchen es unermüdlich.

Aus allen Richtungen schlendern Gäste herbei. Sie suchen sich einen Platz auf den Teppichen unter dem schattenspendenden Baum, Frauen und Männer getrennt. Zwischen den jungen Männern und den Mädchen wird geflirtet. Jetzt tragen alle metallisch glänzendes Indigo. Anmutig rücken die Frauen immer wieder ihre Kopfschals zurecht. Die Band baut ihre Anlage auf. Wieder unsägliche Rückkopplungsgeräusche. Alle warten. Der Strom ankommender Gäste reißt nicht ab. Erlebnisse des gestrigen Abends werden ausgetauscht.

Endlich ertönt die Gitarre, und Abdulaziz reißt am Mikrophon endlos derbe Witze über Gäste, die ihm am Abend zuvor angeblich Schafe und Hühner versprochen haben. Dann wird getanzt – *takkamba*. Die jungen Männer machen sich einen besonderen Spaß daraus, verheiratete Paare vortanzen zu lassen. Diese können sich der Aufforderung von Abdulaziz schwer entziehen. Auch Kola sieht sich plötzlich gezwungen, mit Elhadji Takkamba tanzen zu müssen. Arali, ihr Bruder, hat sie in diese Situation gebracht. Sie rächt sich später, indem sie ihm ein besonders ungeschicktes Mädchen auswählt, das niemand abklatscht.

Mungenia macht dem Tanz ein Ende. Die Zeremonie beginnt. Hadja Cari und Tambo knien vor Offon auf der Bastmatte nieder. Sie reiben erst seine Füße, dann seine Hände mit der Hennapaste ein. Anschließend wird Elhadjis rechte Hand auf die gleiche Weise bearbeitet. Er soll als treuer Freund dem Bräutigam in Gedanken zur Seite stehen. Immer wieder ergattert eine der umstehenden Frauen einen Teil der Paste und schmiert sie auf ihre Handfläche: »Das bringt Glück.« Die Frauen drängen näher an Offon heran, lachen und trällern schrill. Drei junge Mädchen stehen abseits und flirten mit den unverheirateten Männern. Nachdem Hadja Cari Offons Hände und Füße in Plastiksäcke gesteckt und verschnürt hat, schnappen ihn sich zwei Männer und tragen ihn im Laufschritt davon. Die Frauen feuern sie an. Nun gilt die Hochzeit als vollzogen.

Der Abend beginnt wie am Tag zuvor. Das Aggregat knattert. Die Gitarren jaulen. Die Jugend tanzt. Gegen zehn Uhr führen wir Offon zu seiner Hütte. Frauen der Familie haben den ganzen Tag über daran gebaut. Bald wird die Braut eintreffen. Der Toyota wird sie bringen. Mehrere Freunde von Offon erwarten sie. Sie tragen lange Schwerter, um den Bräutigam zu beschützen, denn jetzt ist er sehr anfällig für böse Geister. Schon den ganzen Tag über durfte er keinen Schritt allein tun. Immer war jemand mit einem Schwert an seiner Seite.

Schließlich kommt die Braut an, begleitet von ihrer Schwester, Hadja Cari und Mungenia. Die Frauen aus der Familie der Braut springen von der Ladefläche und umstellen die Beifahrertür. Sie feilschen mit den Freunden des Bräutigams, die die Braut haben wollen. Wiederholt versuchen die Männer, die Mauer der Frauen zu durchbrechen. Diese wehren sie ab und verlangen ein angemessenes Lösegeld. Ein fröhliches Hin und Her. Vor allem die Cousinen verhandeln zäh mit den Cousins. Nach einer Stunde einigt man sich auf 1.000 CFA. Die Männer ziehen sich in die Hochzeitshütte zurück. Die Frauen geben die Autotür frei.

Mungenia steigt aus und nimmt die Braut huckepack. Sie ist vollständig unter einem großen, weißen Tuch mit roter Bordüre versteckt. Es folgen Hadja Cari und die Schwester der Braut. Die übrigen Frauen schließen sich an. Jede hält sich mit der rechten Hand an der Schulter der vor ihr Gehenden fest. Dreimal umrundet der Zug die Hütte – eine Mahnung an den Bräutigam. Die Frauen singen: »Deine Braut ist jung. Sorge gut für sie. Sei behutsam mit ihr, bedränge sie nicht in der ersten Zeit.«

Junge Frauen gehen in der Regel als Jungfrauen in die Ehe. Ist dies einmal nicht der Fall, wird es trotzdem niemand erfahren, da der Bräutigam nie ein Wort darüber verlieren würde – *tekerakit*. Es wird kein Beweis für die Jungfräulichkeit der Braut gefordert, wie etwa das blutbefleckte Bettuch nach der Hochzeitsnacht in anderen islamischen Kulturen. Der Druck, den Akt in der ersten Hochzeitsnacht zu vollziehen, existiert nicht; vielmehr wird vom Bräutigam erwartet, daß er Zurückhaltung übt und behutsam vorgeht, bis seine Braut zur körperlichen Liebe bereit ist.

Der Zug hält vor der Hütte, in der Offon bereits wartet. Jetzt weisen seine Cousins und Freunde die Braut ab: »Es ist die Falsche!« Wieder folgen zähe Verhandlungen. Nach zwanzig Minuten will Hadja Cari den Preis von 1.000 CFA akzeptieren. Mungenia findet ihn zu hoch. Das Feilschen geht weiter. Nach weiteren zwanzig Minuten bezahlen die Frauen 500 CFA. Endlich wird die Braut, von Hadjia Cari und Mungenia flach getragen, durch den schmalen Eingang in die Hütte geschoben wie ein Brot in den Backofen. Elhadji und ich nehmen sie in Empfang und legen sie auf das Bett. Alle verlassen das Brautpaar. Offon und Gambo sind endlich allein.

Offon hat die Nacht überstanden und ist sichtlich erleichtert. Sehr früh haben ihn Elhadji und die anderen Freunde aus der Hütte geholt. Sein weißer Turban ist stellenweise blau gefärbt. Auch im Gesicht finden sich einige Spuren. Elhadji hänselt ihn: »Hat deine Braut nicht einen neuen Indigoschal getragen?« Offon läßt sich durch nichts erschüttern und verhüllt die verräterischen Stellen mit seinem Bettuch: »Ich muß sowieso noch fünf Tage verschleiert herumlaufen.«

Später führt er Elhadji und mich zu seiner Frau. Strenggenommen ist das nicht erlaubt. Das junge Paar darf sich die nächsten fünf Tage nur nachts sehen. Wo kein Kläger ist ... Offon möchte unbedingt ein Hochzeitsfoto. Vielleicht will er uns aber auch nur seine Frau zeigen. Sobald er von ihr spricht, strahlen seine Augen. Gambo willigt ein, und aus dem weißen Tuch schält sich langsam eine lächelnde, sehr schöne junge Frau mit lebhaftem Blick. Ihre Schwester wirkt weitaus verschämter und quietscht bei jedem Blitz aus meinem Fotoapparat laut auf. Die Braut bleibt gelassen, wenngleich sie so ein Gerät noch nie gesehen hat. Bald müssen wir uns aus der Hütte schleichen. Achmed kündigt das Eintreffen von Gästen an. Die Form muß gewahrt bleiben. Unter viel Gekicher schlagen wir einen weiten Bogen durchs Gebüsch, um uns den Gästen aus einer unverfänglichen Richtung zu nähern. Es ist Arali, Kolas Bruder, mit einigen Freunden. Hätte er uns erwischt, wüßte in einer Stunde bereits ganz Agadez von Offons Fauxpas.

Aischa

> Ich liebe Ebedé, aber ich bin so fern von ihm,
> so fern wie die Erde vom Donner des Himmels.
> Ich liebe Mohammed, aber ich bin so dünn geworden,
> so dünn wie ein feiner Geigenbogen.
> Oua-infen gab mir mit dem Finger ein Zeichen,
> daß er nichts von mir wissen will.
> Und Rali, der Sohn von Bajelud, o ihr Freunde,
> den muß ich sehen. Sonst ist alles aus.
> Als diese edlen jungen Männer hierher kamen,
> da glichen sie flatternden Vögeln,
> so schnell machten sie sich wieder davon.
> Kiddia hat den Wuchs einer Antilope.
> Burama allein gilt mir mehr als die Schätze des Asegrad.
> Aber von allen gebührt Ke-nan der Preis!
> Er ist schöner als der prächtige Schild
> an den Flanken seines weißen Kamels,
> schöner als das neue Gewand, das mein Vater mir als Geschenk gab.
> Er ist schöner als eine Herde Kamelstuten
> und schöner als die Mutter neugeborener Füllen und einjähriger Tiere,
> die man einfing, um sie nach Iluluar zu bringen
> und in den Tälern von Alkailaka und J-n-tffinar weiden zu lassen.
>
> *Eberkaou ult Beleou, Eklan-en-Tawshit*

Böse Zungen behaupten, Aischa sei eine typische Schmiedin: faul, verschlagen und gewitzt. Immer findet sie einen Ausweg, um sich das Leben möglichst angenehm zu machen. Dabei besitzt sie einen wunderbaren Humor und ein solches Talent für phantasievolle Ausreden, daß man einfach lachen muß. Wir zwei haben Waffenstillstand geschlossen, da sie sehr schnell begriffen hat, daß ich sie durchschaue. Eifer entwickelt Aischa nur am Nachmittag, wenn ihre filigranen Lederarbeiten sie in eine schöpferische Welt entführen. Geduldig färbt sie Leder in Weinrot, Türkis oder Gelb, schneidet es mit einer Rasierklinge in die gewünschte Form und bestickt es in mühsamer Kleinarbeit: Hochzeitskissen mit langen Fransen, Taschen und Säcke. Aischa ist einfach keine perfekte Hausfrau und Mutter. Wie könnte ich ihr das übelnehmen?

Am 22. Januar 1997 ist es endlich soweit. Am frühen Morgen haben bei Aischa die Wehen eingesetzt. Besuch im Krankenhaus. Aischa sitzt auf einem zerschlissenen, fast durchgerosteten Eisenbett in einem kleinen Zimmer vor dem Kreißsaal. Ihr Bauch schmerzt: »Wenn es doch schon da wäre!« Auf dem zweiten knarzenden Bett liegt eine schwitzende Frau mit sehr starken Wehen. Tambo, Hadja Cari, Hadja Katabou, Ababa, Toulba, Mungenia – die alten Frauen beruhigen Aischa und warten mit ihr auf das Kind. Draußen im Freien lagern auf großen, bunten Plastikteppichen Schwestern und Freundinnen. Aischas großer Kopfschal hängt zum Trocknen an einem Baum. Kola hat mir für alle Essen mitgegeben. Drei große Töpfe. Die Frauen müssen sich selbst versorgen.

Am nächsten Morgen ist die Familie in heller Aufregung. Ein Kaiserschnitt abends um elf. Aischa und das Kind, ein Mädchen, haben überlebt. »So ist noch nie ein Kind zur Welt gekommen.« »Muß Aischa jetzt sterben?« »Hat das Kind eine Chance?« Ich suche den russischen Gynäkologen in seiner staubigen Praxis auf. Die Verständigung ist schwierig. Eine Assistentin versucht zu übersetzen: »Das Kind kam mit der rechten Schulter zuerst. Wir konnten es nicht drehen. Also mußte operiert werden. Die Nabelschnur hat der Kleinen die Luft abgeschnürt. Wir haben reanimiert. Alles ging gut, aber ein paar Sekunden später ...« Ein kleines Wunder für den verwöhnten Europäer, wenn auch hier Ausstattung und Instrumente im Operationssaal »steril« sind. Gegen den Sand freilich kommt man nicht an. Er ist überall.

Der große Krankensaal ist voller Frauen, die es sich am Boden auf Matten bequem gemacht haben. Tee wird gekocht, Kautabak in Konservendosen gespuckt und Essen aus Emailletöpfen gelöffelt. Der Ramadan bleibt vor der Tür. Es herrscht ein ständiges Kommen und Gehen. Neben Aischa liegt eine Araberin. Um sie herum hocken tief verschleiert die Mutter, Schwestern und Freundinnen. Gleich daneben sitzen die Tuaregfrauen unserer Familie mit ihren unbedeckten Gesichtern. Es ist sehr laut. Alle reden und lachen durcheinander, wie auf einer Cocktailparty. Ab und zu bahnt sich ein Pfleger den Weg zu den Kranken, reguliert einen Tropf, verbindet eine frische Wunde und bringt Medikamente. Aischa schläft. Sie hängt am Tropf. Ich beruhige Hadja Cari und die anderen Frauen und berichte von meinem Gespräch mit dem Arzt. Hadja Cari hat das Baby in ein Tuch eingewickelt. Es liegt auf einer Bastmatte neben ihr. Sie träufelt ihm mit einem Teeglas Ziegenmilch ein. »Schau, wie hell sie ist. Das kommt vom Großvater.«

Abends wird Aischa in ein Einzelzimmer verlegt. Hadj Sidi hatte es spendiert. 10.000 CFA pro Tag – ein Drittel mehr als ein Sack Hirse. Es ist nicht sauberer, aber etwas ruhiger als der große Saal. Natürlich ist der Raum voller Besucherinnen. Hadja Cari, Mungenia und Ababa haben ihr Lager auf dem Boden aufgeschlagen. Hier übernachten sie. Ich bringe die üblichen drei Töpfe mit Abendessen von Kola und eine Flasche Rinderbrühe. Elhadji mußte am Nachmittag zum Fleisch- und Gemüsemarkt. Aischa verspricht mir, soviel wie möglich zu trinken. »Mein Bauch tut so weh. Glaubst du, das hört irgendwann auf? Außerdem habe ich keine Milch.« Ich beruhige sie und erzähle den erstaunten Frauen, daß bei uns ein Kaiserschnitt kein großes Ereignis ist.

Das Baby, noch ohne Namen, bekommt eine Flasche. Ich habe sie im kleinen Supermarkt aufgetrieben. Eine halbe Stunde vergeht damit, daß ich die Hygienevorschriften für ihren Gebrauch erkläre. Mungenia verspricht, sich daran zu halten. »Muß das Wasser zum Auswaschen wirklich immer blub, blub, blub machen?« Die Kleine verträgt die Ziegenmilch gut. Ihre Augenbrauen wurden mit schwarzem Kajal nachgezeichnet. Ich wundere mich. »Sonst wachsen sie nicht«, erklärt Aischa auf meine Frage hin. »Wieso habe ich dann welche?« Aischa lacht und übersetzt es den anderen. »Du hast einfach Glück gehabt«, erwidert Mungenia ernst.

Am nächsten Vormittag sind Aischas Kinder, Tamische, Addam, Addu und Issuf, ganz aufgeregt. Ich habe versprochen, sie ins Krankenhaus mitzunehmen. Der frühe Nachmittag vergeht mit Körperpflege. Haare und Haut werden unter dem Wasserhahn im Hof mit viel Gespritze vom Staub befreit. Addu schleppt mich zu einer angerosteten Eisenkiste im Haus, damit ich die Kleidung aussuche. Endlich sind alle fertig. Gestriegelt und gebürstet. Addus zu weite Hose rutscht bei jedem Schritt. Aber er wollte sie unbedingt anziehen – ein Geschenk von seinem neuen Freund Karli aus Deutschland. Ata verstaut uns in seinem Peugeot. Beim Krankenhaus angekommen, nimmt Tamische Issuf an der Hand. Ich folge mit Addam und Addu, der mit seiner Hose kämpft. Ata bastelt schnell einen Gürtel aus einem Strick. Endlich sind wir bei Aischa. Die Kinder stürzen zur Mutter aufs Bett. Issuf, der Jüngste, klammert sich sofort an ihre Brust, während Tamische ihre kleine

Schwester zum ersten Mal im Arm hält. Addam grinst das Baby skeptisch an. Addu gibt ihm sofort einen dicken Kuß.

Drei Tage nach der Geburt geht es Aischa besser. »Du mußt einen Namen aussuchen!« – Aischas Mann Danda, ein Bruder von Elhadji, überrascht mich mit dieser Forderung. Der Rest des Tages vergeht mit Nachdenken. Das Ergebnis: Sarah. »Nicht Assarah, sondern Sarah!« Danda ist einverstanden: »Schreib mir den Namen auf. Ich muß ihn morgen im Krankenhaus angeben.« Er hat nie eine Schule besucht und sich durch Zuhören selbst etwas Französisch beigebracht.

Aischa hat Danda fest im Griff. Sie pfeift, er springt. Danda weiß das selbst: »Aber was soll ich machen?« Er ist viel zu gutmütig für sie und versucht immer alle Wogen zu glätten. Oft legt er nach der anstrengenden Schmiedearbeit noch das Abflußrohr im Hof frei oder verrichtet sonstige Arbeiten im Haus. Solange Aischa im Krankenhaus ist, kümmert er sich ganz allein um die Kinder. Nur das Kochen haben Kola und eine Freundin übernommen.

Zwei Männer schleppen fast jeden Abend erst einen stabilen Tisch und dann den großen Schwarzweiß-Fernseher aus Kolas Haus in die Schmiede. Alle hocken sich auf Bastmatten davor. Nach acht Uhr kommen die Nachrichten in französischer Sprache. Jetzt wird es ruhig. Der Präsident spricht, endlos angekündigt, da immer alle Titel aufgezählt werden. Die Kameras bewegen sich unsicher, schwenken viel und zoomen ununterbrochen vor und zurück. Zuviel Luft über den Köpfen wird mit einem kurzen Ruck nach unten ausgeglichen. Währenddessen ruft Danda seine Kinder zum Schlafen. Aischa ist noch im Krankenhaus. Man hört keinen Protest. Als erstes legt sich Issuf auf den harten Boden. Danda deckt ihn mit einem karierten Bettuch zu. Bald folgt Addu und später Addam. Tamische kuschelt sich meistens dazu. Das Bettuch wird zu klein, und an den Rändern ragen Köpfe, Hände und Füße hervor. Gegen Mitternacht weckt Danda Tamische und Addam, damit sie ihm helfen, Addu und Issuf ins Haus zu tragen.

Aischa und Kola verstanden sich anfangs sehr gut, aber nach einem Jahr des Zusammenlebens bestand Kola darauf, die Küchen zu trennen. Geschickt hatte Aischa auf ihre Rechte als Ältere gepocht und den größten Teil der Arbeit in Küche und Hof auf Kola abgewälzt. »Ich muß heute zu meiner Mutter«, war nur eine der zahlreichen Ausreden, mit denen sie sich an ihren Kochtagen regelmäßig entschuldigte.

Lauter Streit im Hof. Kola und Aischa schreien sich an. Dabei habe ich nur zu fragen gewagt, warum keiner die Mülltonne mit Deckel benutzt, die ich habe aufstellen lassen. Der Abfall liegt immer noch auf einer offenen Schubkarre, stinkt und zieht unzählige Fliegen sowie die kleinen Kinder magisch an. Erst gestern hat Issuf wieder die ganze Nacht gespuckt, nachdem er irgend etwas vom Müll gegessen hatte.

Elhadji versucht, die Frauen zu beruhigen. Das bringt diese nur noch mehr in Rage. Jetzt verlangt jede den Beistand ihres Ehemannes. Weder Elhadji noch sein Bruder Danda mögen Streit. Ich habe Kola noch nie so wütend erlebt und muß zugeben, daß ich sie verstehe. Seit Sarahs Geburt rührt Aischa keinen Finger mehr. Der Kaiserschnitt dient ihr als Ausrede: »Ich darf mich nicht bewegen.« Die älteste Tochter, Tamische, übernimmt die Hausarbeit und das Kochen. Ihre Brüder Adam, Addu und Issuf verdrecken zunehmend. Wenn Kola oder ich sie nicht ab und zu unter den Wasserhahn stellen würden, wäre ihre Haut wahrscheinlich längst grau. Aischa ist viel zu intelligent, um nicht zu wissen, daß sie im Unrecht ist. Deshalb beginnt sie laut zu heulen, aber Kola hat mittlerweile auch den letzten Rest Schüchternheit abgelegt und rauscht mit einem energischen »Mir reicht es!« in ihren Hof davon. Das Spektakel ist beendet. Elhadji und Danda sitzen sich betreten gegenüber. Aischa schleppt sich weinend ins Haus. Danda folgt ihr. Später kommt er zu Elhadji und mir in Kolas Hof zurück. »Es ist schon gut, daß Hadj Sidi uns ein Haus bauen läßt. Bald ziehen wir hier weg.« Alle wissen, daß Aischa aus den gleichen Gründen auch schon von Hadj Sidis Frau zum Auszug gezwungen wurde.

»Ich werde dir alles übersetzen.« Mit diesem Satz hat sich Aischa früh meine Freundschaft gesichert. Sie ist eine der wenigen Frauen Mitte Dreißig, die eine Schule besucht haben und etwas Französisch sprechen. Leider versagt ihr Fremdsprachengedächtnis oft, sobald die Gespräche anspruchsvoller werden. Manchmal habe ich den Verdacht, daß sie mich einfach nicht verstehen will. Themen wie den Hof fegen, die Kinder jeden Tag waschen oder das Geschirr spülen, damit die Ziegen es nicht abschlecken, werden mit der Bemerkung: »Du bist eine gute

Freundin« beiseite gewischt, und nichts passiert. Statt dessen erzählt Aischa viel lieber Geschichten.

Zum Beispiel berichtet sie, was vor zwei Monaten geschah: »Dazu mußt du wissen, daß man sich, wenn man nach einer Beerdigung das Grab verläßt, nicht umdrehen darf. Der letzte, der geht, ist der *marabout*.« Aischa lacht. »Also, es war vor zwei Monaten nach einer Beerdigung. Familie und Freunde waren gerade dabei aufzubrechen. Der alte *marabout* will sich anschließen. Etwas hält ihn fest. Die anderen entfernen sich. Wieder versucht er aufzustehen, aber etwas hält ihn fest. Er bekommt Angst, schreit: ›Er lebt noch und hält mich fest.‹ Familie und Freunde laufen davon. Der alte *marabout* schlüpft schnell aus seinem großen *bubu* und rennt hinterher: ›Hilfe, er lebt!‹ So rennt die ganze Trauergemeinde bis nach Agadez und macht sich zum Gespött der Leute. Am nächsten Tag geht eine alte Frau auf den Friedhof. Sie findet den *bubu* des *marabouts*. Er ist bei der Beerdigung versehentlich unter die Steine des Grabes geraten.«

Kola grinst. Obwohl sie nur wenig französisch spricht, weiß sie, was Aischa erzählt hat. Sie bittet sie zu übersetzen: »Du kennst doch die Nachbarin von Hadj Sidi.« – »Welche?« – »Du weißt schon, die Dicke. Vor einigen Monaten ist ihr Mann gestorben. Sie war schwanger. Eines Morgens kommt sie zu Hadja Kune und erzählt, ihr Mann sei wiederauferstanden und nachts durch ihren Mund in das Baby gesprungen. Sie behauptet, er würde andauernd mit ihr reden. Hadja Kune kann ihn nicht hören. Die Familie der Nachbarin hat nach einer Woche genug von dem Wahn und will Klarheit. Also fahren sie die tausend Kilometer ins Krankenhaus nach Niamey. Dort gibt es Ultraschall. Die Ärzte konnten den Mann nicht finden.«

Eines Tages deutete ich Aischa im Hof an, daß ich Bauchschmerzen hatte. Sie musterte mich: »Ihr habt also auch dieses Problem?« – »Ja, wir haben auch dieses Problem.« – »Aber wieso trägst du dann Schmuck?« Die Tuaregfrauen legen während der Periode ihren Silber- und Goldschmuck sowie ihre *gri-gris* ab. Die Amulette würden in der unreinen Zeit an Kraft verlieren. Seit ich diese Vorschrift kenne, halte ich mich streng daran und verbanne mein *gri-gri* in einen kleinen Baumwollsack, den ich in einer Tasche immer bei mir trage. Ein wenig

Schutz muß sein. »Der Schmuck hat mir aber bis heute noch nicht geschadet.« Aischa zwinkert mir zu und grinst: »Das ist wie mit deinen Augenbrauen, die auch ohne Kajal gewachsen sind. Du hattest einfach Glück.«

War ich endlich einmal allein und schrieb meine Erlebnisse auf, so schlich sich letzten Winter, an Aischa und den Geschwistern vorbei, oft Addu in mein Haus. Er war fünf Jahre alt, zurückhaltend und still. Addu faßte nie etwas an, sondern setzte sich stumm auf den Boden und blickte mich mit seinen großen, dunklen Augen fragend an. Manchmal blieb er zwei Stunden. Meistens unterbrach ich bald meine Tätigkeit, und wir betrachteten gemeinsam Familienfotos, die ich im Lauf der Zeit gemacht hatte. Addu zählte dann jedesmal alle Namen auf und wartete, bis ich sie allesamt wiederholt hatte. Danach begann er auf Gegenstände im Raum zu deuten und wollte, daß ich sie in seiner Sprache, Haussa, sagte. Ich hatte sie aber auf Tamaschek gelernt. »*alkadar* – Holzschüssel«, »*akabar* – Melkschale«, »*tarrik* – Kamelsattel«, »*ischibira* – Ledertasche«, »*kaskebou* – Trense«. Dann wiederholte Addu die Wörter. Eine merkwürdige Szene. Mein jüngster Tuaregfreund lernt seine eigene Sprache bei einer Deutschen, deren Wortschatz sehr gering ist und deren Aussprache zu wünschen übrigläßt. Aischa hört es nicht gern, wenn ich sie schimpfe, weil keines ihrer fünf Kinder Tamaschek spricht. Sie will nicht einsehen, daß ihre Kultur auf diese Weise verlorengeht. Und Danda sagt jedesmal: »Was soll ich denn machen? Ihre Mutter ist für die Erziehung verantwortlich.«

Der letzte Abend. Wir sitzen still im Hof. Elhadji wird mich morgen begleiten. Er muß für zwei Monate nach Deutschland. Schmuckausstellungen sind geplant. Er, Kola, Aischa, Danda und ich sitzen auf Bastmatten. Unsere Gespräche drehen sich um die Abreise: »Du wirst bald wiederkommen, *inschallah*.« Addu liegt auf meinem Schoß. Seit einigen Tagen weicht er nicht von meiner Seite und trägt mir stolz meine Fototasche hinterher. Sein kleiner Kopf ist in meine rechte Schulter vergraben, und dicke Tränen kullern auf meine Bluse. Danda hat ihm gesagt, daß ich morgen abfahre. Aischa schlägt vor, daß ich Addu mitnehme: »Ich habe ja noch die anderen.« Ich lache: »Aber in Deutschland ist es doch so kalt.« Aischa grinst: »Und hier ist es so heiß.« Elhadji mischt sich ein: »Sie kommt bald wieder, *inschallah*.« Aischa gibt nicht auf: »Danda hätte bestimmt nichts dagegen.«

Hadj Sidi

Wenn ich euch Neues erzählen soll,
dann müssen wir uns heute die Hände reichen
und aufhören, uns in fremde Länder zu zerstreuen.
Wir sehen unsere Kameraden weggehen und ziellos umherziehen.
Sie lassen Schwestern und Brüder zurück,
dem Hunger und der Armut preisgegeben.
So ein Aufbruch ist ein schlechter Abschied,
und wer wegzieht, reitet oft,
ohne das Land zu kennen, in Richtung Tamanrasset.
Von keinem Freund oder Führer begleitet,
läßt er sich fast ohne Wasser und Nahrung auf die Sahara ein,
und auf dem Weg wird er auch keine finden.
Er dringt in die Wüste vor,
bis sich sein Kamel mit allem Gepäck losreißt.
In diesem Augenblick durchbricht ein heftiger Sandsturm die Stille.
Der Reisende verliert den Mut.
Hilflos kauert er sich nieder,
um seinen Kopf mit dem Zipfel des Hemdes zu bedecken.
Er schließt die Augen und denkt immer wieder:
»Was wird aus mir werden? Werde ich einsam sterben?«

Gedicht aus Tidarmène

Vor vierunddreißig Jahren war Hadj Sidi ein ungestümer, junger Mann. Er soll sehr stark gewesen sein. Mit sechzehn gewann er zum erstenmal das jährliche Pferderennen und konnte seinen Sieg im Jahr darauf wiederholen. Dies erzürnte den Militärkommandanten von Agadez so sehr, daß er befahl, dem Jungen das Pferd abzukaufen. So geschah es, doch daraufhin verweigerte der Schimmel jede Nahrung. Nach Monaten bekam Sidi ihn, bis auf die Knochen abgemagert, zurück. Er päppelte das Pferd langsam auf, bis es wieder seine alte Form hatte. Natürlich gewannen die zwei auch das dritte Rennen. Diese Geschichte hat mir Hadji Sidi immer wieder erzählt, und dabei glänzten seine Augen. Wahrscheinlich würde er noch immer gern auf dem Pferderücken durch den Sahel jagen.

Heute ist Hadj Sidi das Familienoberhaupt und hat viele Sorgen. Tagein, tagaus gibt er von morgens um sechs bis nachts um zehn Anweisungen, erteilt Ratschläge und sorgt für alle Mitglieder der riesigen Familie sowie für entfernte Verwandte, *marabouts*, Bettler und Fremde. »Hadj Sidi, hier ist meine Wasserrechnung.« »Hadj Sidi, der *marabout* hat Zahnschmerzen.« »Hadj Sidi, meine Familie hat keine Hirse mehr.« »Hadj Sidi, mein Sohn braucht ein Heft für die Schule.« »Hadj Sidi, das Auto ist kaputt.« »Hadj Sidi, wir haben keinen Zement zum Bauen.« »Hadj Sidi, ich brauche ein Schaf für die Taufe.« »Hadj Sidi, wir haben kein Silber, um Schmuck zu machen.« »Hadj Sidi, meine Tochter ist krank.«

Diese und andere tägliche Anforderungen haben Hadj Sidi vermutlich ein kleines Magengeschwür eingetragen. Er kann nur noch wenige Dinge essen, und diese auch nur in kleinen Mengen. Nie würde er sich anmerken lassen, wie groß seine Schmerzen sind: »*Allah akkubar* – Gott ist groß!« Nur mir hat er einmal davon erzählt und mich gebeten, ihm nach Möglichkeit Medizin zu besorgen. Seitdem bekommt er regelmäßig Magentee. Am deutlichsten besserte sich sein Zustand jedoch durch eine regelmäßige zweistündige Siesta.

Hadj Sidi steht mit Männern und Kindern auf der staubigen Sandstraße vor der Tür zur Schmiede. Wie hat er nur so schnell von meiner Ankunft erfahren? Erst vor zehn Minuten habe ich den Militärkontrollposten passiert. Neuigkeiten verbreiten sich so rasch, als gäbe es überall Telefon. Hadj Sidi schüttelt wiederholt meine rechte Hand: »Wie war die Reise?« – »Gut.« – »Wie geht es dir?« – »Gut.« – »Wie geht es der Familie?« – »Gut.« – »Was macht die Müdigkeit?« ... Die Frauen kommen näher. Begrüßungsformeln und neugierige Blicke von allen Seiten. Kinder bringen das Gepäck in ein kleines Haus mit zwei Zimmern. Hadj Sidi schleppt ein halbes gebratenes Schaf ins Zimmer: »Du mußt viel essen.«

Seit ich Hadj Sidi kenne, trägt er stets traditionelle Kleidung. Ein großer, weißer Turban verbirgt seinen auffallend kleinen Kopf. Den Körper verhüllen ein weiter, bestickter *bubu*, darunter ein schmal geschnittenes, bis zu den Knien reichendes Hemd ohne Kragen, eine Baumwollhose, die in der Hüfte von einer Schnur gehalten wird, und

Ledersandalen. Jeden Freitag vor dem großen Gebet in der Moschee wird nach den vorgeschriebenen Waschungen ein frischer Turban und der *bubu* für die kommende Woche angezogen.

Ständig gleitet eine einfache Gebetskette mit großen, braunen Holzperlen durch Hadj Sidis Hände. Er betet zu den vorgeschriebenen Zeiten und versucht, ein Leben als vorbildlicher Moslem zu führen. Hadj Sidi war schon zweimal in Mekka. Das ist ungewöhnlich für einen Mann seines Alters. Normalerweise tritt man die Wallfahrt erst in hohem Alter an, da man danach keine Fehler mehr machen darf. Ist Hadj Sidi zu Besuch bei mir, so steht er oft plötzlich mit den Worten: »Er ruft mich« auf, lächelt entschuldigend und verschwindet zum Gebet.

Seit zwölf Tagen ist Ramadan. Hadj Sidi hatte, wie jedes Jahr, hundert Säcke Hirse an die Armen im Aïr verteilen lassen: »Unserer Familie geht es doch gut.«

Auf den Höfen um die große Schmiede wird die Fastenzeit streng eingehalten. Nur Okumali, Hadj Sidis zweitältester Sohn, hat heute aufgegeben: »Ich habe zu starke Bauchschmerzen und kann ohne Essen nicht arbeiten.« Der Vater ist ihm nicht böse: »Vielleicht schaffst du es nächstes Jahr, *inschallah*.«

Bei uns befolgt nur Danda die Anweisungen des Propheten. Kola stillt, Aischa ist schwanger, Elhadji war auf Reisen, Hadj Sidis ältester Sohn Hamilla, der bei uns wohnt, findet Fasten unmöglich. Ich bin sowieso zu dünn. Hier ist es, anders als in einigen arabischen Ländern, nicht üblich, sich in der Fastenzeit abends den Bauch mit Delikatessen vollzuschlagen und bis in die Morgenstunden zu feiern. Beim Ruf des Muezzins nach Sonnenuntergang wird erst einmal Wasser getrunken und danach *bouille*, gekochter, mit zerkleinerten Datteln in Wasser aufgelöster Hirsebrei. Zwei Stunden später gibt es etwas Hirsebrei, Reis oder Nudeln mit Soße. Etwa um vier Uhr morgens wird gefrühstückt: *boule*, mit Datteln und Käse zerstampfte Hirse, die kalt mit Ziegenmilch angerührt wird. Kurz vor Sonnenaufgang trinkt man noch einmal möglichst viel Wasser. Danda findet das Fasten dieses Jahr wegen der niedrigen Temperaturen im Januar nicht so schlimm, aber der wenige Schlaf macht ihm zu schaffen. Tagsüber arbeitet er ununterbrochen in der Schmiede: »Auf diese Weise vergißt man Hunger und Durst.«

In der ersten Vollmondnacht nach Beginn des Ramadan wird das Ende des Fastenmonats im Fernsehen verkündet. Nur in der Region

Maradi sind einige Fundamentalisten nicht einverstanden: »Wir haben den Mond noch nicht gesehen!« In Agadez ignoriert man ihren Protest mit überlegenem Lächeln. Morgen ist ein Festtag. Kola hat im ganzen Haus mit dicken Nägeln bunte Teppiche aufgehängt. Deshalb klaffen an normalen Tagen so viele Lehmlöcher in den sonst nackten, türkisfarbenen Wänden.

Am nächsten Vormittag warten Elhadji, Offon und ich in einer großen Menschenmenge stundenlang auf den Sultan, der, wie jedes Jahr, auf seinem weißen Pferd in den Vorhof des Palastes von Agadez einreiten soll. Ein Gerücht macht die Runde. Das Pferd soll gestern gestorben sein. Der Sultan fährt im Toyota vor. Die Menge jubelt.

·····# ⊙ ⓔ ·

Bevor Elhadji mein Haus gebaut hatte, wohnte ich immer in einem kleinen Haus mit zwei Zimmern und Innenhof neben dem von Hadj Sidi. Er war jeden Morgen einer der ersten, der mit einem melodischen »*majofort* – guten Morgen« den neuen Tag ankündigte. Nach dem Abendgebet ließ er sich für gewöhnlich auf meinem Teppich nieder und sprach darüber, wie er die Familiengeschicke zu lenken versuche, wie schwierig es sei, den alten Schmieden höchste Qualität abzuverlangen, daß sie jetzt nur noch mit hochwertigem Silber anstelle der früher üblichen eingeschmolzenen Maria-Theresia-Thaler arbeiteten und daß jetzt alle Jungen und auch die Mädchen zur Schule gingen.

Immer wieder betonte er, daß er Elhadji auf die Schule geschickt habe. Nicht um jedesmal meine Zustimmung einzufordern, sondern um mir zu zeigen, daß die Familie ihren Weg in die neue Zeit findet. Dabei erwähnte er in jedem dritten Satz sein schlechtes Französisch und bedauerte, diese Sprache nie besser gelernt zu haben: »Du weißt ja, ich durfte nicht zur Schule gehen. Mein Vater hielt mich versteckt.« War Elhadji dabei, ließ er ihn übersetzen. War Elhadji nicht greifbar, sprach er selbst. Spräche ich so gut Tamaschek wie Hadj Sidi Französisch, ich wäre zufrieden.

Hadj Sidi bringt mir schwere, silberne Hochzeitsarmbänder, *elkess* genannt, zur Begutachtung: »Mit solchen Armbändern habe ich vor Jahren Ärger bekommen. Ich hatte sie für einen deutschen Ethnologen besorgt. Der Mann, der mir den Auftrag gab, knöpfte diesem den doppelten Preis ab. Als der Ethnologe sich beschwerte, behauptete er, ich hätte diesen Preis gefordert. Seitdem hält mich der Deutsche für einen Betrüger. Damals konnte ich kaum Französisch.«

Hadj Sidi ist von der Tatsache, daß jemand denkt, er würde unehrenhaft handeln, sehr betroffen: »Kannst du die Angelegenheit vielleicht richtigstellen?« Ich kenne den Mann, der Hadj Sidi hereingelegt hat. Er ist kein Tuareg, obwohl er sich als solcher ausgibt, und spricht gut Französisch und Englisch. Er kauft von verarmten Nomaden Antiquitäten zu Tiefstpreisen auf, um sie Europäern mit immensem Gewinn anzudrehen: »Trinken Sie Tuaregtee bei mir. Ich zeige Ihnen schönen, alten Schmuck. Sie müssen nichts kaufen.«

Betrug ist ein ständiges Thema in Agadez. Hadj Sidi warnt mich jeden Tag davor, Fremden zu glauben, wenn sie behaupten, daß sie zur Familie gehören. Er warnt mich sogar vor einigen entfernten Cousins, die in Niamey als Zwischenhändler arbeiten.

Im Februar 1997 droht der Familie ein handfester Skandal. Ein angeheirateter Schwager hatte eine Wohlfahrtsorganisation aus Frankreich betrogen. Er sollte eine Schule im Aïr bauen. Statt dessen hatte er das Geld veruntreut und einer Geliebten in den Rachen geworfen. Das jedenfalls wurde in Niamey erzählt.

In den nächsten Tagen soll eine Französin eintreffen, eine alte Freundin des Präfekten von Agadez, die diese Schule besichtigen will. Sie wird nur Geröll vorfinden. Der Schwager hält sich in Nigeria versteckt. Seine Frau, eine Nichte von Elhadji, weiß nichts von alledem, sondern wähnt sich als glückliche Ehefrau in Sicherheit. Sie ist weit weg in Niamey und spricht kein Wort Französisch.

Die Mutter der ahnungslosen Ehefrau trifft morgens um sieben mit Elhadji im Schlepptau aufgeregt bei mir ein. Sie will eine klare Auskunft über den Schwiegersohn und hat große Angst um das Wohlergehen ihrer Tochter. Sie bittet uns, sie wieder nach Agadez zurückzubringen, wenn wir in drei Wochen nach Niamey fahren. Weder die Tochter noch der Ehemann können sich ihrem Befehl widersetzen: »Ich werde meiner Tochter alles erzählen. Irgendwann muß sie es erfahren. Vielleicht wäre eine Scheidung am besten. Man wird sehen, *inschallah*.«

Eigentlich warten Tuaregfrauen im Kreis ihrer Familie auf die Rückkehr des Gatten. Doch eine Stadt wie Niamey verändert die Sitten.

Dort leben sie von ihrer Kultur getrennt, haben kaum Freundinnen, die ihre Sprache sprechen und sie bei der Arbeit unterstützen. Ein Tuareg, der sich lange in einer vorwiegend von Haussa bewohnten Umgebung aufhält, gewöhnt sich leicht deren rigiden Umgang mit Ehefrauen an. Es ist so bequem. Mütter und Tanten sind weit weg, und die betroffene Frau ist oft zu stolz, sich bei ihrer Mutter zu beklagen. Diese würde sofort einschreiten.

Der Schwager wurde am Ende doch nicht verhaftet. Die Französin hatte ihm verziehen, wohl weil sie ihre eigene Unzulänglichkeit vertuschen wollte. Wer vertraut schon einem Unbekannten ohne Referenzen ihm anvertrautes Geld an? Ein »blauer Ritter« ist edel. Wie naiv sind eigentlich manche Europäer? Und wer hat den Schaden? Nur einige namenlose Nomadenkinder im Aïr.

Als Hadj Sidi von einem Franzosen vor einigen Jahren eine Poliermaschine geschenkt bekam, stellte er sie in den nächsten Sandsturm: »Dadurch wurde die Maschine stumpf. Ich wollte den Fremden nicht beleidigen, aber Maschinen verändern das Handwerk. Die Jungen lernen dann nicht mehr, mit der Hand zu polieren.«

Meistens arbeiten mehrere Schmiede in einer Lehmhütte, auf dem Boden hockend. Vor jedem ist ein großer Amboß in den Sand geschlagen. Er mißt acht mal acht Zentimeter. In einer Ecke des großen steckt ein kleiner Amboß. Für das Schmiedefeuer wird Holzkohle verwendet. Mit einem ledernen Blasebalg reguliert man die Hitze. Hämmer, Schlegel, Zangen, Feilen, Meißel, Scheren, Punzen mit dem typischen Tuaregdekor und Stichel vervollständigen das Werkzeug. Löcher werden mit einem Meißel gemacht. Außerdem gibt es Emaille- und Blechschüsseln für diverse Säurebäder und zum Auswaschen von Schmuckstücken. Um Silber in bestimmte Formen zu schlagen, werden verschiedene Wurzeln und Holzstücke benötigt.

Silber wird bevorzugt bearbeitet. Es ist das reine, vom Propheten gesegnete Metall. Auch Messing und Kupfer finden Verwendung. Kupfer gilt als Metall, das Heilkraft besitzt. Manchmal wird Aluminium als moderner Ersatz verwendet. Gold wird als Metall des Teufels betrachtet und ist als Unglücksbringer gefürchtet. Für Touristen jedoch werden auf Wunsch Schmuckstücke in Gold hergestellt. Seit einigen Jahren tragen aufgrund des zunehmenden Einflusses der Haussa in Agadez auch viele Tuaregfrauen goldene Ketten. Eisen ist unrein. Es wird nur für Klingen und Schlösser verwendet. Stellen, die mit der Haut in Berührung kommen, müssen mit Messing und Kupfer überdeckt werden, da diese beiden Metalle den schlechten Einfluß von Eisen neutralisieren. Zinn wird wie Eisen behandelt.

Als Schmuckstein findet vor allem Karneol aus Indien Verwendung, der die Heilung, vor allem von Blutkrankheiten und Wunden, fördert. Auch den bösen Blick soll er abwehren. Für das Kreuz von In Gall werden rote, dreieckige Glasstücke benötigt. Sie werden von Pilgern aus Mekka mitgebracht und schützen ihre Träger. Daneben gibt es schwarze, blaue, rote und weiße Glasperlen, die, wenn sie alt sind, aus Venedig stammen. Auch Achate und Bernstein werden verwendet, wobei Bernstein heutzutage auf den Sahelmärkten schwer zu bekommen ist.

Fünf Männer arbeiten in der dunklen Werkstatt. Sie sitzen auf zerschlissenen Bastmatten. Das Zischen des Blasebalgs übertönt die Gespräche. Es wird gehämmert, gefeilt und poliert. Manchmal tauschen die Schmiede ihre Stücke untereinander aus. Wer müde ist, rollt sich zur Seite und schläft. Immer wieder wird Tee gekocht. Jeder macht etwas anderes. Metall wird eingeschmolzen und Wachs zu Tuaregkreuzen geformt.

Erst während der französischen Kolonialzeit kam die Bezeichnung »Kreuz« für diese Schmuckstücke auf. Christliche Autoren hatten viel darüber geschrieben und sie zu deuten versucht. Der Ethnologe Gerhard Göttler schreibt in seinem Buch über die Tuareg: »Wahrscheinlicher ist es jedoch, daß es sich um nichts anderes als Stilvarianten des gleichseitigen Dreiecks handelt, die Grundform in fast allen Tuaregobjekten, die nicht auf Grund funktionaler Zwänge anders gestaltet werden müssen.« Die Tuareg nannten die unterschiedlichen Kreuze *tenerelt* oder *sakkat*. Inzwischen setzt sich immer mehr die Benennung nach Regionen durch. Für die »21 Kreuze des Niger«, die sich auf einer Schautafel im Nationalmuseum von Niamey befinden, wurden teilweise Phantasiebezeichnungen erfunden oder auch Regionen genannt, in denen es keine Tuareg gibt. Alt und echt sind wohl die Kreuze aus Agadez, Iferouane, Tahoua, Tchin-Tabaraden, In Gall und Zinder. Bis auf das Kreuz von In Gall werden alle im Wachsausschmelzverfahren hergestellt. Man trägt möglichst viele in unterschiedlicher Reihenfolge an einer Lederschnur um den Hals.

»Tanzt ihr Männer!« – Tam Tam

Hamilla

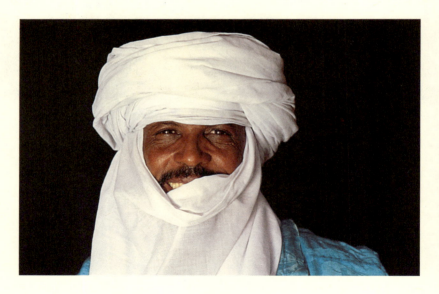

Hadj Sidi

Schwester von Offon und Lalla

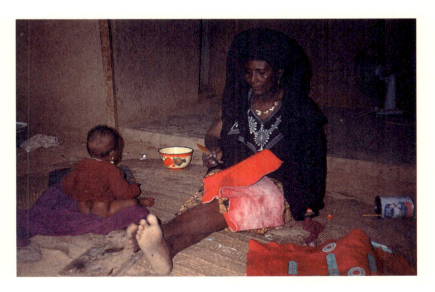

Hadja Kune

Salima und Rualfa

Mohamed

Ismarel, Hadija und Ababa

Fatima

Hadja Cari

Malouchounu

Tamko mit Sohn

Chouma

Tam Tam in Akirkui

Die Männer in der Schmiede von Elhadjis Cousin Addi sind fast alle gleich alt. Es wird viel gelacht. Hier können die Schmiede ungezwungener miteinander umgehen als bei Hadj Sidi, wo Männer unterschiedlichen Alters zusammenarbeiten. Dort herrschen die strengen Regeln des gegenseitigen Respekts. Einer erzählt: »Vor zwei Monaten wurde ich als Rebell verhaftet. Ich mußte eine Nacht im Gefängnis verbringen. Sie haben mich nur leicht verprügelt. Ich hatte große Angst. Meine Haare waren zu lang.« Die Tuaregrebellen tragen Afro-Look und haben eine spezielle Art erfunden, ihren kobaltblauen Turban zu wickeln. Das Militär verhaftet alle jungen Männer mit Afro-Look oder kobaltblauer Kopfbedeckung. Die Friseure in Agadez können nicht über Kundenmangel klagen.

Im Herbst 1996 befand sich ganz Agadez in einem Zustand der Euphorie. Die Rallye Paris–Dakar sollte zum ersten Mal seit Beginn der Rebellion 1990 wieder durch die Stadt führen. Die Hoffnung auf Rückkehr zur Normalität war groß. Die Peul hatten Leder, Kupfer und Messing zu filigranem Schmuck verarbeitet. Hoteliers hatten ihre Zimmer geputzt, Wirte ihre Restaurants neu gestrichen. Der Libanese im einzigen Supermarkt hatte sein Sortiment erweitert. Automechaniker hofften, mit großen, handgemalten Werbeschildern vor ihren Werkstätten Kundschaft anzulocken. Ein neues Kreuz war zum Gedenken an den toten Rebellenführer, Mano Dayak, kreiert worden. Seine Witwe hatte es in Auftrag gegeben. Jeder Händler, ob arm oder reich, hatte sich mit Waren eingedeckt: Benzin, Autobatterien und Ersatzteile, Schmuck jeglicher Art, Lederwaren, Teppiche aus Algerien, Steinskulpturen aus Timia, Dosen aus Rinderhaut, geschmuggelte Zigaretten aus Nigeria, Holzmasken aus dem Senegal, Stoffe aus Mali und Mauretanien ... Ein Einkaufsparadies für die gehetzten Rennfahrer!

Auch Hadj Sidi ließ die Schmiede unermüdlich arbeiten. Bald quoll der kleine Laden von glänzendem Schmuck über. Viel Geld der Familie lag in diesen Waren fest. Hoffnungsvoll wartete man auf das große Geschäft: »Jetzt werden die Touristen zurückkommen, *inschallah.*«

Der 12. Januar vergeht. Agadez wartet, wartet auf Hunderte potentieller Kunden aus fremden Ländern, die, von Soldaten bewacht, in einem Camp auf dem Flughafen einquartiert wurden. Keiner darf hinaus. Keiner darf hinein. Die nigrische Bevölkerung hat das Nachsehen.

Im Camp reihen sich große Transportflugzeuge, aus deren Bauch Menschen und Ersatzteile entladen werden, eindrucksvoll aneinander. Unablässige Starts und Landungen erfüllen die Luft mit Lärm und Staub. Überall werden Autos repariert: Mercedes, Fiats, Toyotas ... Rallyefahrer duschen in niedrigen Basthütten. Nur ihre Gesichter sind zu sehen. Sie sind verschwitzt, gerötet und von körperlicher Anstrengung gezeichnet. Der Staatspräsident kommt zu einem kurzen Fototermin mit dem Etappensieger angeflogen. Bald verläßt seine Militärmaschine den Flughafen wieder in Richtung Niamey. Die Regierung hat Angst vor einem Übergriff der Rebellen. Ein Rebellenclan hat sich unter der Führung einer Französin mit den Machthabern arrangiert. Bereits vor ihrer Hochzeit war die Witwe von Mano Dayak im Organisationskomitee der Rallye, heute mischt sie wieder mit. Geschäft ist Geschäft! Ihr Clan jubelt und verdient.

Der zweite große Gewinner an diesem Tag ist ein Italiener, der abends zum italienischen Essen zu italienischen Preisen in sein Restaurant bittet. Drinnen wimmelt es von Fremden, die zuviel trinken und 0szuviel bezahlen. Draußen warten die Händler, zu einem quirlenden Knäuel verwoben. Haussa, Peul und Tuareg hoffen auf ihre Stunde. Ein Wunder, daß nur so wenige Steine auf die offene Terrasse des Restaurants fliegen. Wie schafft es der einfache Afrikaner, dessen Hoffnung auf bescheidenes Glück immer und immer wieder enttäuscht wird, nicht zu verbittern, sondern unermüdlich von vorne anzufangen und dabei noch zu lachen?

Früh am nächsten Morgen verschwindet die Rallye Paris–Dakar in Richtung Tahoua. Mit dumpfem Brummen steigen die großen Flugzeuge in raschem Takt von der Startbahn auf und verflüchtigen sich als glitzernde Illusion hinter dem Horizont.

Waren sie wirklich da? Die Tische in den Restaurants warten noch immer, sorgfältig gedeckt. Hadj Sidis Schmiede ist voller Besucher. Ein Thema beherrscht den Tag: »Warum haben sich die Fremden nicht blicken lassen?« Der erste Hoffnungsschimmer nach den harten, einsamen Jahren der Rebellion ist zunichte gemacht worden. »Ob die Touristen jemals zurückkommen?« »Ob es wieder so wird wie früher?« Ernsthafte Zweifel breiten sich aus. Die Wut auf die Französin und den

Italiener ist groß. Zwei Europäer machen sich geschickt die Mechanismen der modernen Marktwirtschaft zunutze, unter dem Schutz ihrer großen Tuaregclans, denen sie durch Heirat verbunden sind und die sie mit Pfründen versorgen.

»Das Haus wird zu groß.« Mit diesem Satz versucht mich Hadj Sidi jedesmal an der Abreise zu hindern. »Aber ich muß doch manchmal auch arbeiten«, erwidere ich wie gewohnt. Hadj Sidi lächelt: »Bleib hier. Der Rest wird sich finden.«

Den Tag über treffen Geschenke ein. Ein Ring für meine Mutter, ein Schlüsselanhänger aus Leder von Aischa, ein Straußenei von Kola, ein großes silbernes Agadezkreuz von Malochounou, eine Ledertasche von Hadija Kune, ein Becher aus Kalkstein von Onkele ... Malouchounu diktiert mir zwei Briefe. Das Schreiben dauert, da er den Inhalt ähnlich langatmig formuliert wie die zeremoniellen Begrüßungen. Elhadji grinst.

Hadj Sidi läßt eine mit Silberschmuck gefülle Lederkiste in mein Zimmer tragen, damit ich mir ein Stück aussuche. Er ist traurig: »Du gehörst zur Familie. Morgen suchen dich alle und werden enttäuscht sein, wenn dein Haus leer ist.« Hamilla weicht nicht von meiner Seite. Er hilft mir, bei meinen Freudinnen in Deutschland gesammelte Kinderkleidung auszusuchen und zu verteilen. Kola bekommt eine Uhr, Hadja Kune eine Schere, Aischa eine Bluse ...

Ata und Elhadji fahren mich zur Polizei, damit ich den Ausreisestempel in meinen Paß bekomme. Malouchounou bringt ein Päckchen, das ich in Deutschland für ihn aufgeben soll. Hadja Kune fädelt noch schnell eine Kette für meine Mutter. Noch mehr Geschenke treffen ein: Holzschüsseln, Lederkissen, die weiße traditionelle Bluse, mit Datteln und Käse gemahlene Hirse ... Mein Gepäck wächst auf drei Taschen an. Onkele kommt zum drittenmal, um sich zu verabschieden. Sogar die scheue weiße Katze läßt sich blicken. Hadj Sidi betritt leise das Zimmer: »Das Haus wird wirklich zu groß.«

Hamilla

> Deine Mutter, deine Frau und deine Tochter fallen in einen tiefen Brunnen. Du kannst nur eine der drei Frauen retten. Welche rettest du?
>
> *Rätsel der Tuareg*

Bei meinem ersten Aufenthalt in Agadez im Jahr 1991 saß immer ein schmaler fünfzehnjähriger Junge, der stark schielte und nie ein Wort sagte, vor einem kleinen, mit glühender Holzkohle gefüllten Drahtgestell im Hof und kochte Tee für die Touristen. Sprach ich ihn an, so blickte er noch beharrlicher zu Boden und schien stumm die Sandkörner zu zählen. Nur meine Stoppuhr hatte es ihm angetan, genauso wie den anderen Kindern und Jugendlichen der Stadt. Täglich erhielt ich Tauschangebote – die Uhr gegen ein Messer, ein echtes Amulett, eine Stange Zigaretten. Oder es hieß einfach fordernd: »Du mußt sie mir geben.« Nur Hamilla, der Junge aus Hadj Sidis Schmiede und dessen ältester Sohn, bat mich nie um die Uhr. Wähnte er sich unbeobachtet, so betrachtete er sie und lächelte zurückhaltend. Für mich stand schnell fest, daß er allein die Uhr verdient hatte. Schon um all die anderen aggressiven Halunken in ihre Schranken zu weisen. Als ich sie ihm am Tag meiner Abreise endlich gab, konnte Hamilla sein Glück kaum fassen. Er war so durcheinander, daß ich seinem Großvater Mohamed erklären mußte, wie sie funktionierte. Der Alte bestand darauf, ein Foto von mir und seinem Enkel im Hof zu machen, das ich ihm später schicken sollte.

Das Foto zeigt einen glücklichen Hamilla, der mit beiden Händen seine neue Uhr festhält und sie lachend betrachtet, während ich etwas verkniffen neben ihm stehe. Ich steckte es mit einer Ersatzbatterie für die Uhr in einen Umschlag und schickte es nach Agadez. Auf diesem Weg kam Elhadji zu meiner Adresse. Bald darauf traf sein erster Brief in München ein.

Mittlerweile kümmert sich Hamilla um alle Belange in meinem Haushalt. Morgens bringt er ein frisches Baguette. Er begleitet mich auf seinem Roller zum Markt. Er bestimmt die Kinder, die den Tee zubereiten und die Wäsche waschen. Er organisiert das Holz und die Feuerstelle zum Kochen. Er vertreibt ungebetene Gäste, wenn ich allein sein will ...

Am Weihnachtstag 1994 weckt mich Hamilla um sieben Uhr früh durch lautes Klatschen. Ob ich ihm diese Unsitte jemals abgewöhnen kann? Soll er mich doch schlafen lassen. Das widerspricht leider allen Regeln. Mit dem Licht beginnt das Leben. Wer als erster aufwacht, weckt alle anderen. Meist ist Hamilla schon vor dem Morgengebet auf den Beinen. Er macht Feuer und setzt Wasser für den Tee auf. Danach wird Brot geholt. Stehe ich endlich auf, ist meine Thermoskanne mit heißem Wasser gefüllt. Ein Stück Baguette liegt daneben. Der Raum ist gefegt. Nach der Dusche bringt Hamilla das erste Glas Tee. Danach trifft meist Elhadji ein. Bald darauf kommt Malouchounu, der *marabout* und der Mann von Hadj Sidis ältester Schwester Hadja Cari. Er begrüßt mich mit einem schlichten »*majofort* – guten Morgen« und erkundigt sich ausführlich nach meinem Befinden. Spätestens jetzt trifft Hadj Sidi ein. Elhadji verläßt uns: »Ich mache mich auf den Weg, um zurückzukommen.«

Hamilla fordert mich auf, die Weihnachtsgeschichte zu erzählen. Viele Kinder hören zu. Auch Onkele, Kolas Bruder, ist da und übersetzt. Die Stelle mit den heiligen drei Königen muß ich wiederholen. Hamilla will wissen, wer von den dreien schwarz war, Kaspar, Melchior oder Balthasar. Ich bin nicht sicher und entscheide mich für Melchior. In meiner Kindheit waren die heiligen drei Könige wichtig. Ihre Kamele haben mich sehr beschäftigt. Nur einmal darauf reiten! Onkele rezitiert Stellen über Jesus aus dem Koran und freut sich, Parallelen zu finden.

••••

Hamilla ist jeden Abend der letzte, der mein Haus verläßt. Er erzählt, wie sein Tag war, hilft, das Geschirr abzuwaschen, und verschwindet mit seinem leisen, bescheidenen »*artoufat* – bis Morgen«. Ich habe ihn sehr ins Herz geschlossen und bemerke kaum noch, wie stark er schielt und stottert. Letzteres scheint weniger zu werden, sobald er mit mir allein ist. Hamilla hat noch nie um etwas gebeten. Im Gegensatz zu seiner cleveren Schwester Lalla ist er sehr scheu.

Es ist Mitternacht. Ich bin hellwach und sitze im Innenhof. Alle schlafen. Der Geruch von Weihnachten fehlt. Meine Umgebung interessiert sich nicht für diese Nacht. Hier gilt der arabische Kalender. Die

Messe in der Mission ist erst jetzt. Aber ich konnte die Familie unmöglich so lange vom Schlafen abhalten. Eine Sternschnuppe fällt. Ob sie Glück bringt? Ist diese Nacht wie jede andere Nacht? Der Sand im Hof ist weich, rinnt durch die Finger. Unendlich viele Körner, fein und hart.

Seit Elhadji mein Haus bauen ließ, bewohnt Hamilla es in meiner Abwesenheit. Er putzt und verscheucht Ungeziefer wie Mäuse und Kakerlaken. Große gelbe Eidechsen, Spinnen und kleine Vögel dürfen bleiben. Sie fressen nur die Insekten. Wegen der Spinnen haben wir uns anfangs gestritten. Für Hamilla unverständlich, bestand ich darauf, sie leben zu lassen. Ich frage lieber nicht nach, was er mit ihnen macht, wenn ich in Deutschland bin.

Meine zwei Mitbewohner, finkenähnliche kleine Vögel, Bengali genannt, fliegen durch die Tür. Sie sind erleichtert, daß sie endlich offensteht. Einer läßt sich auf einem der weißen Ventilatorblätter nieder. Die Vögel bauen ihr Nest irgendwo im Gebälk. Eifrig wird Material angeschleppt. Sobald ich allein bin, besuchen sie mich, immer paarweise. Die Männchen leuchten rot, während die Weibchen olivgrünes Gefieder tragen.

Am Nachmittag rauschen die Frauen der Familie an. Fototermin. Sie sind schwer bepackt und tragen das Bündel mit ihrer Festtagskleidung und dem massiven Silberschmuck zum Teil auf dem Kopf. Hamilla, Onkele und ich haben mit Teppichen und Tüchern im Hof ein Studio gebaut. Kolas Haus wird zur Umkleidekabine. Ich will das Abendlicht ausnützen. Hamilla und Onkele wechseln sich mit dem Reflektor ab. Sie geben brauchbare Assistenten ab. Die Frauen posieren unter viel Gelächter: Kola allein, Kola mit Kindern, Aischa allein, Aischa mit Kindern, Raischa, Fatima, Tanna, Mungenia, Lalla, Salama, Hamilla, Eliez, Bubakar, Onkele ... Es wird viel gescherzt. Die Männer halten sich fern. Sie scheuen die geballte weibliche Präsenz.

»Eine Maus!« – Mit diesem Aufschrei rast Hamilla kurz nach dem Abendessen in mein Wohnzimmer. In der rechten Hand schwingt er drohend einen roten Gummischlappen, um das Tier zu erschlagen. Es wäre nicht die erste Maus, der meine Teppiche schmecken. »Wir müssen sie einkreisen!« Hamilla organisiert den Angriff. Drei seiner Cousins werden vor den Zimmertüren als Wachposten aufgestellt. Ich soll den Hauseingang bewachen. Hamilla entdeckt die Maus unter dem Kühlschrank und jagt sie quer durch den Raum. Sie flieht in mein Schlafzimmer. Der

Türposten war zu langsam. Hamilla gibt Anweisung, alle Türspalten mit Lederkissen abzudichten. Dann betritt er mein Schlafzimmer. Schnell flieht die Maus Richtung Eingang und entwischt. Nur mit Huiti, unserem Hund, hat niemand gerechnet. Er tötet den Störenfried. Triumphierendes Jaulen. Da Huiti kein rohes Fleisch frißt, wandert die Maus in den Schlund eines fetten Erpels. Noch gibt Hamilla die Suche nicht auf. Er will das Mäusenest aufstöbern und durchkämmt meinen Innenhof. Unter einem Holzbrett wird er fündig. Ein Schweizer Käse aus Sand. Bald schleppen wir alle möglichen Gefäße mit Wasser durch den Hof und überschwemmen das feindliche Terrain. Huiti begleitet unsere Aktion mit lautem Gebell. Über sechzig Liter verschwinden im Boden, bevor alle Löcher unter Wasser stehen. Keine Maus zeigt sich. Hamilla ist zufrieden: »Jetzt sind sie alle tot oder zum Nachbarn geflüchtet.«

Manchmal treibt mich Hamilla mit seiner Schüchternheit zur Verzweiflung. Die Händler auf dem Markt wissen genau, daß der Junge ihnen nicht gewachsen ist, und versuchen regelmäßig, ihn übers Ohr zu hauen. Ich kenne die meisten Preise, aber manche Händler geben vor, mich nicht zu verstehen. Hat Hamilla einen Preis ausgehandelt, der viel zu hoch ist, bezahle ich ihn trotzdem. Hamilla soll vor den Händlern keinesfalls bloßgestellt werden. Wir gehen einfach nicht mehr zu ihnen. Inzwischen haben wir einen kleinen Stamm vertrauter und ehrlicher Verkäufer.

In Agadez gibt es zwei große Märkte. Nahe der Moschee liegt der bunte, lärmende, vorwiegend schwarzafrikanische Markt. Dort kann man alles kaufen – Lebensmittel, Kleidung, Bettgestelle, Autoersatzteile, Elektrowaren. Ringsum sind viele Kleinbetriebe wie Schneider und Mechaniker angesiedelt. Die Handelssprache ist Haussa. Die Sensation ist der Laden von Abdu Kader, einem Halbtuareg. Außer gefälschten Maria-Theresia-Thalern, Nickelschmuck und fossilen Speerspitzen führt er auch Skiausrüstungen und Surfbretter.

Abdu Kader bittet uns zum Tee in seinen Laden. Er zeigt uns Fotos von Touristen beim Abfahrtslauf in den Dünen: »Irgendwann werden sie wiederkommen, *inschallah*. Ich bin vorbereitet.« Dabei deutet er auf seine neueste Errungenschaft, ein Snowboard.

Der Tuaregmarkt befindet sich am Rande der Stadt auf einem öden Sandfeld. Auf einer Seite rücken neue Siedlungen immer näher heran, auf der anderen geht er in die Bast- und Wellblechhütten der Nomaden über. Kamelreiter und Toyotafahrer wirbeln Staub auf. Nur die kräftigblauen Gewänder der Tuareg unterbrechen die vorherrschenden Beigetöne von Sand, Lehm und Kamelen.

Das Marktangebot reicht von den Grundnahrungsmitteln der Tuareg, also Hirse, Datteln, Tee, Zucker und Kautabak, bis hin zu Kamelen, Rindern, Schafen, Ziegen und Hühnern. Ein schwarzes Zebu der Bororoji-Rasse, die nur von den Peul gezüchtet wird, ist an einem Pflock festgebunden. Mächtige elfenbeinfarbene Hörner, geschwungen wie eine Leier, lassen die Leute Abstand wahren. Nomadenfrauen verkaufen frischen und getrockneten Ziegenkäse. Manche bieten kräftig riechende Parfümhölzer feil. Es gibt Bastmatten und Holzstangen für den Hüttenbau, Natrium, um den Kautabak beim Kauen aufzuweichen, emaillierte Teekannen aus Hongkong sowie kleine Teegläser, die an unsere Schnapsgläser erinnern. Viele Waren sind mir unbekannt.

Die meisten Marktbesucher sind Tuareg. Preisverhandlungen werden mit leiser Stimme auf Tamaschek geführt. Einige Männer tragen das traditionelle Langschwert, *takuba*. Viele dieser Schwerter sind schon seit Generationen im Besitz der Familien. Sie haben alte Klingen aus Europa, die seit dem 16. Jahrhundert aus Solingen, Wien, Toledo oder Padua importiert wurden. Die berühmtesten Schwerter tragen Namen.

Eine Salzkarawane aus der Oase Bilma ist eingetroffen. Überall stehen hohe Salzkegel im Sand. Auf einer Plastikplane liegen flache Salzkuchen. Ausgemergelte Männer feilschen leise mit den Kunden. Das verkaufte Salz wird mit Schubkarren abtransportiert. Von ihrer Ladung befreite Kamele lungern faul herum.

Am Ende des Marktes versteckt befindet sich die Basthütte des *gri-gri*-Herstellers. *Gri-gris* sind Lederamulette, die, je nach Inhalt, gegen Krankheiten, feindliche Waffen oder böse Geister helfen.

Ein einsamer Tourist möchte ein Amulett gegen Rückenschmerzen. Der uralte Mann lacht einfältig; er ist zahnlos, stumm und fast blind. Der Tourist bittet um Erlaubnis, ihn fotografieren zu dürfen. Sie wird gewährt. Der Alte breitet ein verknotetes kariertes Tuch aus, zeigt seine Zauberzutaten: ausgebleichte Tierknochen, verschiedenste Kräuter und Hölzer, ein verschrumpeltes Hühnerbein samt Krallen, eine große getrocknete Eidechse. Dahinter liegen Amulette aufgereiht. Dunkelrotes Leder, in das die Zauberkräfte eingenäht sind. Es gibt sie in allen möglichen Größen und Formen, als Hals- und Armbänder oder Hüftgürtel. Der Tourist möchte einen kleinen Lederanhänger. Der Alte läßt ihm durch Hamilla, der respektvollen Abstand wahrt, sagen: »Ein Gürtel wäre besser.« Der Tourist bleibt stur: »Hilft das *gri-gri* wirklich gegen Rückenschmerzen?« Der alte Mann lacht. Hamilla bejaht. Die Kraft der Magie wirkt nur bei dem, der an sie glaubt. Der Islam konnte sie nicht verdrängen. Hamilla drängt zum Aufbruch. Der Ort ist ihm unheimlich. Er glaubt fest an die Macht der *gri-gris*, trägt immer seinen Hüftgürtel und hat viele kleine Amulette in den Hosentaschen.

•••• 🏛

»Il faut ... – du mußt ...« – Mit diesen Worten beginnen die Agadezianer, die Französisch sprechen, die meisten Sätze. »Könntest du ...«, »Würdest du ...«, »Bitte ...« gibt es in ihrer Sprache nicht. Sie verstehen meine Abneigung gegen diese Befehlsform schwer und können sich nur mühsam in die ungewohnte Denkweise einfühlen. Ihren Respekt drücken sie durch Gesten, gesenkten Blick und Schweigen aus. Auf Tamaschek gibt es zwar ein Wort für »danke«, aber es findet nur in Ausnahmefällen Verwendung. Benützt man es für alltägliche Kleinigkeiten, erntet man bestenfalls Gelächter. Mir fällt es schwer, auf diese Höflichkeitsformeln zu verzichten.

Hamilla betritt mein Haus: »Du mußt mir deine Wäsche geben!« Heute kann ich das oft gehörte »Du mußt ...« plötzlich nicht mehr ertragen und entgegne: »Ich muß sie dir nicht geben.« Hamilla schaut mich ratlos an: »Aber dann wird sie nicht gewaschen.« Ich setze mich neben ihn: »Was muß der Mensch?« Nach einer Weile lacht Hamilla: »Sterben, essen und trinken und telefonieren und faxen.«

Telefonieren und faxen sind die Synonyme für den Gang zur Toilette; da es für die verschiedenen Verrichtungen oft zwei Räume gibt, gibt es auch zwei Umschreibungen dafür. Hamilla formuliert den Satz um: »Du mußt mir deine Wäsche geben, bitte. War das gut so?« Ich grinse ihn an: »Ziemlich.«

Schon eine Woche vor meiner Abreise läßt mich Hamilla kaum mehr allein. Er verläßt seinen Platz in der Schmiede und erscheint unter dem Vorwand, meine Opernkassetten mit mir anhören zu »müssen«.

Dabei habe ich sie ihm längst alle überspielt. Normalerweise ist Hamilla sehr fleißig. Oft zeigt er mir abends die Ergebnisse seiner Tagesarbeit. Das erste Stück Silber, das ihm Hadj Sidi 1995 gegeben hatte, wurde zu einem Frisiermesser mit Ebenholzgriff. Diese Messer werden von den Frauen benützt, um bei den komplizierten Frisuren gerade Scheitel zu ziehen.

Hamillas erstes Frisiermesser aus Silber liegt neben zwei anderen aus Kupfer und Nickel auf meinem Schreibtisch in München. Er hatte sie mir alle geschenkt. Sie zeigen deutlich seine Entwicklung. Waren beim ersten alle dünnen Holz- und Messingscheiben nach dem Polieren ineinander verwischt, so sind es bei dem silbernen nur noch einige. Bis zum Meister braucht er noch mindestens zehn bis fünfzehn Jahre. Mit seinen einundzwanzig Jahren befindet sich Hamilla weiterhin in der Ausbildung. Die Schule hatte er mit siebzehn verlassen: »Das Lernen war nichts für mich.« Sein angeblich sehr schlechtes Französisch gewinnt durch unsere täglichen Gespräche.

Auf Pavarotti folgt meist Reggae. Unterdessen füllt sich mein Haus allmählich. Laute Musik lockt. Hamillas Geschwister und Cousins wiegen sich zu Jamaika-Rhythmen. Alle versuchen, Hamilla in den Kreis zu ziehen. Dieser bleibt hartnäckig auf seinem Stuhl sitzen: »Vielleicht morgen.«

Hamilla wird immer mutiger. Anfangs errötete er jedesmal, wenn ich ihn ansprach, und suchte verlegen stotternd nach einer Antwort oder verschwand kommentarlos nach draußen. Durch das tägliche Beisammensein und die vielen gemeinsamen Fahrten zum Markt und zu Offon nach Akirkui sind wir langsam zu Komplizen geworden. Inzwischen haben wir unsere eigenen Sätze für den Umgang miteinander und für schwierige Situationen entwickelt. Hamilla hat einen wunderbaren Humor.

Einmal gab sein Roller acht Kilometer vor Agadez den Geist auf. Hamilla setzte sich in den Sand und betrachtete das Fahrzeug: »Glaubst du, daß hier bald eine Tankstelle gebaut wird?« Ich setzte mich neben ihn: »Ich habe zwei Liter Wasser.« Hamilla starrte noch immer auf den Roller: »Ich finde, laufen ist zu anstrengend.« Ich fand das auch: »Dann warten wir eben.« Wir warteten. Kein Mensch kam. Nach einer Stunde machte Hamilla den Tankdeckel auf: »Der ist voll.« Nachdenklich betrachtete er den Motor, sah endlich einen kleinen Hebel und legte ihn um: »Wir müssen doch nicht laufen.« Der Motor sprang an. Wir fuhren wieder. Als die Moschee von Agadez in Sicht kam, drehte sich Hamilla zu mir um und lachte: »Nur gut, daß wir keinen Platten hatten.«

•••• 🏠

Wieder einmal heißt es: »Auf Wiedersehen, *inschallah*.« Es ist sieben Uhr morgens. Hamilla und Lalla tauchen auf. Sie sind erleichtert, daß ich schon wach bin. Wir sitzen um den Tisch. Keiner weiß, was er sagen soll. Hamilla wiederholt: »Du wirst zurückkommen, *inschallah*.« Er legt die Alpha-Blondie-Kassette ein und spult sie zu seinem Lieblingslied: »Die Soldaten sind sauer, weil sie schlecht bezahlt werden. Die Polizisten sind sauer, weil sie schlecht bezahlt werden. Die Lehrer sind sauer, ... Die Regierung ist sauer. Die Staatskasse ist leer ...«

Hadja Kune und Kola treten ein. Bald ist der ganze Haushalt versammelt. Honigbaguettes spenden Trost. Elhadji drängt zum Aufbruch. Es ist halb neun. Ata wartet mit dem Peugeot vor der Tür: »Auf Wiedersehen, *inschallah*!« – »Auf bald, *inschallah*!« – »Gute Reise, *inschallah*!« ... Langer Abschied, wie immer. Nur wenige Gesten und Worte. Aischa und Kola weinen leise. Wir sind Freundinnen geworden. Elhadji schiebt mich ins Auto. Hadj Sidi und Malouchounu begleiten uns zum Busbahnhof. Alle winken. Hamilla und seine Schwester Lalla rennen hinterher.

Trubel am Busbahnhof. Reisende treffen mit ihren Familien ein. Gepäckstücke werden auf die Dächer der Busse gehievt und unter starken Netzen fest verzurrt. Bananenverkäufer schieben Schubkarren vor sich her. Stoffhändler balancieren Stapel von Pagnes auf dem Kopf. Gegrilltes Fleisch wird aus riesigen Emailleschüsseln verkauft. Ata und Malouchounu kümmern sich um Proviant. Wir nehmen einen Privatbus, der direkt nach Niamey fährt. Elhadji kennt den Besitzer. Die Fahrkarten kosten 10.000 CFA pro Kopf. Das staatliche Busunternehmen verlangt 17.500 CFA. Hadj Sidi betrachtet das hektische Treiben lächelnd mit stoischer Gelassenheit. Keiner wagt es, ihn anzurempeln.

Ein älterer Tuareg gibt uns Briefe mit: »Die sind für Sofu. Er arbeitet bei den Schmieden am Châteaux Un.« Jemand bringt ein Päckchen und Geld. Elhadji verspricht, beides abzugeben. Sidi und Malouchounu haben ihre Turbane weit hochgezogen. Ata überreicht mir eine schwarze Plastiktüte, prall gefüllt mit Baguettes, Trockenfleisch und Bananen. Die Henkel sind schon gerissen: »Wird das reichen?« Meine

Feldflasche ist voll. Drei Liter bestes Agadezwasser. Hamilla trifft außer Atem ein. Er ist den ganzen Weg zu Fuß gelaufen. Der Busfahrer läßt den Motor an. Wir verabschieden uns: »Eines Tages sehen wir uns wieder, *inschallah*!« Die Hektik, mit der alle in das Fahrzeug drängen, läßt keinen Abschiedsschmerz aufkommen. Der Bus setzt sich in Bewegung, hält nach ein paar hundert Metern jedoch wieder an, da die Militäreskorte noch nicht da ist. Es ist zehn Uhr. Jetzt steigen die Passagiere zu, deren Fahrgeld der Busfahrer und sein Assistent in die eigene Tasche stecken. 7.000 CFA pro Person. Hamilla steht neben unserem Fenster und wartet. Wir reden kaum. Alles ist gesagt. Eine Stunde später fährt der Bus in Richtung Süden. Hamilla winkt uns lange nach.

• 11 •

Lalla

> Eine Reise, wie niemand sie je getan, unternahm ich in diesem Jahr.
> Der Schmerz durchwühlt mich mit seinem Gift.
> Er überflutet mein Herz. Er kommt und geht.
> An allem ist Lila schuld. Sie ist den Schmerz wert.
> Ein Engel schuf sie, die die Herzen der Männer gefangennimmt.
> Alles Unvollkommene nahm er von ihr.
> Nicht der kleinste Makel blieb zurück.
> Ich wette mit jedem, daß er an ihr keinen Fehler entdecken wird.
> Wer einen nennen wollte, der bliebe stumm.
> Ich wette, von ihr kann keiner sagen:
> »Die gefällt mir. Ich habe die letzte Nacht mit ihr verbracht.«
> Durst verspürte ich nach diesem Wasser.
> Aber getrunken habe ich es nicht.
>
> *Chittou ag Salem, Kel Rezi*

Gleich nach meiner zweiten Ankunft in Agadez im Dezember 1994 lag ich mit hohem Fieber im Bett und nahm Antibiotika. Eine Tochter von Hadj Sidi leistete mir Gesellschaft. Lalla war dreizehn Jahre alt. Die neugierige Lolita mit den großen, braunen Mandelaugen musterte mich und mein Gepäck. »Wann packst du endlich aus?« schien ihr tiefer Blick zu sagen. Leider verstand sie außer Tamaschek und Haussa nur Arabisch. Lalla besuchte die Koranschule. Irgendwie unterhielten wir uns. Ich schlief wiederholt ein. Sie blieb. Eine dunkle, ferne Stimme unterbrach leise die Fieberträume. Der Tag verging ohne weitere Erinnerung.

Am nächsten Morgen erzählte mir Elhadji, Lalla sei die ganze Nacht nicht von meiner Seite gewichen: »Normalerweise hat sie nicht so viel Geduld.«

Als es es mir besserging, packte ich aus. Lalla registrierte jeden Gegenstand. Wie genau, das sollte ich später bei verschiedenen Anfragen wie: »Leihst du mir das?« erfahren. Die französischen Wörter dafür hatte sie sich schnell gemerkt. Ähnlich rasch organisierte sie auch ihren Tagesablauf um, um mehr Freizeit zu haben. Bald wurde Baby Salama, ihre jüngste Schwester, regelmäßig bei mir zum Schlafen abgelegt.

Schrie Hadja Kune über den Hof nach Lalla, ertönte deren tiefe, laute Stimme: »Ich helfe Désirée.« Dabei saß sie lediglich in meinem Haus und kämpfte mit meinem Nagellack, ließ sich von einer Freundin frisieren oder sah mir beim Lesen zu. Natürlich verstand ich damals nur meinen Namen, aber als Hamilla einmal zugegen war, bat ich ihn zu übersetzen. Lalla blickte mich verschwörerisch bittend an. Wie hätte ich sie verraten können?

Mein Haus wird geputzt. Lalla und Hamilla fegen. Hamilla ist eifrig bei der Sache, während Lalla den aufgehäuften Sand hinter der Schlafzimmertür versteckt. Salama schläft auf dem Boden. Lalla drängt Hamilla, mir den neuesten Klatsch zu übersetzen: »Vorgestern wurde der Bürgermeister überfallen. Er hatte am Vortag eine Million CFA für die Schule bekommen. Zwei Banditen haben ihn gefesselt und ihm ein Plastiksäckchen mit Münzen in den Mund geschoben. Eine Cousine von Kola hat ihn gefunden. Polizei und Militär suchen die Banditen. Die sind bestimmt schon in Mali. Jetzt werden die Lehrer weiterstreiken.« Lalla erzählt so schnell, daß Hamilla kaum mitkommt: »Raischa, die Schwester von Dandas Frau, hat ein Kind bekommen. Es ist ein Mädchen. In fünf Tagen feiern wir das Fest der Namensgebung.«

Gegen zehn Uhr bringt Offon einen glattpolierten schwarzen Stein, der wahrscheinlich zu einem neolithischen Beil gehörte. Neuntausend Jahre Geschichte. Er hat ihn vor Monaten in der Ténéré gefunden. Ich liege auf einem durchlöcherten französischen Feldbett vor dem Haus in der Sonne. Wenn die Hoftür aufgeht, greife ich eilig zur Bluse, um sie über den Badeanzug zu ziehen. Das *pagne* um die Hüfte rutscht schnell herunter. Nach dreimaligem blindem Alarm bitte ich Lalla, Schmiere zu stehen. Sie soll mich warnen, falls ältere Personen Kurs auf mein Haus nehmen. Das System bewährt sich.

Heute müssen meine Besucher schwitzen. Lalla verkriecht sich im letzten schmalen Schattenstreifen: »Du bist ein bißchen verrückt. Wir versuchen alle, so hellhäutig wie möglich zu bleiben.« Offon und Hamilla fragen mich über Deutschland aus. Sie werden nachdenklich, als ich unsere Arbeitszeiten, Preise und Steuern mit den hiesigen vergleiche. Der Glaube, daß alle Europäer reich sind, hält sich zäh.

Das neue Jahr beginnt mit dem Geräusch des Reisigbesens. Hamilla und Lalla kämpfen gegen Sand und Staub. Hamilla trägt eine große Muschel, die ich in Spanien gefunden habe, an einem Lederband um den Hals. Lalla ist stolz auf ihre Strumpfhose. Natürlich waren die

Fersen nach einem Tag durchlöchert. Hamilla liest mir jeden Wunsch von den Augen ab, während Lalla ihre eigenen Wünsche unerschütterlich mit Gesten und Blicken zum Ausdruck bringt. Ein Nicht-zur-Kenntnis-Nehmen oder ein »Nein« kann sie kaum abhalten. Fruchtet keine ihrer üblichen Taktiken, erscheint sie einfach mit einem kleinen Geschenk und drückt es mir in die Hand: »Geschenk für dich.« Nun ist das Gegengeschenk fällig. Auf diese Weise kam ich in den Besitz von drei viel zu kleinen Plastikarmreifen, einer halben Kolanuß und einem schlampig bestickten Stück Leder.

Lalla zieht ihren vierjährigen Bruder hinter sich her. Bubakar strahlt: »Ça va? – Wie geht es?« Dabei lacht er und springt in die Höhe. Tarzan wird imitiert, und ich bin die Liane. Die Abenteuer des Urwaldhelden rangieren, dicht gefolgt von indischen Tanzfilmen, ganz oben auf der Beliebtheitsskala. Wegen der Tuaregrebellion und dem deshalb über Agadez verhängten Ausnahmezustand wurde ein Videorecorder gekauft. Nach Sonnenuntergang bleiben Frauen und Kinder im Haus und sitzen vor dem Fernseher. Hadj Sidi braucht keine Angst zu haben, daß sie von den patrouillierenden Soldaten belästigt werden. Seit einigen Wochen ist die UN in der Stadt. Vor ihrer Ankunft wurden Tuareg einfach verhaftet, der Rebellion beschuldigt und manchmal erschossen. Alle haben Angst.

Aischa schaut herein und klagt über Husten. Natürlich bekommt sie ein Glas Wasser mit Honig und Limonensaft. Seit ich Elhadjis Tochter mit diesem Rezept kuriert habe, ist eine Hustenepidemie ausgebrochen.

Lalla und eine Freundin waschen und kämmen sich gegenseitig die Haare. Nebenan ertönen ungewohnte Geräusche. Bubakar schluchzt heftig. Elhadji lächelt und übersetzt: »Ich will eine Gabel. Im Haus der Madame wird damit gegessen.« Ich habe noch eine übrig und trage sie hinüber. Das Geheul verstummt schlagartig. Gegen elf läßt Hadja Kune durch Lalla ausrichten, daß sie fürchterlichen Husten hat.

• 11 •

»Findest du nicht, daß die Salama die besseren Gitarristen hat?« ließ mir Lalla fast täglich von Hamilla übersetzen. Im Winter 1994 gab es für sie nur ein Thema: den Wahlkampf. Aus allen Ecken der Stadt heulte eintönige, von lautstarken Parolen unterbrochene Musik, mit der die mündigen Bürger beeinflußt werden sollten. Lalla hatte sich schnell entschieden. Die Gitarristen der Salama hatten es ihr angetan. Junge Rebellen, die sich nur nachts heimlich am Militär vorbei in die Stadt schleichen konnten. Unermüdlich versuchte Lalla, ihre Mutter zum Kauf eines *pagnes* in den Parteifarben zu bewegen. Hadja Kune lehnte strikt ab. Sie wollte das Risiko, sich in der unsicheren Zeit offen zu einer Tuaregpartei zu bekennen, nicht eingehen. Lalla ging dem gesamten Haushalt mit ihrer vorbehaltlosen Schwärmerei auf die Nerven.

Im Norden konkurrierten vier Parteien im Kampf um die Macht. Die größte hieß CDS Ramana. Sie stellte die Regierung und wurde von den Haussa und Djerma, den größten Bevölkerungsgruppen im Niger, bevorzugt. Dann gab es die Partei der Araber. Die Tuareg wählten Armana oder Salama. Die Armana, die während der Rebellion zeitweise verboten war, fand Rückhalt bei den älteren Leuten; die Salama, die sich vor kurzem abgespalten hatte, wurde von den Jüngeren unterstützt. Der ehemalige Präsident und Mitbegründer der Armana führte jetzt die Salama.

Das Stadtbild hatte sich durch den Wahlkampf verändert. Die Lehmhäuser waren mit bunten Stoffen in der jeweiligen Parteifarbe geschmückt. Manchmal flatterten vier verschiedene Wimpel einträchtig nebeneinander im Wind. Viele Menschen hatten sich Kleidung in der Farbe ihrer Partei schneidern lassen – in Blautönen bedruckte Baumwolle mit Schriftzug für die Salama; Gelborange für die Armana. Lautsprecherwagen fuhren durch die Straßen und versuchten mit viel Musik, die Wähler zu beeinflussen. PKWs, Motorräder und Mopeds mit grölenden Jugendlichen folgten. Jeden Tag fanden Wahlveranstaltungen statt. Die Stadt feierte.

Lalla verbringt den Tag mit Schönheitspflege. Durch unermüdliche höfliche Anfragen, die Hamilla mir übermittelte, hat sie erreicht, daß Elhadji und ich sie am Abend zu einer Wahlkampfveranstaltung der Salama mitnehmen. Nach Stunden entscheidet sich Lalla für ein blaues *pagne* mit weißer Stickbordüre und eine weiße Bluse, die sie mir abgeluchst hat: »Schade, daß du keine blaue Bluse hast.« Ich leihe ihr noch eine lange Messingkette mit einem bunten Anhänger. Stolz baumelt er um ihren Hals: »Wie schön!«

Die Kundgebung der Salama findet in einem großen Innenhof statt, der von hohen Mauern umgeben ist und streng bewacht wird. Alle Männer werden an der Tür nach Waffen durchsucht. Auf Mauern und

Dächern stehen junge Tuareg in Bereitschaft, die Gesichter unter dem Turban versteckt. Vor vier Monaten wurde bei einer Kundgebung der Armana eine Bombe geworfen. Es gab Tote und Verletzte. Daraufhin griffen die Rebellen die Garnison von Agadez an, da der Täter unter den Soldaten vermutet wurde. Auf beiden Seiten gab es hohe Verluste. Das Attentat wurde nie aufgeklärt. Die Mauern der Garnison sind noch nicht wieder aufgebaut.

Madame la Présidente, eine Matrone in strahlendblauem, reichbesticktem Gewand, trifft mit ihrem Gefolge ein. Sie ist die Ehefrau des Parteichefs, der sich gerade auf Wahlkampfreise in Zinder befindet. Alle klatschen. Einige Frauen stoßen ihren durchdringenden Trillerlaut aus. In der Mitte des Platzes liegt ein grellbunter Plastikteppich, flankiert von schweren Lautsprecherboxen. Auf dem Teppich steht ein Mikrophonständer. Daneben wiederholt ein junger Mann die immer gleiche Melodie auf einer elektrischen Gitarre. Dazu halten Politiker kurze Reden. Die Lautsprecher verzerren Musik und Sprache. Es ist laut. Die Präsidentin nimmt auf einem roten Kordsessel Platz und hält hof. Kinder und junge Mädchen in Festtagskleidung lassen sich auf dem Boden nieder. Junge Männer lehnen unnahbar an den Hauswänden. Lalla weicht nicht von meiner Seite. Die Frauen ziehen mich in ihren Kreis. Es gefällt ihnen, daß ich ihre Tracht trage. Elhadji hatte das blaue Hüfttuch und die weiße Spitzenbluse heute vormittag stumm in mein Zimmer gelegt.

Die Gruppe *Ténéré* tritt auf. Drei junge, unverheiratete Grazien singen verbotene Rebellenlieder und tanzen dazu. Die Stimmung brodelt. Würdige Herren und ältere Damen, einschließlich Madame la Présidente, gehen nacheinander zu den Sängerinnen und drücken dem Mädchen ihrer Wahl einen Geldschein auf die Stirn. Sobald dieser zu Boden fällt, wird er von einem klapperdürren Tuareg, der den Conferencier macht, aufgehoben und unter dem Teppich versteckt. Ob diese Geldgaben als Parteispende zu verstehen sind? Die jungen Männer tauen langsam auf und betrachten verzückt die Darbietung. Später trauen auch sie sich, die Sängerinnen zu belohnen. Ihre Stimmen dürften der Salama sicher sein.

Einige Tage später begleiten mich Lalla und Hamilla zum Supermarkt. Zwei französische UN-Soldaten im Jeep bremsen abrupt. Sie sind erstaunt, eine Europäerin anzutreffen: »Wir haben Silvester mit kühlem Champagner gefeiert. Schade, daß Sie nicht da waren, Madame.« Über die Lage ist wenig zu erfahren. Politische Themen sind tabu.

Übermorgen soll die Wahl stattfinden. Agadez ist voller Menschen, die vom Land kommen und wählen wollen. Vor dem Hotel Telwa lockt eine Parteiveranstaltung der Salama. Frauen und Männer, in der Mehrzahl Tuareg, aber auch einige Haussa, sitzen festlich angezogen auf Stühlen und Teppichen in einem abgesteckten Quadrat um ein Mikrophon. Wieder spielt der unsägliche Gitarrist. Junge Männer, mit Stöcken bewaffnet, drängen vorwitzige Kinder zurück. Der Parteipräsident samt Beratern fährt vor. Hinter ihm erscheint die Präsidentin. Sie schreiten das Karree ab. Die Menge erhebt sich zum Gruß. Danach hält der Präsident, unterstützt von der Gitarre und drei Trommlern, eine Rede. Er spricht Haussa. Ich verstehe nur ein Wort: »Föderalismus«.

Offon ist mit seiner ganzen Familie da. Die Frauen in Festtracht sitzen aufrecht, fast regungslos und reagieren nicht auf die verstohlenen Blicke vorbeischlendernder Jünglinge. Kola und einige ihrer Freundinnen ziehen mich in ihre Mitte auf den Boden. Immer wieder kommt ein bekanntes Gesicht vorbei und grüßt leise. Die Männer sind hinter ihren großen Turbanen schwer zu erkennen.

Am nächsten Tag stehen vor dem Palast des Sultans einige ältere Tuareg in kleinen Gruppen. Der Innenhof ist groß, staubig und von hohen Mauern umgeben. Unter einem Bastdach werden die Wahlkarten sortiert. Manchmal fallen ein paar der Pappkärtchen zu Boden. Niemand macht sich die Mühe, sie aufzuheben. Die Wahl wurde um eine Woche verschoben.

Hadj Sidi hat die Wahlkarten der Familie abholen lassen und teilt sie aus. Darauf ist der jeweilige Wahlbezirk vermerkt. Die Familie wählt dreißig Kilometer außerhalb der Stadt. Ata ist den ganzen Tag mit dem Peugeot unterwegs. Wer wählt, muß seinen linken Daumenabdruck auf einem Papier hinterlassen. Auf die Frage: »Hast du gewählt?« schießt der schwarze Beweis in die Luft. In Sidis Familie wählen die Männer fast durchweg Armana, während die Frauen von der Musik der Salama überzeugt wurden. Offons Familie wählt geschlossen Salama.

Die Tuareg sind verärgert. Ihre Wahlbezirke befinden sich bis zu hundert Kilometer außerhalb von Agadez. In anderen Städten ist die Situation ähnlich. Will die Regierung auf diese Weise die Wahlbeteiligung gering halten? Armana und Salama richten mit allen verfügbaren Fahrzeugen einen Pendeldienst ein.

Hamilla ist traurig, daß er nicht wählen kann. Seine Wahlkarte ist verschwunden: »Das haben die in Niamey mit Absicht gemacht.« Vielleicht ist sie im Sand vor dem Palast gelandet und wird jetzt vom Wind durch die Wüste geweht.

Elhadi kocht Tee. Offon ist da. Kola kommt von der Wahl zurück. Ihre Familie hatte Glück. Wahlkreis Agadez. Kola bringt das vorgekochte Essen, Nudeln mit roter Soße, und ißt zum ersten Mal mit uns am Tisch. Sie will mir damit eine Freude machen. Offon nimmt es gelassen zur Kenntnis.

Tags darauf liegen noch keine endgültigen Wahlergebnisse vor, aber die regierende CDS Ramana liegt weit vorn. Aischa erscheint. Lalla schleppt rotes Leder an und will arbeiten. Kola hat ihr eine neue Frisur gemacht. Sie sieht erwachsener aus. Salama liegt wie immer schlafend auf dem Boden. Heute sind die Fliegen unerträglich. Zu Hunderten tanzen sie im Lichtstrahl, der durch die offene Tür in das Zimmer fällt.

• II •

Im Sommer 1996 vermißte ich Hadja Kunes eindringlichen Ruf über die Höfe nach ihrer Tochter: »Lalla – Lalla! ... Lalla!! ... Lalla!!!« Lalla war plötzlich immer da, wo sie sein sollte. Ihre *pagnes* waren länger geworden und verdeckten jetzt die Waden. An Stelle des T-Shirts trug sie eine weite, weibliche Bluse. Mittags saß sie Tag für Tag vor der Feuerstelle und widmete sich dem früher eher verhaßten Kochen. Ihr Umgang mit Salama war vorbildlich. Auf ihre Lederarbeiten verwandte sie mehr Geduld und Sorgfalt. Die Streifen, die sie für die Bastmatten flocht, waren an den Rändern nicht mehr ausgefranst. Ihre geschickten Bitten um kleine Luxusgegenstände waren verstummt. Die Koranverse leierte sie nicht mehr möglichst laut und schnell herunter, sondern betonte sie richtig.

Lalla hat sich verändert. Sie entwickelt sich zur perfekten Hausfrau. Unter einem weißen Schal versteckt, übt sie weibliche Zurückhaltung, Anmut und Würde. Eine junge Dame. Nur das ansteckende, kraftvolle Lachen und der dünne, mädchenhafte Körper sind auf den ersten Blick gleich geblieben. Bald kommen auch die gewohnte Neugier und der ungebrochene Mut wieder zum Vorschein. Lalla wartet nicht wie viele ihrer Freundinnen, sondern ergreift die Initiative: »Zeigst du mir, wie man Hamillas Roller fährt?« Noch keine Frau aus der Familie ist je selbst dieses Fahrzeug gefahren. Nur in extremen Ausnahmefällen wird der Rücksitz als Transportmittel akzeptiert.

Wer sich mit Lalla anlegt, muß mit ihrer Schlagfertigkeit rechnen. »Ich weiß nicht, ob du zu Offons Hochzeit kommen kannst«, ärgert Hamilla seine jüngere Schwester. Lalla lacht laut auf: »Lerne du erst mal tanzen. Sonst bekommst du nie eine Frau.«

Hadja Kune und Lalla fädeln Ketten auf. Die Methode ist eher ungewöhnlich. Das Ende des Fadens wird mit Bienenwachs in eine Art Nadel verwandelt. Es bedarf einiger Übung, daß er unter dem Gewicht der Perlen nicht abknickt. Andauernd schwingt die Tür zum großen Hof. Frauen und Männer kommen zu Besuch, bleiben auf ein paar Worte und verschwinden wieder. Manche lassen sich nieder und spielen mit den Kindern. Hadj Sidi bringt ein altes *tadenit*, die Kette der verheirateten Frauen aus Agadez. Der rautenförmige Silberanhänger hängt an einer langen Glas-und-Silberperlen-Kette. Das Telefon klingelt. Lalla und Hamilla rennen sofort los. Alle Gespräche verstummen. Hamilla ruft mich. Lalla überreicht mir mit wichtiger Miene den Hörer. Sie hat den Wettlauf gegen ihren Bruder gewonnen. Die volle Besetzung des Innenhofes folgt in den engen, dunklen Raum, Hadj Sidis Gebetszimmer. Es ist laut. Lalla lehnt neben mir an der Wand: »Ruhe, das Telefon spricht.«

· II ·

Im Januar 1997 läßt mir Lalla durch Hamilla mitteilen, daß sie gern dicker werden möchte: »Kannst du mir dabei helfen? Meine Freundinnen ärgern mich damit, daß ich so dünn bin.« Als ich ihr zum wiederholten Mal erzähle, daß in Europa Tausende von Frauen hungern und sich mit Fitneßapparaturen quälen, um Lallas Figur zu erreichen, lachen mich die zwei aus, wie jedesmal. Trotz schlagender Beweise in Gestalt einer alten, abgegriffenen Vogue mit klapperdürren Models stieß diese Behauptung wie immer auf Unverständnis. Lalla unternahm einen neuen Versuch: »Wenn der Ramadan zu Ende ist, werde ich versuchen, viel Gemüse zu essen.« Ich unterstützte ihr Vorhaben. Die Annahme, daß Gemüse dick macht, hält sich hartnäckig in der Familie. Ich bestärke die Frauen in ihrer festen Meinung. Gemüse ist im Vergleich zu Hirse sehr teuer. Da es nicht um den Geschmack, sondern um intensive Kalorienaufnahme geht, muß Gemüse schon wegen seines Preises sehr nahrhaft sein. Eine schwer widerlegbare Logik.

Lalla betritt mit Salama an der Hand mein Haus. Seit einigen Monaten hat sie, wenn sie sich in der Öffentlichkeit zeigt, Kopf und

Körper züchtig mit einem bunten Tuch bedeckt. Lalla ist den Weg zu Fuß gegangen und hat sicher Durst. Doch die Vorschriften des Ramadan verbieten das Trinken vor Sonnenuntergang. Lalla hält sich streng daran. Ich schließe mich für den Nachmittag ihrer Enthaltsamkeit an. Nur Salama trinkt die begehrte Fanta. Hamilla, von Addu herbeigerufen, findet sich zum Übersetzen ein. Lalla kommt selten ohne Grund. »Ich habe gehört, daß Kola bei einer Freundin von dir Französisch lernt«, eröffnet sie ohne Umschweife das Gespräch. Ich bestätige es. Lalla lächelt mich an: »Kann ich dann nicht auch Französisch lernen?« Jetzt lacht Hamilla laut. Lalla wirft ihm einen warnenden Blick zu. Ich verspreche ihr, die Freundin, eine Französin, darum zu bitten.

Lalla hatte Pech. Alle ihre jüngeren Schwestern und Tanten lernen heute diese Fremdsprache, die auch offizielle Staatssprache ist. Lalla wurde einfach zu früh geboren. Die staatliche Schule nimmt Mädchen ihres Alters nicht mehr auf. Der Zug ist abgefahren, da es außerhalb der Schule kaum Möglichkeiten für Sprachunterricht gibt. Lalla freut sich und lacht: »Français, ç'est bon.«

Natürlich ist es Lallas größter Wunsch für die Zukunft, einen guten Ehemann zu finden und Kinder zu bekommen. Allerdings hat das noch ein paar Jahre Zeit. In Elhadjis Familie heiraten die Frauen in der Regel nicht vor dem 18. Lebensjahr. Nur in Fällen extremer Verliebtheit wird – aus Vorsicht oder aus Nachsicht mit Nachwuchs – einer früheren Verbindung zugestimmt. Heute können sich die jungen Leute ihre Ehepartner meist selbst aussuchen. Allerdings werden sie fast immer um das Einverständnis der Familie werben und kämpfen. Hochzeiten sind für beide Seiten teuer und nur durch gemeinsame Anstrengungen zu finanzieren. Nicht selten kommt es vor, daß ein junger Mann von der Auserwählten Abstand nimmt, weil sich ein älterer Familienangehöriger um sie bemüht – *tekerakit*. Nun kann die Frau den älteren zwar abweisen, aber dann bleibt ihr nur die Ehe mit einem Dritten.

Lalla lernt jetzt auf Hochzeiten und Taufen in festgelegtem Rahmen allmählich den Umgang mit jungen Männern. Etwa gleichaltrige Mädchen, meist Schwestern, Cousinen und Freundinnen, treten in Gruppen auf, flirten, singen und tanzen nach uralten Regeln. Mütter und Tanten sowie Väter und Onkel halten sich von diesen Treffen fern. Das Vertrauen ist groß: »Wo ein Wille ist, ist auch ein Weg. Da läßt sich nichts verhindern.«

Mohamed

> Ein Schmied sagte zu einem Besucher mit Blick auf ein paar Quadratmillimeter eines Vorhängeschlosses, das er verziert hatte: »Für dich ist das klein wie mein Daumennagel, für mich ist es riesengroß. Schau, da ist die Ameise, die Hyäne, der Schakal, der Pferdehuf, der Mond, die Sterne und die Sonne, der gute Blick, die Frau ..., die Augenbrauen des Teufels, das Lachen – das ganze Leben.«
>
> *Autor unbekannt*

Mohamed, der Patriarch der Familie, ist ungefähr fünfundachtzig und listig wie ein Fuchs. Immer findet er einen Weg, die Aufmerksamkeit auf sich zu lenken. Meist ist er in Begleitung seiner jüngsten Tochter. Die vierjährige Rualfa ist sehr verzogen. Mohameds erste Frau hatte neun Kinder und starb kurz nach Elhadjis Geburt. »So wie sie kann keine jemals mehr sein«, sagt Mohamed noch heute. Ihre Nachfolgerin brachte ihm einen Sohn zur Welt und starb im Kindbett. Heute hält Hadija das Zepter liebevoll in der Hand. Sie ist Ende Zwanzig und der Prototyp einer italienischen Mamma. Mohamed beschwert sich des öfteren bei mir, daß seit ein paar Jahren nichts mehr geht: »Hast du nicht eine Medizin?« – »Nein, und zwölf Kinder sollten genügen.« – »Schade.« Dabei lacht er verschmitzt, und Hadija, die diese Frage mittlerweile versteht, gibt vor zu erröten.

Eines Morgens herrscht große Aufregung. Mohamed ist krank. Er hat schweren Durchfall und Fieber. Der Alte stöhnt theatralisch. Hadj Umar, der herbeigerufene Arzt, legt an Ort und Stelle einen Tropf mit Kochsalzlösung. Auch Pfefferminztee und Butterkekse helfen. Hadija sitzt im Kreis zahlreicher Familienmitglieder am Bett ihres Mannes. Die vierjährige Rualfa klammert sich an den Vater und unterstützt ihn ausgiebig beim Verspeisen der Kekse. Plötzlich verlangt er nach Rinderbrühe. Sein Wunsch ist mir Befehl. Ich habe das Wundermittel am Tag zuvor für ein krankes Kind zubereitet. Zahlreiche Besucher treffen ein und begrüßen den Kranken. Mohamed sonnt sich in Aufmerksamkeit. Ein waches Lächeln spielt um seine Lippen: »Ich bin furchtbar krank.«

Mohamed hatte viele Jahre lang in der Hauptstadt Niamey gearbeitet, um seine ständig wachsende Familie zu ernähren. Im Nationalmuseum steht hinter schwerem Panzerglas eine silberne Teekanne mit drei Tassen und Untertassen auf dunkelblauem verstaubtem Samt, ein Beispiel für die Kunstfertigkeit der Tuaregschmiede aus Agadez. Die Tuareg kochen ihren Tee in emaillierten Eisenkannen über dem offenen Feuer und trinken ihn aus kleinen Gläsern. Eine Silberkanne ist für sie nutzlos, da das Metall der Hitze nicht standhalten würde. Die Ware ist ausschließlich für den europäischen Markt bestimmt.

Mohamed ist nach wie vor sehr stolz auf diese Arbeit: »Es ist sehr schwer, so eine Kanne herzustellen. Ich bekam dafür meinen Meisterbrief.« Er hängt verstaubt und abgegriffen im Verkaufsraum hinter der Schmiede. Ein Stück handbeschriebenes Papier in einem braunen Holzrahmen ohne Glas. Mohamed zeigt ihn jedem Touristen: »Hier arbeitet der echte Mohamed.« Sein Name wird oft benutzt und von Händlern zu Verkaufszwecken mißbraucht.

Im September 1996 klingelte es in München an meiner Tür. Als ich öffnete, standen zwei mir unbekannte Tuareg davor: »Wir sind von Mohameds Familie und wollen dir Schmuck zeigen.« Ich ließ sie eintreten. Die Begrüßungszeremonie begann. Der jüngere sah sich im Zimmer um und wurde beim Anblick der Schmuck- und Lederteile aus Agadez immer niedergeschlagener. Nach angemessener Zeit fragte ich nach: »Warum hat mir Elhadji euren Besuch nicht angekündigt? Wie seid ihr überhaupt mit Mohamed verwandt?« Wie sich herausstellte, waren sie gar nicht mit ihm verwandt und kannten nicht einmal die Schlüsselfiguren in der Familienhierarchie. Wie konnten die zwei ahnen, daß sie hier mitten in Deutschland auf eine »Schwester« treffen würden? Meine Adresse hatten sie auf Umwegen von einer entfernten Bekannten erhalten. Der Nachmittag verging trotz allem sehr stilecht. Ich kochte auf dem Balkon über offenem Feuer Tee, den wir aus Schnapsgläsern tranken. Dabei machten Neuigkeiten aus dem Niger die Runde.

⊏ ···· ⊏ ⁃

Nur Mohameds Generation, die Sechzig- bis Achtzigjährigen, kennt heute noch die Bedeutung der vielen Gravuren. Die jungen Schmiede haben sich von der Mythologie ihres Volkes entfernt und verwenden deren Symbole als reines Formenspiel: »Das Auge des Chamäleons« –

tirt n taout – ist ein winziger, geschlossener Kreis. »Der Kamm« – *tsebout* – besteht aus einer langen, aus kleinen Schrägstrichen zusammengesetzten Linie, »das Gazellenkitz« – *alamou* – aus einem gleichschenkligen Dreieck mit drei Punkten. »Die Spur des Schakals« – *addraz n'aggour* – wird durch einen großen, mit vielen Querstrichen ausgefransten Kreis dargestellt, »das Perlhuhn« – *teyal* – durch ein engmaschiges, quadratisches Raster. »Er läuft« – *yosal* – wird durch winzige Schlangen in S-Form ausgedrückt. Welche Welt würde sich auftun, wenn man das Perlhuhn neben die Spur des Schakals einhämmerte? Mohamed lächelt: »Das könnte ich so nie machen. Alle Symbole haben ihren festen Platz. Nur wer das weiß, kann sie ein bißchen bewegen.«

Der alte Mohamed ist nach wie vor einer der besten Hersteller von Kamelsätteln. Auch das Wissen um diese schwierige Kunst geht verloren. Keiner seiner Söhne beherrscht sie mehr. Mit dem Ansturm der Touristen haben sich alle auf die Herstellung von Silberschmuck gestürzt. Seinen bislang letzten Sattel fertigte Mohamed für mich.

August 1996. Mohamed hat Leder für meinen Sattel gekauft. Dafür mußte Ata ihn zum Markt fahren: »Meine Söhne können das nicht.« Elhadji lächelt. Der Alte zwinkert ihm zu: »Jetzt fehlen nur noch die unterschiedlichen Hölzer. Es kann dauern, bis ich gute finde.« Ich trinke das zweite Glas Tee: »Ich habe Zeit. Vielleicht ist er fertig, wenn ich in einigen Monaten wiederkomme.« Mohamed nimmt sein zweites Glas Tee von Elhadji entgegen: »Vielleicht, *inschallah*.«

Januar 1997. Mein Sattel ist fertig. Solide, schwer und völlig gleichmäßig auf seinen Mittelpunkt, die Sitzfläche, ausgerichtet, steht er im Raum. Den Grundton bildet glänzendes, weinrotes Leder. Die Rückseite der hohen Rücklehne ist mit Kupfer-, Messing- und Silberornamenten sowie mit feinen Stickereien in Schwarz, Rot und Dunkelgrün auf türkisfarbenem Leder verziert. Ebenso geschmückt ist die Vorderseite des Knaufs, eines hohen Pflocks, der sich am Ende in drei gleichmäßige Zacken fächert, die in feinen Messinghülsen stecken. Alle Innenflächen sind mit wenigen klaren schwarzen Linien und Punkten bemalt.

Als Offons Vater, Awinougou, mein Haus betritt, bleibt sein Blick sofort an dem Sattel hängen. Er handelt die Begrüßungsformeln schneller als gewohnt ab. Tee wird gekocht. Awinougou läßt den Sattel nicht aus den Augen. Er hat sich seinen Platz auf dem Boden eigens so ausgewählt. Offon reicht ihm das dritte Glas Tee. Endlich spreche ich die erlösenden Worte: »Würdest du bitte nachsehen, ob mein Sattel gut ist.

Ich kann das nicht.« Awinougou steht auf und hebt den Sattel auf. Er mißt ihn mit Hilfe von Arm- und Ellenlängen aus, stellt ihn wieder ab und testet Ausgewogenheit und Festigkeit: »Er ist sehr gut. Mohamed ist ein Fuchs.«

Am nächsten Tag will Ekili, Awinougous Bruder, meinen Sattel sehen. Offon begleitet ihn in mein Haus. Wieder wird das gute Stück genau vermessen. Offon zwinkert mir zu: »Mein Vater hat gestern allen erzählt, daß das der beste Sattel ist, den er jemals gesehen hat.« Ekili läßt übersetzen: »Was hat er gekostet?« Ich blicke zu Boden: »Meine Geldgeschäfte regelt Elhadji.« Der Schwarze Peter ist weitergereicht.

Ein paar Wochen später bringt mir Awinougou gegen Abend einen jungen, schnellen Kamelhengst, damit ich meinen neuen Sattel ausprobieren kann. Okalan, mein eigenes Tier, nimmt ihn noch nicht, da seine Ausbildung erst angefangen hat. Awinougou überwacht das Aufzäumen des Tieres höchstpersönlich. Der Sattelgurt wird sehr langsam und sorgfältig auf die richtige Länge gebracht. Endlich ist er zufrieden: »Der Sattel ist zu gut für ein schlechtes Kamel.« Ich steige auf: »Hoffentlich bin ich nicht zu schlecht für ein gutes Kamel.« Awinougou lacht.

ᑕ····ᑕ-

Frühmorgens sitzt Mohamed im schwachen Sonnenlicht immer auf einem mit bunten Plastikschnüren bespannten Stuhl vor der Schmiede. Laufend grüßen Passanten. Mancher bleibt auf ein paar Worte stehen. Meist erscheint auch seine ältere Schwester, Umma, die ihm heimlich Kautabak zusteckt. Hadija sieht diese Unart gar nicht gern, ist aber machtlos gegen Mohameds Charme, wenn sie ihn erwischt. Dann legt er den Kopf schief und lächelt sie an: »Nur ein klein wenig?« Es bleibt ihr nichts anderes übrig als zuzustimmen.

Gegen neun Uhr zieht sich der Alte, auf einen Stock gestützt, ins Innere der Schmiede zurück und läßt sich auf einer der ausgefransten Bastmatten nieder. Besucher kommen und gehen. »*Salem aleikum –* Friede sei mit euch« – »*Aleikum salaam –* und mit euch Friede« und Begrüßungsformeln auf Haussa und Tamaschek klingen im Wechsel durch den Raum und unterbrechen das Hämmern der Schmiede. Unter seinem dunkelblauen Turban trägt Mohamed seit kurzem eine schwarze Sonnenbrille, die er mir täglich zum Putzen anvertraut: »Meine Augen sind schon wieder so schlecht.« Ich verschwinde dann zum Wasserhahn im Hof und bringe sie nach einigen Minuten zurück. Der Alte setzt sie sofort auf und lacht: »Jetzt sehe ich die Welt wieder.«

Die Schmiede dient als tägliche Nachrichtenbörse. Sie funktioniert zuverlässiger und schneller als die staatlichen Nachrichtensendungen, die meist zensiert sind. Nach einigen Stunden dort weiß man, was im Land, in der Stadt und in den Höfen passiert und was die Menschen bewegt. Große Politik und kleine Sorgen.

Am späten Vormittag liegt Mohamed meist auf einem großen Bett unter dem Schattendach in seinem kleinen Innenhof. Hadija kocht Tee oder bereitet das Mittagessen vor. Der Hof wird von einem großen, lichten Baum beherrscht. Der *nim* ist Mohameds besonderer Freund: »Das ist ein Zauberbaum«, erklärt er mir. Seit 1990 sind diese Bäume im Süden des Niger, wo jedes Dorf seinen zentralen *nim* hat, von einer geheimnisvollen Krankheit befallen, an der sie langsam zugrunde gehen. Bis heute wurde keine Erklärung und kein Gegenmittel gefunden.

Hadija kauft von einer jungen Verkäuferin, die mit ihren großen Emailletabletts geduldig im Hof steht, Kohl mit scharfer Erdnußsoße. Mohamed ruht, auf einen Ellbogen gestützt, auf dem Bett: »Du wolltest doch wissen, warum der *nim* ein Zauberbaum ist.« Ich setze mich auf einen kleinen Hocker zu seinen Füßen. Hadj Umar, der Arzt vom privaten Krankenhaus, trifft wie gerufen ein. Er ergänzt Mohameds holpriges Französisch: »Der *nim* besitzt heilende Kräfte. Ein Sud aus seiner Rinde hilft gegen Unwohlsein, Fieber und die Bißwunden von Schlangen und Skorpionen. Mit dem vergorenen Saft aus der Rinde oder den Wurzeln lassen sich chronische Hautkrankheiten und Lepra heilen. Frischer Saft, der aus den jungen, grünen Blättern gepreßt wird, wirkt gegen Geschwüre, Bakterien und Viren.« Mohamed lächelt mich an: »Es gibt noch andere Geheimnisse, aber die kann ich dir nicht so einfach verraten. Vielleicht später einmal.« Der Alte rollt sich zusammen und schläft.

Hadj Umar bestätigt Mohameds Aussagen und verwickelt mich in ein Gespräch über den Medikamentenmißbrauch hierzulande: »Du weißt ja, wie die Tuareg sind. Sie schlucken einfach alle Pillen, die sie in die Finger bekommen. Wenn sie krank sind, wollen sie weder Vorschriften und Ratschläge noch Operationen, sondern Pillen.«

Ich kenne das Problem nur zu gut. Jeder Weiße wird automatisch als Mediziner eingestuft und bei den verschiedensten Krankheiten um Hilfe gebeten, die bei äußeren Verletzungen, Kopfschmerzen oder Grippe oft auch Erfolg hat. Bei Tropen-, Augen- und inneren Krankheiten ist man meist machtlos. Dies wird von den Betroffenen nicht selten als mangelnde Fürsorge ausgelegt: »Gib mir nur irgendwelche Pillen.« Vielfach werden Antibiotika wie Vitamintabletten geschluckt. In den Tälern des Aïr haben sich Aspirin und Antibiotika zu einer stabilen Währung entwickelt. Jahrelang wurde die Region von ausländischen Spenden und großzügigen Gaben unwissender Touristen überschwemmt. Heute können sich die dort eingesetzten, einheimischen Krankenpfleger, die Medikamente sinnvoll verteilen sollen, selten ihrem *tekerakit* entziehen. Bittet ein älterer Mensch, ein Verwandter oder Freund um etwas, so wird gegeben. Ausgebildete Ärzte gibt es, sieht man von den seltenen Überlandfahrten der »Ärzte ohne Grenzen« ab, nur in Arlit und Agadez. Daß Medizin Geld kostet, will kaum ein Tuareg begreifen. Die traditionelle Medizin, die teilweise sehr wirksam, aber für den Patienten manchmal mühsam ist, gerät angesichts der bunten Verpackungen aus dem Ausland ins Hintertreffen.

Zwei Tage später besucht mich ein russischer Chirurg, der erst vor einer Woche nach Agadez gekommen ist. Er arbeitet im öffentlichen Krankenhaus und ist angesichts der Situation verzweifelt: »Eigentlich fehlt alles. Wenn ich nur die Mittel hätte, könnte ich helfen. Rußland ist kein Paradies, aber hier ist die Hölle.« Ich gebe ihm meine wenigen, zu Hause gesammelten Antibiotika. Eine französische Freundin stößt zu uns. Sie braucht ein Medikament gegen Wasser in den Beinen: »Ich will einem Araber helfen.« Hamilla begleitet sie zur Privatklinik. Die Französin bekommt das Medikament. Es kostet 2.500 CFA, soviel wie ein halber Sack Hirse. Für Geld bekommt man fast alles. Meist landen die Medikamentenspenden an den nigrischen Staat in privaten Krankenhäusern oder werden von Krankenpflegern und Ärzten für den privaten Verkauf gehortet. Nur ein Bruchteil erreicht öffentliche Einrichtungen.

1996 wurden im Niger Medikamente im Wert von 1,2 Millionen Mark verbrannt, weil die Verfallsdaten überschritten waren. Auf den Märkten werden Kleiderspenden des Roten Kreuzes billig verschleudert. Die einheimische Bekleidungsindustrie geht langsam zugrunde. Es fällt schwer, den korrupten Beamten und kleinen Angestellten einen

Vorwurf zu machen, da auch sie nur unregelmäßig oder gar nicht bezahlt werden. Und wenn, dann verdienen sie viel zuwenig, als daß ihre Familien auch nur halbwegs menschenwürdig überleben könnten.»Die da oben« werden kaum kritisiert, weil jeder davon träumt, irgendwann einmal ein Stück vom Kuchen der Reichen zu ergattern.

ᄃ·····ᄃ-

Eines Tages ergreift Mohamed meine Hand und zieht mich in seinen Hof: »Ich muß dir etwas sagen.« Ich folge ihm: »Was denn?« Der Alte setzt sich auf das Bett: »Die Araber sind da.« Ich lächle ihn an: »Das ist nicht neu.« Mohamed legt den Kopf schief: »Nicht so, wie du denkst.«
»Die Araber sind da.« – Das weiß ich längst. Manche Familien leben seit Jahrzehnten in der Stadt. In letzter Zeit wurde jedoch wiederholt von Landaufkäufen im großen Stil gemunkelt. Die Grundstückspreise steigen seit Monaten kontinuierlich schnell: »Daran sind die Saudis schuld!« Der reichste Tuareg im Ort ist Gerüchten zufolge einer ihrer Mittelsmänner.

Die Araber repräsentieren nach dem Militär das zweitgrößte Feindbild der Tuareg. Während der Rebellion wurden sie vom Staat mit Waffen ausgerüstet, um in dessen Auftrag gegen die Rebellen zu kämpfen. Plötzlich sprachen seit Jahren vertraute Nachbarn nicht mehr mit Mohamed. Nur ein alter arabischer Freund sitzt nach wie vor jeden Morgen mit ihm vor der Schmiede. »Der ist verrückt!« verbreiten seine Angehörigen in der Stadt.

Algerische Tierhändler haben den Handel mit Lebendfleisch, das im Niger erheblich billiger und mit einem Exportverbot belegt ist, fest in der Hand. Sie wollen sich keinesfalls von findigen Rebellenschmugglern in die Suppe spucken lassen. Käme ein Nigrer auf die glorreiche Idee, Schafe, Ziegen und Kamele auf regulärem Weg nach Algerien zu exportieren, wäre das sein Ruin. Zoll und Polizei beider Länder ließen die Tiere verdursten. Sie haben längst lukrative Absprachen mit algerischen Ex- und Importeuren.

Mohamed hat recht: »Die Saudis sind da.« Im Januar 1997 steht ein offener Landrover vor dem Krankenhaus. Über seine Ladefläche ist eine Eisenstange geschweißt, auf der fünf angekettete Falken mit engen, beigefarbenen Hauben sitzen. Hinter ihnen lehnen zwei Falkner lässig an der Fahrerkabine. Fremde Gesichter mit scharfen Nasen. Ein strahlendweiß gekleideter Saudi unter der obligatorischen rotweißen Kopfbedeckung mit schwarzer Kordel sitzt am Steuer, neben ihm ein Tuareg. Jagdsaison. Den letzten Trappen in den sandigen Ebenen des Aïr-Gebirges soll der Garaus gemacht werden. Auf der arabischen Halbinsel sind sie schon lange verschwunden.

Am Flughafen steht eine hochmoderne, bis oben hin mit Tiefkühlfächern ausgestattete Transportmaschine. Daneben der Privatjet eines saudischen Prinzen. Alles wird von nigrischem Militär brav bewacht. Der Prinz und seine Jagdgefährten sind am Fuße des Aïr in einem eindrucksvollen Zeltlager untergebracht. Federkernmatratzen und eiskalte Getränke. Aggregate brummen. Eine große Satellitenschüssel glänzt in der Sonne. Wieder steht das Militär stramm. Nur wenige Einheimische arbeiten im Lager: ein Arzt, mehrere Fahrer und Führer, die den Weg durch die Wüste kennen. Sie werden sehr gut bezahlt und oft mit einem der begehrten Pilgerflüge nach Mekka für die ganze Familie bedacht. So beschwert sich niemand, daß in einem vom World Wildlife Fund geschützten Gebiet massenhaft Tiere sterben. Die herrschende Klasse verdient und schweigt. Angeblich jagt der Prinz alle drei bis vier Monate in der Region Agadez. Informationen werden hinter vorgehaltener Hand weitergegeben. Man fürchtet den langen Arm des Geldes.

[....[-

Betritt eine Frau mit ihrem Sprößling Mohameds Hof, wandert dieser sofort in die Arme des Alten. Die Mutter verschwindet meist zu den Frauen. Es ist erstaunlich, wie sehr sich die Männer um Babys und Kleinkinder kümmern. Sie können nicht an ihnen vorbeigehen, ohne sie nicht wenigstens kurz zu berühren. Je älter die Männer, desto mehr Zeit haben sie. Das Baby wird in die Luft geworfen, geschüttelt und geküßt. Ergibt es sich, daß eine kleine Pfütze oder etwas Größeres auf Mohameds dunkelgrünem *bubu* landet, wird erst einmal gelacht. Alle anderen sind froh, daß sie verschont geblieben sind. Mit Wasser und Sand ist das Malheur schnell behoben. Kein Kind trägt hier Windeln.

Mohamed wird ständig von seiner jüngsten Tochter Rualfa begleitet. Die Kleine hat die Schläue und den Charme ihres Vaters geerbt. Wie Verbündete sitzen sie oft in der Schmiede. Rualfa bekommt immer, was sie will. Dabei kümmert sie sich liebevoll um den Vater, stützt ihn mit ihrem kleinen Körper oder teilt Zärtlichkeiten aus. Das Helfen im Haushalt muß Fatima, ihre drei Jahre ältere Schwester, übernehmen. Als Mohamed dieser im Januar 1997 erlaubt hatte, zu einer Tante nach Niamey zu fahren, brach der Haushalt bald zusammen. Hadija schimpfte: »Rualfa ist ein Nichtsnutz.« Und Mohamed jammerte: »Fatima fehlt mir so.« Er klagte so sehr, daß Ata, Elhadji und ich schließlich nach Niamey aufbrachen, um sie zu holen.

Seit Stunden redet Fatima kein Wort mit uns. Stumm erträgt sie die lange Fahrt. Seit wir Niamey verlassen haben, packt sie stündlich ihre kleine Reisetasche aus und ein, um sich ihrer neuen Schätze zu vergewissern: eine Barbie-Puppe, ein Puppenbett, ein grüner Kamm und eine rote Bluse. Wenigstens weint sie nicht mehr.

In Tabelak wird Käse gekauft. Die Peul stellen die trockenen, dünnen Scheiben aus Kuhmilch her. Fatima hält mich fest an der Hand. Ich ziehe sie zu einem Händler, der Fanta und Datteln verkauft. Schnell ist die Flasche offen. Jetzt lächelt Fatima zum ersten Mal. Elhadji setzt sich neben uns: »Freust du dich nicht auf Hadija?« Fatima setzt die Flasche ab: »Schon, aber ich habe in Niamey viele neue Freundinnen.«

Mohamed erwartet seine Tochter vor der Schmiede. Fatima umarmt ihn kurz und läuft zu Hadija in den Innenhof. Rualfa rennt hinterher. Fatima liegt in Hadijas Armen und läßt sie nicht mehr los. Mohamed setzt sich dazu. Fatima lächelt und schweigt. Dann zeigt sie ihre Schätze. Rualfa lehnt jetzt am Vater. Sie fragt erstaunlicherweise nicht nach der Puppe. Fatima reicht sie der Schwester: »Ich leihe sie dir heute nachmittag.« Rualfa ist glücklich. Mohamed strahlt: »Gut, daß jetzt alle wieder da sind.«

Malouchounu

> Zerbrechlich, ihr Männer, wie Glas ist das Leben.
> Was auch geschieht, schnell geht es vorbei.
> Und in der Wüste dienen die Leichen der Sonne
> und den wilden Tieren zum Fraß.
> *Sidi ag Chebbab, Kel Inemba (um 1902)*

Bei meinen ersten Aufenthalten in Agadez war mir nicht klar, wie wichtig Malouchounu, der Ehemann von Elhadjis ältester Schwester Hadja Cari, für die Familie ist und welche hohe Position er innehat. Er erschien mir als freundlicher, bescheidener älterer Mann, der keine Ungeduld kannte. Das einzige, was mich von Anfang an verwunderte, war seine extreme Genauigkeit. Um meinen Namen zu lernen, schrieb er ihn sich auf arabisch in die Hand. Malouchounu erfüllte mir viele Wünsche – einen Besuch beim Sultan, den Zugang in die Moschee.

Der älteste Sohn des Sultans empfängt uns vor dem Eingang zum Palast. Alle ziehen die Schuhe aus. Malouchounu, Elhadji und ich stapfen durch den Sand in einen dunklen, drei Meter breiten Tunnel. Zwei wackelige Stühle, bespannt mit bunten, zum Teil abgerissenen Plastikschnüren, stehen an der Wand des Tunnels. Ich setze mich, Malouchounu und Elhadji hocken sich auf den Boden, und der Sohn des Sultans lehnt sich an eine niedrige Mauer. Uns gegenüber liegt eine zerschlissene, mit verblichenen Baumwolltüchern ausgelegte Bastmatte im Sand. Daneben steht ein Hocker mit einem verstaubten Telefon, Modell Standard grau mit elfenbeinfarbener Wählscheibe. Elhadji flüstert: »Wir müssen uns erheben, sobald der Sultan eintritt.«

Im 15. Jahrhundert baten die ewig zerstrittenen Tuareg den Sultan von Konstantinopel um einen Vermittler. Glaubt man der Legende, so schickte dieser eines seiner Kinder, den Sohn einer schwarzen Sklavin. Seither ist der Sultan von Agadez schwarz, also von anderer Herkunft als die hellhäutigen Tuareg und somit bei Streitigkeiten über jegliche Verdacht der Parteilichkeit erhaben. Zur Zeit herrscht Sultan Ibrahima Oumarou. Er ist das Oberhaupt der Kel Aïr und der Kel Geres, Sultan des Aïr und von Agadez.

Wir stehen auf. Der Sultan, fast schäbig in einfaches Blaugrau gekleidet, tritt ein und wechselt mit Malouchounu melodische Worte. Wer wem mehr Respekt zollt, ist schwer zu erkennen. Der Sultan läßt sich auf der Bastmatte nieder und gibt uns das Zeichen zum Hinsetzen. Ein kleiner Vogel fliegt mit einer weichen, weißen Feder im Schnabel vorbei. Stille. Elhadji betrachtet seine Füße. Niemand spricht. Ich eröffne das Gespräch, überbringe die Grüße eines Cousins und leite langsam zu meinem Buchprojekt über. Der Sultan schweigt die meiste Zeit. Lange Pausen entstehen. Auf den Boden gerichtete Blicke. Am Ende verspricht er, mein Vorhaben zu unterstützen. Er gibt sich unkonzentriert, geistesabwesend und der französischen Sprache kaum mächtig. Nur seine Augen verraten ihn für Sekundenbruchteile: Aufmerksamkeit und Scharfsinn, vielleicht auch Humor.

[|| ···· E ·

Unsere Schuhe stehen vor der Moschee. Elhadji, Malouchounu und ich steigen in den aus Lehm gebauten Turm hinauf, der sich nach oben hin verjüngt. Hölzerne Stützbalken ragen aus der Außenmauer. Nach Regenfällen klettern Arbeiter daran hoch, bessern die Wände aus. Im 12. Jahrhundert wurde mit dem Bau der Moschee begonnen. Ihre jetzige Gestalt nahm sie im 15. Jahrhundert an. Malouchounu flüstert: »Das alles besteht aus einem Klumpen Lehm und einer Handvoll Wasser.« Ein heiliger Ort. Eine unregelmäßige Treppe, die immer schmaler wird, je höher man klettert, führt nach oben. Die letzten Stufen muß man in gebückter Haltung nehmen. Achtzig Zentimeter Deckenhöhe. Malouchounu, weit über sechzig, bewegt sich elegant. Es ist eng. Eine niedrige Tür führt ins Freie.

Der Wiener Saharaforscher, Dr. Josef Chavanne, schrieb 1879: »... Der ganze Bau erhebt sich bis zu 32 Meter Höhe, sein Inneres wird durch sieben Öffnungen an jeder Seite erhellt. Wie die meisten Häuser in Agadez, ist der Turm ganz aus Lehm erbaut, und um einem so hohen Bau aus solchem Material hinreichende Stärke zu verleihen, hat man die vier Wände desselben durch dreizehn Schichten kreuzweise gelegter Bretter aus Dumpalmstämmen verbunden; diese ragen an jeder Seite noch 1 Meter hervor und bieten zu gleicher Zeit ein, wenn auch sehr rohes Mittel, um den Turm zu besteigen. Der Turm wird jedoch nicht vom Muezzin benützt, um zum Gebet zu rufen, was von der Terrasse der Moschee geschieht, seine Bestimmung ist vielmehr, als Wachturm zu dienen; das war wenigstens sein Zweck zur Zeit, als die Stadt, von einer starken Mauer umgeben und mit Wasservorrat versehen, noch imstande war, einem Angriffe von außen her Widerstand zu leisten ...«

Von oben hat man einen weiten Ausblick. In der Ferne zeichnen sich die Gebirgszüge des Aïr ab. Offen zeigen die Innenhöfe ihr Leben. Endlich ein Blick in den Bauch der Stadt. Frauen stehen an Mörsern und stampfen Getreide. Die verschiedenen Rhythmen der Körper fügen sich zu einem geheimen Tanz. Eine Salzkarawane hält auf den Tuaregmarkt zu. Bewegung in Zeitlupe. 28 schwerbeladene Kamele und vier Tuareg. Kinder laufen ihnen fröhlich entgegen. Ein Militärjeep hält vor der Moschee. Mein Zoom holt die Soldaten heran. Man trinkt Coca-Cola. Agadez liegt unverhüllt im Sand.

[ll ···· E ·

In Malouchounus Zimmer scheinen sogar die Sandkörner in Reih und Glied zu liegen. Malouchounu war Karawanenführer. Malouchounu ist Schmied. Er ist die Kontaktperson zum Sultanspalast; er ist der Ehemann von Hadj Sidis ältester Schwester, Hadja Cari. Malouchounu ist *marabout*, ein heiliger Mann.

Malouchounu trägt immer einen weißen Turban und einen weiten, hellblauen *bubu*. Alles in seiner Umgebung ist genau organisiert und hat seinen festen Platz – sei es die große Lesebrille, sei es das Schmiedewerkzeug, seien es die vielen arabischen Bücher, die geheimnisvolle Formeln enthalten. Malouchounu hat immer ein feines Lächeln auf den Lippen. Alles an seiner Erscheinung ruht in sich und harmoniert. Dies gilt für seine klare, leise Sprache und seine gelassene, nachdenkliche Art, die Dinge zu hinterfragen, ebenso wie für seine ruhigen Bewegungen, die auch bei größter Anstrengung in der Schmiede ihren Rhythmus beibehalten.

Malouchounu hilft allen im Kampf gegen Geister und Schatten; er fertigt beschützende Amulette und veranstaltet vorbeugende Zeremonien. Allerdings nimmt er im Gegensatz zu anderen heiligen Männern kein Geld dafür. Das verdient er mit seiner Arbeit als Schmied. Bei Hochzeiten und Beerdigungen spricht Malouchounu die rituellen Worte. Bei Taufen tötet er den nach Mekka gedrehten Schafbock mit einem schnellen Schnitt und ruft den Namen des Kindes.

Ich habe ihn noch nie um etwas gebeten, aber wenn Malouchounu der Meinung ist, daß es an der Zeit für eine Schutzzeremonie ist, läßt er mich rufen oder erscheint unangemeldet in meinem Haus. Bisher war ich immer da. Die Zeremonien für mich finden inmitten des täglichen Trubels statt und erfordern nur für kurze Momente volle Konzentration. Seit ich meine Amulette habe, trage ich sie. Ich kann mir nicht mehr vorstellen, Agadez in Richtung Deutschland zu verlassen, ohne mich einer Schutzzeremonie für die Reise unterzogen zu haben. Daß gute Gedanken helfen, glaube ich sowieso, aber Malouchounu verfügt über große Kräfte und ein uraltes Wissen.

Als mein Bruder Malte bei einem Besuch einmal 40 Grad Fieber hatte und allein in meinem Haus lag, kam der *marabout*. Er legte ihm nur die Hand auf den Kopf. Mein wissenschaftsgläubiger Bruder gab später zu, daß das Fieber augenblicklich zurückgegangen war. Malouchounu begleitete ihn zu unserem Arzt Siti und blieb die ganze Nacht an seiner Seite. Ab und zu legte er ihm die Hand auf die Stirn. »Es war, als ob das Fieber herausgesaugt würde.« Malouchounu hat meinen Bruder von allen Menschen in Agadez am meisten beeindruckt. Auch Malte trägt jetzt in Deutschland sein Amulett bei sich.

Einmal, als ich Malouchounu besuche, hockt er auf dem Teppich in seinem Zimmer. Vor ihm liegen aufgeschlagen der Koran und einige Schulhefte. Daneben steht eine vierzig Zentimeter hohe Holztafel, die mit arabischen Schriftzeichen bedeckt ist. Sie werden mit einem Holzkiel und Tinte aufgetragen. In einer Ecke stehen, nach Größe geordnet, braune und weiße, mit trüben Tinkturen gefüllte Glasflaschen. »Willst du dich einer Schutzzeremonie unterziehen?« Ich bejahe. Malouchounu füllt einen halben Liter Wasser in eine kleine Emailleschüssel, nimmt die Holztafel und wischt langsam neunmal mit der nassen Hand über die Schrift. Das Wasser färbt sich schwärzlich. Er reicht mir die Schüssel und fordert mich auf, sie auszutrinken: »Davor mußt du ›*Bismillah*‹ sagen.« Mit Elhadji verfährt er ebenso. Woher wußte Malouchounu, daß wir ihn besuchen würden?

Ein andermal sitze ich zu Hause auf dem Boden und halte mit beiden Händen eine Holzschüssel fest, die mit Wasser gefüllt auf meinem Kopf steht. Malouchounu wirft einen heißen Stein hinein. Es zischt. Um uns herum spielen Addu und Adam. Elhadji sitzt in der Tür. Malouchounu läßt den Stein abkühlen, betrachtet ihn genau, murmelt einige arabische Worte und holt ihn aus der Schüssel. Elhadji steht auf und nimmt mir die Schüssel ab. Er stellt sie vor Malouchounu ab, der die mit Koranversen beschriebene Holztafel schräg hineinlegt und wie üblich über die Schrift wischt. Er reicht mir die Schüssel zum Austrinken. Ich sage laut »*Bismillah*« und trinke sie in einem Zug aus. Ein Liter Wasser auf leeren Magen. Was tut man nicht alles für Schutz und Glück.

Zwei Tage später ist Malouchounu wieder da. Nicht um sein tägliches »Guten Morgen« und »Guten Abend« zu wünschen, sondern um mir etwas Gutes zu tun. Elhadji sitzt, wie immer, rechtzeitig im Zimmer. Er hat große Angst, eine Zeremonie des *marabouts* zu verpassen und nicht so gut geschützt zu sein wie ich. Woher er weiß, wann Malouchounu mich besucht, ist mir schleierhaft. Dieser holt zwei große Steine aus der Tasche seines weiten, hellblauen *bubus* und gibt sie uns. Beide Steine sind auf der flachen Seite dicht mit Koranversen beschrieben. Elhadji zwinkert mir zu: »Du mußt ›*Bismillah*‹ sagen und die Schrift ablecken.« Was kann mir jetzt noch passieren?

Es dauert keine Woche, da betritt Malouchounu mein Haus mit einer Eisenkette in der Hand, an der ein kleiner, schwerer Anhänger aus braunem Ziegenfell schwingt: »Das ist für dein Kamel. Es braucht Schutz vor Dieben.« Erst gestern hatte mich Offon darauf aufmerksam gemacht, daß ich unbedingt so ein *gri-gri* für Okalan bräuchte. Aber wo sollte ich es mir besorgen? Nie würde ich den *marabout* um etwas bitten. Er kommt immer im richtigen Moment. Keiner wird mein Tier nun stehlen, denn selbst die Diebe wissen, daß dieses Amulett von Malouchounu stammt. Fassen sie Okalan auch nur an, geraten sie in unvorstellbare Schwierigkeiten. Kann man ein Kamel überhaupt anders schützen? Zäune gibt es nicht. Die Tiere laufen frei herum. Nachts entfernen sie sich oft mehrere Kilometer. Jeder Nomade kennt die bevorzugten Weidegebiete seiner Tiere und deren Spuren genau. Nur so kann er sie wiederfinden. Auch aus einer fremden Spur läßt sich zuverlässig ablesen, wie alt sie ist und und wie alt das Tier ist, ob es krank oder gesund ist, woher es stammt, wie schnell es sich vorwärtsbewegt und ob es einen Reiter oder eine andere Last trägt. Vor ein paar Wochen haben Awinougou und seine Söhne mehrere Kameldiebe verfolgt und sie in hundertfünfzig Kilometer Entfernung vom Lager gestellt.

[\}\} · · · · E ·

Kurz vor meiner Abreise sitzt Malouchounu bei Hadj Sidi in der Schmiede und erhält in dem Moment, als ich eintrete, von einem ausgemergelten, alten Mann, dessen zerrissener, grüner Turban lose um den Kopf liegt, ein aufgerolltes Stück helles Leder. Malouchounu setzt sofort seine Brille auf und öffnet die Rolle. So ungeduldig habe ich ihn noch nie erlebt. »Das ist Gazelle.« Zart fährt seine schlanke, kraftvolle Hand über die weiche Haut. Immer und immer wieder, bis er zu seinem Messer greift und lange Rechtecke daraus schneidet. Diese legt er aufeinander und wickelt sie in die Reste ein. »Bis morgen, *inschallah*.« Schon ist der *marabout* verschwunden.

Am nächsten Tag habe ich ein neues *gri-gri*. »Der wirksamste Schutz, den es gibt«, wie Elhadji beschwört. Malouchounu hat mir den kleinen rechteckigen Anhänger wortlos in die Hand gedrückt. Er ist aus dem Leder, das ich gestern in der Schmiede gesehen habe. Elhadji ist sehr beunruhigt. »Ich reise doch immer mit dir. Hoffentlich hat er auch eines für mich gemacht. Es soll sogar gegen Maschinengewehre wirksam sein.« Langsam erläutert er, daß für die Gewinnung des Leders bestimmte Vorschriften gelten: »Die Gazelle muß zu Fuß gejagt werden und wird, wenn sie erschöpft aufgibt, mit einem Schnitt gen Mekka getötet. Das können nur noch sehr wenige. Diese Häute sind selten. Du darfst das *gri-gri* niemandem zeigen. Es könnte andere neidisch machen.«

Zwei Tage vergehen. Dann hat Elhadji endlich sein Gazellenamulett. Jetzt ist er wieder glücklich und zufrieden.

⸢ ll ···· E ·

Bei größeren Veränderungen oder Ereignissen, die ein sofortiges Reagieren der Familie erfordern, sind es, wenn überhaupt, Malouchounu und seine Frau Hadja Cari, die alle anderen zum Umdenken veranlassen können. Ihre Worte haben Gewicht.

Seit vielen Monaten nimmt X., ein sehr beliebter, weit entfernter Verwandter, kontinuierlich ab. Die Familie macht sich große Sorgen. Das Krankenhaus in Agadez will er nicht aufsuchen, und über die Erkenntnisse der französischen Ärzte aus Arlit erhielt er angeblich keine klare Auskunft. Vor drei Wochen wäre er beinahe gestorben. Seine Mutter ließ den Heiler kommen. Seitdem wird er von diesem behandelt. Er hat bis jetzt überlebt. Seit vorgestern verunstaltet eine schwere Infektion sein Gesicht. An den Lippen springt die Haut blutig auf. Die Kinder haben Angst vor ihm und wollen sich nicht mehr von ihm berühren lassen. Hinter vorgehaltener Hand macht längst ein Wort die Runde: SIDA – Aids.

In den letzten Tagen habe ich durch Diane, eine französische Medizinstudentin, recherchieren lassen, ob man irgendwo einen Test machen kann. »Nur in Arlit, aber das ist genau der, der für Aidsfälle aus Schwarzafrika nicht hundertprozentig funktioniert. Und Frankreich stellt nur diesen Test zur Verfügung. Der andere kommt aus Amerika. Sonst könnte man nur nach Niamey fahren.« Das war die traurige Auskunft. Diane hat X. schon mehrmals untersucht und genauestens befragt. Sie tippt auf Aids, ist aber natürlich nicht ganz sicher. Symptome und Krankengeschichte deuten darauf hin.

X. ist in den vergangenen Jahren viel in Afrika umhergereist. »Er schaut den Frauen nicht nur nach«, heißt es in der Familie. Er selbst hat große Angst, der Realität ins Auge zu sehen. Je mehr sich die Umwelt von ihm entfernt, desto verzweifelter versucht er, Nähe herzustellen. Gleichzeitig jedoch weigert er sich stur, einfachste Regeln im Umgang mit anderen Menschen, vor allem mit seinen engsten Verwandten, einzuhalten. Wie oft habe ich unter dem Vorwand, daß er vielleicht etwas Ansteckendes, möglicherweise aber Heilbares hat, mit ihm darüber zu reden versucht. Er will die Krankheit nicht akzeptieren. So macht er es der Familie schwer, ihm das Gefühl von Nähe zu geben.

Ein kleiner Familienrat tagt. Hadja Cari, Malouchounu und Ata haben Elhadji und mich rufen lassen. Alle wollen Auskunft über Aids. »Kann man sich anstecken, wenn man sich auf dieselbe Bastmatte setzt?« »Er trinkt seinen Tee immer aus demselben Glas wie alle anderen.« »Darf er die Kinder anfassen?« »Was passiert, wenn ich ihn berühre?« »Gibt es denn kein Medikament?« ... Malouchounu unterbricht und bittet mich, die Krankheit erst einmal zu erklären. Er stellt logische und offene Fragen. Der heilige Mann kennt keine Berührungsängste.

Auch Hadja Cari nimmt die Übersetzung, die Elhadji ihr liefert, gelassen auf. Sie hakt oft nach. Nur Ata ist sehr verlegen. Die Kinder wissen, daß etwas im Gange ist, da sie immer wieder hinausgeschickt werden. Das passiert sonst nie. Wir diskutieren bis spät in die Nacht. Malouchounu macht sich große Sorgen um X.s Ehefrau und die Kinder:

»Wie kann man nur feststellen, ob sie auch krank werden? *Allah akkubar* – Gott ist groß, aber der Mensch muß handeln.«

Ich verspreche, noch einmal mit X. zu reden. Hadja Cari wird die Ehefrau, die Kinder und alle anderen in der näheren Umgebung instruieren. Ihr Wort gilt in den Höfen. Keiner will den Kranken aus der Familie ausstoßen, aber alle haben verständliche Angst vor Ansteckung. Er muß mithelfen, um nicht allein zu bleiben. Elhadji erhebt sich: »Bis morgen, *inschallah*.« – »Morgen ist ein neuer Tag, *inschallah*.« Malouchounu setzt die Brille auf, nimmt den Koran zur Hand und senkt den Blick.

Nachdem ich noch einmal eindringlich mit X. geredet habe, verspricht er mir endlich, die Regeln, die ich ihm erklärt habe, einzuhalten. Er wird zunehmend schwächer. Die Suppe, die ich ihm täglich bringe, ist die einzige Nahrung, die er bei sich behält. Diane hat ihm ihren gesamten Vorrat an Mineralstoffen und Vitaminen abgetreten. Meiner ist schon aufgebraucht. Es ist zum Verzweifeln, wie wenig man helfen kann. Eigentlich bräuchte X. jetzt dringend Freunde, die ihr *tekerakit* außer acht lassen können. Elhadji wäre als einziger dazu imstande und auch bereit, ist aber zu jung. Männer können nur einigermaßen ungezwungen miteinander umgehen, wenn sie etwa gleich alt sind. Bleibt die Mutter, die hoffnungslos überfordert ist und auf die Kraft des Heilers vertraut. Sonst gibt es nur noch Diane und mich. Und wir reisen bald ab ...

Am 8. August 1997 ist X. im Krankenhaus gestorben. Auch nach seinem Tod gab der Arzt keine Auskunft über die Krankheit. Seine Witwe möchte sich nach der dreimonatigen Trauerzeit möglichst bald wieder verheiraten. Malouchounu wird seinen ganzen Einfluß aufbieten müssen, damit sie mit den Kindern nach Niamey fährt und alle sich einem Bluttest unterziehen.

[|| ···· E ·

Oft sitzt der alte *marabout* Naago in der Schmiede. Ein stets zu Scherzen aufgelegter, freundlicher alter Mann, der vom Typ her ein Dorfpriester sein könnte, während Malouchounu eher wie ein Jesuit wirkt. Nach einer lauten, unruhigen Nacht, die jeden Schlaf verscheucht hat, meint Naago: »Die Sonne hat den Mond gefangen.« Davon ist er fest überzeugt. Um sie zu verjagen, läßt er die ganze Nacht Trommeln schlagen. Es funktioniert. Zumindest steht die Sonne am nächsten Morgen gnadenlos allein am Himmel. Kein Mond in Sicht. Doch wenn der Mond sich eines Tages rächt ... Naago wird auch dieses Problem lösen.

Als ich ihn frage, ob er mit seinen Trommeln nicht einen von Tuburebellen als Geisel genommenen Kanadier befreien könnte, lacht Malouchounu laut auf.

[\| · · · · E ·

Wenn ich das nächste Mal nach Agadez komme, wird Malouchounu ein Hadj sein. Er ist unter den Pilgern, die im Frühjahr 1997 die Reise nach Mekka machen dürfen. Damit geht sein Lebenstraum in Erfüllung. Endlich kann er die große Pilgerreise antreten, die als die fünfte Säule des Islam gilt. Die täglichen Gebete, die freitäglichen Almosen, die Essensvorschriften und den Fastenmonat Ramadan hat er seit Jahren befolgt.

Hadj Sidi kommt für die Kosten auf. Doch damit allein ist es nicht getan. Vielmehr entscheidet das Los, wer überhaupt nach Mekka pilgern darf. Jedes Land bekommt von Saudi-Arabien jährlich ein am Anteil seiner moslemischen Bevölkerung bemessenes Pilgerkontingent zugeteilt, damit der heilige Bezirk nicht vollkommen überlaufen wird.

Malouchounu stürzt sich in Reisevorbereitungen. Endlich kann ich mich revanchieren und ihm meinen Bauchbeutel schenken. Sofort wird ausprobiert, ob auch alle Papiere hineinpassen.

Die Pilger werden in Gruppen eingeteilt, die jeweils ein Reiseleiter betreut. In drei Tagen erfolgt die Abfahrt mit dem Bus nach Niamey. Von dort bringt ein Charterflugzeug die Pilger nach Paris, dann geht es direkt weiter nach Saudi-Arabien. Viele sind noch nie in einem Flugzeug gereist. So auch Malouchounu. Ich besorge Kaugummis gegen den Druck in den Ohren. Elhadji erklärt ihm, wie eine Wassertoilette funktioniert.

Es heißt Abschied nehmen. Malouchounu ist schon gestern abgeflogen. Wir haben ihn leider verpaßt. So voll habe ich den kleinen Flughafen in Niamey noch nie gesehen. Zwei Welten zeigen ihr Gesicht. Auf Treppen und Gängen lagern Gruppen weißgekleideter Pilger. Kleine Feuer beleben den grauen Steinboden. Tee wird gekocht. Überall an den weißen Wänden lehnen die Holztafeln der *marabouts*. Tücher, zu Säcken verknotet, versperren den Weg. Darüber stolpern Diplomaten mit schickem Gepäck. Ein Schaf blökt. Soldaten mit blitzenden Maschinengewehren quälen sich durch die Menge. Zähe Träger in Khakiuniform verfolgen hartnäckig die Passagiere. »Das ist zu schwer für Sie, Madame.« Die Maschine der Air France ist wie immer überbucht. Ostern steht vor der Tür. Ein bulliger Mann mit hochrotem Kopf beschimpft eine zierliche Stewardeß: »Ich arbeite für die UN!« – »Die Maschine ist voll.« Nichts kann die Ruhe der Pilger stören, die leise ihre Gebete murmeln.

Ata

> Was wünscht sich der Edle?
> Ein weißes Reitkamel,
> einen roten Sattel,
> ein scharfes Schwert
> und ein langes Liebeslied.
> *Autor unbekannt*

Zwölf Stunden Fahrt durch einen Sandsturm sind für Ata kein Problem. Er sieht immer so aus, als käme er frisch aus der Badewanne. Ein kleiner, filigraner Mann mit wunderschönen, langen Fingern. Ata trifft immer und überall Bekannte. Läßt man ihn auf einer Reise nur fünf Minuten aus den Augen, dann verschwindet er. Hand in Hand mit einem Freund taucht er nach ewig langer Zeit wieder auf: »Wir mußten kurz etwas Wichtiges besprechen.« Hand in Hand gilt als Geste der Freundschaft unter Männern. Anfangs brachte mich dieser Anblick zum Lachen.

Februar 1997. Die Air France konnte einen Gast von mir nicht mitnehmen und spendiert einen Aufenthalt im Luxushotel von Niamey für vier Personen. Wir checken ein. Es ist spät. Ata kann die Augen kaum mehr offenhalten. Nur so ist es zu erklären, daß ich ihn überreden konnte, das Hotel zu betreten. Der Mann an der Rezeption wundert sich, daß Ata sein Anmeldeformular nicht selbst ausfüllt. Doch als ich ihn übermüdet mit: »Er hat einfach nicht soviel Glück gehabt wie Sie und war nicht auf der Schule« zurechtweise, ändert sich seine Haltung, und er entschuldigt sich.

Wir stehen im Aufzug. Ata blickt sich verwundert in dem engen, silbernen Kasten um. Die Türen schließen sich. Ata entfährt ein lautes: »Hupps«. Er preßt seinen Rücken fest gegen die Aluminiumwand: »Was ist das?« Auch die langen, dunklen Hotelflure machen ihm angst. Wie soll man sich hier zurechtfinden, ohne die Zahlen zu kennen? Ata hält sich dicht an Elhadjis Seite. Der große Spiegel im Zimmer fasziniert ihn. Er betrachtet sich aus allen möglichen Perspektiven. Elhadji erklärt ihm, wie die Badewanne funktioniert. Ata ist restlos begeistert.

Auch ich verbringe die halbe Nacht dort. Zwei Monate ohne Badewanne sind eine lange Zeit.

Am nächsten Tag erholt sich Ata von den vielen westlichen Errungenschaften. Er trinkt mit Freunden Tee in einer Hütte der Schmiede am Châteaux Un. So kommt Kolas Bruder Ibrahima statt seiner in den Genuß des Mittagessens im Hotel. Als Vorspeise lockt ein Buffet mit Parmaschinken, Lachs, Artischocken ... Elhadji überläßt es meiner Spürnase, das verbotene Schweinefleisch ausfindig zu machen. Hauptgang und Dessert folgen à la carte. Der Preis pro Person entspricht der Monatsmiete für ein Häuschen mit zwei Zimmern, Dusche und Innenhof am Stadtrand von Niamey. *Alhamdulillah,* die Air France bezahlt.

Anfangs ist Ibrahima ungewöhnlich ruhig. Die vielen und verschieden großen Gabeln, Messer, Löffel und Gläser sorgen für Verwirrung. Elhadji hat gut lachen. Ihn hatte meine Mutter in Deutschland genau instruiert; auf seinen Wunsch hin veranstaltete sie sogar ein formales Abendessen. »Mach mir einfach alles nach.« – Dieser Ratschlag stammt von ihr. Jetzt hilft er dem Freund. Beim Hauptgang ist Ibrahima schon wieder ganz der alte, flirtet und scherzt. Beim Dessert mimt er bereits den Monsieur. Ich möchte nicht wissen, welche Abenteuer seine Freunde aus der Schmiede später zu hören bekommen. Ibrahima hat eine lebhafte Phantasie.

Später fragt Ata Elhadji genauestens aus. Er will über jede Minute Bescheid wissen. Als er von Ibrahimas Kampf mit dem Besteck hört, schlägt der Anflug von Neid in große Erleichterung um: »Das ist viel zu kompliziert für mich.«

Elhadji neckt Ata oft mit dem Satz: »Wenn das Ende kommt, dann kommt es.« Dabei hat Ata ihn selbst geprägt. Im Sommer 1996 machten sich Ata, Elhadji und Offon mit einem deutschen Freund auf den Weg, um Kudai, einen Peul, zu suchen, der vor kurzem geheiratet hatte. Sie wußten nur ungefähr, wo er sich aufhielt. Irgendwo hundert Kilometer außerhalb von Agadez, Richtung In Gall, sollte das Lager liegen. Atas Peugeot wurde gerüstet, und es ging los. Traf man unterwegs einen Peul, wurde nach Kudai gefragt. Keiner kannte ihn. Die Peul sind äußerst scheue und vorsichtige Menschen. Sie dachten wahrscheinlich, der Gesuchte habe einen Fehler begangen und sollte zur Rechenschaft gezogen werden. Der Peugeot fuhr kreuz und quer durch die Gegend. Nach zwei Tagen platzte in einem tiefen Sandfeld der erste Reifen. Er wurde ersetzt. Kurz darauf platzte der zweite. Jetzt mußte ein neuer Schlauch eingezogen werden. Es gelang, aber Minuten später platzte der dritte, und der Vorrat an Ersatzteilen war erschöpft.

Der Wagen steckte irgendwo mitten im Sand, fünfzig Kilometer von der nächsten bekannten Ortschaft entfernt. Die Wasservorräte wurden überprüft: acht Liter und eine große Melone. Offon und Elhadji wollten sich sofort auf den Weg machen, um Hilfe zu holen. Es war Mittagszeit und Sommer. Die Luft stand still. Der Deutsche baute ein Sonnensegel und legte seine Luftmatratze in den Schatten neben den Wagen: »Ihr würdet nicht weit kommen. Wir ruhen uns aus, bewegen uns möglichst wenig und warten, bis es Nacht wird. Dann haben wir eine Chance. Der Wasservorrat ist einfach zu knapp.« Elhadji schnitt die Wassermelone auf. Sie war verfault. Ata hatte sich sehr still verhalten. Er saß neben Offon im Sand: »Es war eigentlich nicht vorgesehen, daß ich euch begleite.« Ata lehnte sich ergeben an seinen Peugeot: »Wenn das Ende kommt, dann kommt es.« Alle schwiegen. Gegen Abend wurden sie von einem alten Mann auf einem Kamel entdeckt. Ata beschwor ihn mit Engelszungen. Der Fremde konnte sich dem Gebot der Gastfreundschaft nicht entziehen.

Elhadji und ich übernachteten in Tahoua in einem Hotel. Elhadjis Bruder Ata und Schochu, ein Schwager, schliefen bei Freunden. Vierhundert Kilometer Fahrt durch von Überfällen geplagtes Land stehen uns noch bevor. Um sechs Uhr früh wollten wir aufbrechen. In einer winzigen Bretterbude gegenüber dem Hotel frühstücken wir trockene Baguettes und sehr süßen Beuteltee und warten auf unsere Reisegefährten. Um sieben sind Ata und Schochu noch immer nicht da.

Die Suche beginnt. Wir laufen staubige Sandwege ab und fragen uns durch. Elhadji weiß nur ungefähr, wo das Haus der Freunde steht. Nach zwei Stunden endlich glänzt vor einer Toreinfahrt Atas goldener Peugeot. Schochu erschrickt, als wir auftauchen. Er wollte sich den ganzen Tag verstecken, um den Aufbruch bis morgen hinauszuzögern. Dann nämlich fährt der staatliche Bus in Begleitung des Militärkonvois. Ata hat sich von seiner hysterischen Angst vor einem Überfall der ehemaligen Rebellen, die heute als Banditen gelten, anstecken lassen. Elhadji und ich leisten Überzeugungsarbeit. Schließlich wird die Strecke vom Militär systematisch überwacht, da sich die Rallye Paris-Dakar auf dem Weg nach Agadez befindet. Gegen zehn Uhr fahren wir los. Ata denkt wieder klar. Schochu, der vor die Wahl gestellt wurde, mitzukommen oder für den Bus zahlen zu müssen, hat sich für die kostenlose Weiterfahrt entschieden: »Und wenn sie uns überfallen?« Ich drehe mich zu ihm um: »Wenn das Ende kommt, dann kommt es.« Ata lacht. Schochu verkriecht sich in seinen Turban: »Ich bin aber noch nicht bereit.« Elhadji murmelt: »*Bismillah!*«

Kurz vor Tabelak steht ein blauer Toyota der Polizei mitten auf der Straße. Zwei Männer in Uniform halten ein flatterndes Maßband. Ein dritter in Zivil und mit durchsichtigen Operationshandschuhen steht daneben. Vor ihnen auf dem dunklen Asphalt liegt ein lebloser kleiner Körper, dessen Kopf vom rechten Arm verdeckt wird; daneben ein langer Hirtenstab, ein aufgeschlagenes Schulheft, ein blauer Big (Kugelschreiber) und im Sand am Straßenrand ein gelber, mit Sackleinen umwickelter 5-Liter-Kanister. Wie verfremdet, wie sauber stellt sich der Tod dar. Kein Tropfen Blut beschmutzt das Bild. Ata fragt, ob wir helfen können. Der Zivilist, ein Arzt, schüttelt den Kopf: »Zu spät. Der Junge ist seit mindestens zehn Stunden tot. Genickbruch. Der Täter hat nicht einmal angehalten. Wir wurden erst vor einer Stunde von Vorbeifahrenden gerufen.« Ein Uniformierter sagt leise: »Paris-Dakar. Gestern nacht.«

Wer war dieser kleine Peul? Woher kam er? Wo sind seine Tiere? Wo sind seine Eltern? Ob man sie jemals findet? Nomaden, die ständig ihren unermüdlich fressenden Rindern hinterherwandern müssen und immer in Bewegung sind. Kann man einen Menschen überfahren, ohne es zu merken? Höchstens mit einem Lastwagen. Laster fahren nur tagsüber. Zur Zeit fährt wegen der Überfälle kein Nigrer nachts. Nur die Begleitfahrzeuge der Rallye, die fahren. Das weiß man. Wird der Täter ermittelt werden? Wird man es überhaupt versuchen, oder verhindert die Macht des Geldes, das das Land mit der Rallye verdient, schon die ersten Ansätze einer Untersuchung der Todesumstände eines unbekannten Hirtenjungen? Wahrscheinlich wird niemand die Verantwortung übernehmen müssen. Es bleibt ein namenloser Fall. Die Weiterfahrt verläuft sehr still. Niemand denkt mehr an Banditen. Wie schnell sich durch ein Ereignis Prioritäten ändern. Ata blickt gerade auf die Straße: »Er war ungefähr so alt wie Achmed, mein ältester Sohn.«

Ata ist der beste Graveur der Familie. So fein kann sonst keiner mit dem Stichel umgehen und mit der freien Hand zierliche Ornamente in Silber gravieren. Seinen Arbeitsplatz verlegte Ata an eine windstille, schattige Stelle im Hof: »In der Schmiede ist es zu dunkel.« Viele seiner Brüder und Cousins haben schon in jungen Jahren Probleme mit den Augen. Leider hat Ata nur mehr selten Zeit, seinen Platz in der Schmiede einzunehmen. Als Autobesitzer kann er sich den vielfachen täglichen Transportanfragen nicht entziehen. Nur wenn das Fahrzeug kaputt ist, läßt man ihn in Ruhe. Normalerweise sind der goldene Peugeot und Ata unzertrennlich.

Wir verlassen Niamey am späten Nachmittag Richtung Agadez. Ata fährt schnell. Ein Tuareg, der als Pilot für eine kleine französische Fluglinie arbeitet, hat sich uns angeschlossen. Der Peugeot verbraucht zuviel Benzin. Hinter Tahoua bläst die Ténéré ihren losen Sand mit voller Wucht über die schnurgerade, nur von einigen Schlaglöchern und Dünen unterbrochene Straße. Keine zwei Meter Sicht. Der dunkle Asphalt ist in dem ockergelben Staub schwer zu erkennen. Ata verlangsamt sein Tempo um knapp zwanzig Stundenkilometer. Er fährt immer noch hundert. Seinen Körper hat er zur Windschutzscheibe hingeneigt, um einige Zentimeter weiter zu sehen.

Ich habe das Gefühl, daß sich die Straßensperren in den vier Monaten seit meinem letzten Besuch im September 1996 vervielfacht haben. Ein Drahtseil, zwischen zwei rotgelb gestrichenen Ölfässern gespannt, versperrt die Straße. Daneben warten Militär, Gendarmerie oder Zoll auf ihre Opfer. Jeder muß anhalten und wird taxiert. Die geringste Unsicherheit kostet Geld. Es zählt kaum, daß man alle vorgeschriebenen Papiere hat. Ungeschoren kommen nur Diplomaten, Weiße, die im Land arbeiten, Freunde oder Angehörige davon. Weiße, die im Land arbeiten, lassen ihre Fahrer dicht an die Absperrung heranfahren, im letzten Moment abbremsen und grüßen kurz, freundlich und bestimmt: »Bonjour, Monsieur.« Blick auf das Drahtseil. Unsicherheit bei dem Uniformierten. In den meisten Fällen wird der Weg freigegeben. Schnelles Anfahren und ein kurzer Dank mit der rechten Hand beenden die Begegnung. Eine dunkle Sonnenbrille erweist sich als nützliches Requisit. Straßensperren werden zum Sport. Wer gewinnt? Diesmal sind wir gut. Kein einziger Tribut auf achthundert Kilometer.

Am frühen Nachmittag streikt der Peugeot in Garabagaraba. Der Tank ist wieder leer. Der Motor hört sich ungut an. Noch über hundert

Kilometer bis Agadez. Garabagaraba ist ein schlechter Ort für eine Panne. Hier treiben sich viele Rebellen herum, und im Umkreis von fünfzig Kilometern gibt es keine Tankmöglichkeit. Das verfallene Dorf liegt ungeschützt in einer weiten Ebene, so daß der Sandsturm ungehindert darüber hinwegfegen kann. Ata hat wie üblich Angst, stellt sich aber auf die Situation ein und versucht, mit den fremden, harschen Einwohnern ins Gespräch zu kommen. Wie immer gibt es eine Lösung. Der Pilot trifft einige Rebellenfreunde, und nach vier Stunden kommt zufällig ein Cousin der Familie des Weges.

Ich möchte die Zeit an diesem gottverlassenen Ort nicht missen. Ein paar störrische Lehmhäuser, die überall von Wind und Sonne angenagt sind. Sanddünen, die sich gegen die Mauern schieben. Das glänzende Chassis eines aufgegebenen Lastwagens. Esel, die ihre vier Beine ruhig und fest in die Erde rammen. Die Luft ist nicht mehr Luft, sondern eine undurchdringliche Staubwolke. Darin bewegt sich die Silhouette eines Mannes, der der Natur die Stirn bietet und seine Kamele sucht. Ein einsamer Junge sitzt am Straßenrand und schichtet geduldig einen Berg Holzscheite zum Verkaufen aufeinander, der immer wieder in sich zusammenfällt. Auf Wiedersehen, Ungeduld.

Endlich spendiert der Cousin Benzin. Der Pilot befestigt eine lose Schraube am Motor, und ein Fahrschüler nutzt die Gelegenheit, um billig nach Norden zu reisen. Der Peugeot überrascht uns mit einem Wunder. Er fährt mehr als hundert Kilometer, ohne stehenzubleiben. Erst hinter dem Militärposten in Agadez gibt er erneut seinen Geist auf. Wir stehen direkt neben einem Faß mit geschmuggeltem Benzin. Ata grinst und beginnt mit dem Verkäufer zu handeln: »Mein Freund, das ist zu teuer.«

Tamko

> Gefangen in den Schluchten ist mein Goldfuchs-Kamel.
> Beim Fressen zupft es junge Akazienblätter an der Wasserstelle,
> die bei Tirsin liegt, zwischen Gumet und den schwarzen Hügeln.
> Einen Degen besitze ich, einen schützenden Schild
> und dazu eine geladene Doppelflinte.
> Schnell suche ich mein Kamel, lasse es niederknien
> und springe in den Sattel. Ein Schlag, schon trabt es davon.
> »Los jetzt!« sage ich, »jetzt wird nicht geschlafen!«
> Wenn der Tag zur Neige geht,
> möchte ich bei den hellhäutigen Frauen sein,
> die am Fuße der kleinen Dünen zusammensitzen,
> dort, wo sich Schleier aus weißer Wolle,
> wo sich lange, schwarze Schleier
> und Ohrringe ein Stelldichein geben.
> *Mohammed ag Mekiia, Kel Tegehe-n-Efis (um 1890)*

Im Sommer 1996 saß eines Tages ein drahtiger Mann mit markanter Nase und hellwachen Augen neben Elhadji in der Schmiede. Er war ganz in traditionelles Blau gekleidet. Elhadji hatte schon viel von seinem Freund Tamko, einem *imajeghan*, erzählt. Er lebt im Aïr und züchtet Kamele. Früher war er bei einer Fluggesellschaft in Lagos beschäftigt. Dort hatte ihn Elhadji im Rahmen einer Schmuckausstellung, die die Familie am Goethe-Institut machte, getroffen. Zwei Tuareg im Ausland.

Tamko spricht gut Englisch und Französisch. Er ist geschickt und erfahren im Umgang mit Fremden und kennt keine Berührungsängste. Ich bin sicher, daß er sich in New York genauso gelassen bewegen würde wie im Aïr. Dabei ist er den Werten und Traditionen seiner Kultur fest verhaftet und verteidigt sie heftig gegen jeden Angriff. Tamko ist aus wirtschaftlichen Gründen viel auf Reisen, aber wirklich glücklich fühlt er sich nur im Aïr bei Frau und Kind.

Tamko nahm Elhadji und mir das Versprechen ab, ihn zu besuchen: »Den Geburtstag des Propheten, den *mulud*, werdet ihr bei mir feiern.« – »*Inschallah!*«

Geplant war der Aufbruch nach Abardokh zu Tamko für zehn Uhr. Aber wie üblich ist noch viel zu organisieren, und alle wollen verabschiedet werden. Hadj Sidi hat große Angst, daß uns die Rebellen überfallen könnten. »Tamko hat sich um alles gekümmert. Sie wissen Bescheid«, beruhigt Elhadji seinen Bruder.

Ibrahima, Kolas ältester Bruder, fährt, daneben sitzen auf den bequemen Plätzen Elhadji und ich. Ata, Offon und ein Cousin von Tamko, der uns den Weg zeigen will, haben sich auf der Ladefläche niedergelassen.

Nach einer Stunde passiert die erste Panne. Der klapprige blaue Landrover, Baujahr 1983, will nur noch im Geländegang bewegt werden. Ibrahima fährt den Wagen im trockenen *kori* unter eine Akazie, wo man ihn kaum sieht: »Man kann nie wissen. Vielleicht sind uns die Rebellen doch nicht wohlgesonnen, oder das Militär kontrolliert die Piste.« Er beginnt zu schrauben. Bald liegen schwarze, ölige Maschinenteile im rauhen Sand. Nach neunzig Minuten sind sie wieder da, wo sie hingehören. »Bitte alles einsteigen.« Ibrahima ist stolz auf die geglückte Reparatur und grinst listig: »Ich kenne das Biest.«

An der Gabelung hinter Dabaga rast ein Toyota auf uns zu. Sechs schwerbewaffnete Rebellen stehen aufrecht und cool auf der Ladefläche, zwischen ihnen noch ein schweres MG. Verschlossene, junge Gesichter. Ata wird noch dünner und kleiner und zieht seinen Turban hoch, so weit es geht. Die Rebellen lachen, halten an und fragen Elhadji aus. Der Kommandant, als einziger etwas älter, ist freundlich. Kein geblafftes: »Ihre Pässe!«, nur: »Man wird sich später wiedersehen. Die Strecke ist unbedenklich.« Der Toyota begleitet uns einige Kilometer. Auf seine Seitentüren sind in Schwarz die Buchstaben MUR (Bewegung der Widerstandsvereinigung) gepinselt.

Gegen sechs erreichen wir den *kori* von Abardokh und bald darauf Tamkos Anwesen, ein mit einer hohen Mauer umgebenes Lehmgebäude. In der Ferne schimmert das Baghsane-Massiv, mit dem schwarzen Gipfel des *adûkâl-n-taghès*. Mit seinen 2022 Metern ist er der höchste Berg des Aïr. Hier wurde vor einigen Jahren eine Keramik aus dem frühen Neolithikum entdeckt. Sie stammt aus der Zeit um 7.500 v. Chr. und ist damit so alt wie die älteste bis dahin gefundene im Nahen Osten.

Dr. Chavanne, der diese Gegend 1879 bereiste, beschrieb sie so: »Eine imposante, dunkle Bergwand, die vor uns zur Linken zu gewal-

Der Kori bringt die Kinder

Taufzeremonie am siebten Tag

»Gott ist groß! Das Kind heißt Mariama!«

»Tanzt ihr Frauen!« – Tam Tam

»Dick ist schön!« – Tam Tam

Drei Wochen nach dem ersten Regen – Akirkui

»Tanzt ihr Kamele!« – Tende

Das zweite Glas Tee – süß wie die Liebe

Offons Ehe gilt als vollzogen

»Schaut her ihr Frauen!« – Mulud in Abardokh

Plötzlich sind die Reiter da

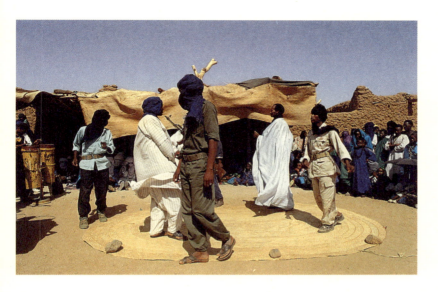

Rebellenhochzeit

Die Frauen feuern die Männer zum Kampf an

Aufbruch zum Aïr

tiger Höhe emporsteigt, das Baghsen-Gebirge, kündigt uns unzweideutig an, daß wir ein neues Gebiet der großen Wüste betreten haben; die Überraschung wird aber um so größer, da wir, noch noch vom Anblick der kahlen grotesken Felsmassen des Baghsen und der tiefen, kahlen Schluchten, welche die Bergmasse in einzelne Gruppen zu teilen scheinen, befangen, eine Reihe vielfach gewundener Täler am Ostfuße der Bergmasse durchwandern, welche uns durch ihre üppige Vegetation eher an das Niltal als an die Sahara mahnen. Ein dichter Wald von Fächerpalmen, zu beiden Seiten von aufsteigenden Höhen begrenzt, beschattet unseren Weg. Über uns wölbt sich die warm-lebendige, dunkelblaue Himmelsdecke, das Tal zur Seite eines Strombettes, das gelegentlich – man erkennt die Spuren an den Akazien, welche feinen Sand umsäumen – von mächtig geschwellter Flut erfüllt ist und dieser Fülle wildkräftiger Vegetation das Leben verleiht, ist dicht mit wilden Melonen bewachsen: zahlreiche Schwärme wilder Tauben beleben dieses Bild.«

LI+::

Alle verfügbaren Betten in Tamkos großem Hof sind belegt. Elhadji, Ibrahima und ich teilen uns Tamkos Ehebett. Ata und Offon schlafen zu unserer Rechten. Tamko sitzt auf dem Boden: »Heute nacht versammeln sich die Familien aus einem Umkreis von hundert Kilometern an einer Stelle im *kori*. Manche sind seit vier Tagen unterwegs. Nach Mitternacht kommen sie an. Du wirst sehen. In der Nacht des *mulud* schläft niemand.«

Eine Stunde vor Mitternacht zieht mich Tamkos Frau zu ein paar Basthütten. Viele Frauen, von der Großmutter bis zum kleinen Mädchen, bevölkern die Szene. Sie zerren an meinem neuen Gewand. Der Schneider hat gut gearbeitet. Anerkennende Blicke. Sie selbst glänzen auch in Blau – von Indigo über Kobalt bis hin zu Kornblumenblau. Dazu tragen einige die leuchtendweißen Blusen aus Agadez. Alle sind mit schwerem Silberschmuck behängt. Esel werden gesattelt. Klein und grau ertrinken sie in tiefrotem Leder, das mit türkisfarbenen Ornamenten bestickt ist. Lange Fransen, die fast den Boden berühren, baumeln zu beiden Seiten. Junge Mädchen steigen auf und verschwinden grüppchenweise im Dunkel der Nacht. Lautes Trällern von Müttern und Tanten begleitet sie.

Nach Mitternacht brennen im weiten *kori* überall kleine Feuer. Wir sitzen auf Bastmatten und Wolldecken. Eine Trommel schlägt lang und dumpf. Duum, duum, duum – ausdauernd, gleichförmig. Der Wind trägt den tiefen, monotonen Gesang der Männer zu uns herüber. Auf einen bestimmten Ton hin antworten die älteren Frauen, mit gesenktem Kopf, sich im Takt wiegend. Vor uns stehen rund siebzig Reiter. Junge, unverheiratete Männer auf hohen Kamelen in einer geraden Reihe. Zu ihren Füßen tummeln sich auf flinken Eseln die Mädchen und reiten durcheinander im Kreis. Scherzworte fliegen hin und her. Alle haben Taschenlampen. Der Tribut an die Moderne. Heute darf jedem ins Gesicht geleuchtet werden. Das Jahr über wurde für Batterien gespart. Plötzlich brechen die Mädchen aus und verschwinden mit lautem Gejohle nach Westen. Die Reiter jagen im Galopp hinterher, holen sie ein und umzingeln sie. Irgendwann stehen die Männer erneut aufgereiht da. Vor ihnen tänzeln, wie zuvor, die Mädchen. Und wieder fliehen sie. Dieses Spiel wiederholt sich die ganze Nacht.

Von allen Seiten treffen Menschen ein. Gemischte Gruppen, Männer allein, Frauen allein. Alte, junge und ausnahmsweise wenig Kinder. Freudige, laute Begrüßung. Manche lassen sich auf dem Boden nieder, andere singen, wieder andere wandern umher. Motorengeräusche nähern sich. Bald sind die Rebellen da und gliedern sich ins Geschehen ein. Tausend Menschen oder mehr. Vom Prototypen-Abraham bis hin zur Sahara-Variante des Che Guevara.

Offon kocht Tee. Tamko ist längst ins Haus zurückgekehrt und schläft. Ich sitze eingeklemmt zwischen Rebellen und Freunden. »Kannst du uns nicht ein Maschinengewehr besorgen. Ihr Deutsche baut gute Waffen.« – »Eines? Über tausend könnten wir reden.« Der Kommandant lacht und versucht mit weiteren Fragen, meine Mission zu ergründen: »Journalistin?« – »Ich schreibe manchmal.« Er wechselt das Thema: »Bist du verheiratet?« – »Nein.« Anerkennender Blick zu Elhadji. Dieser ist vollkommen übermüdet und flüstert etwas auf Tamaschek. Der Kommandant entschuldigt sich: »Ich kann ja nicht wissen, daß du seine Schwester bist.« – »Werden Sie uns in Agadez besuchen?« Er schaut mich ernst an: »Ja, *inschallah*.«

Erstes, weiches Licht. Am frühen Morgen beginnt der scharfe Ritt, hin zum Grab eines Heiligen. Blau, blau, blau und dazu das stolze Weiß der Kamele, unterbrochen vom kurzen Trab kleiner Esel. Stoische Krieger und schöne Frauen. Und alles vor dem Ockergelb des Sandes und im Schatten der dunklen Felsen. Hunderte begleiten die Reiter zu Fuß zwei Kilometer durch den staubigen *kori*. Dort schlagen alte Männer, um kleine Dornbüsche gruppiert, Trommeln aus Holz. Ernste, langgezogene Töne. Die Frauen reiten zu ihnen hin und jagen schneller und schneller, in immer engeren Kreisen, um sie herum, während sich die Männer nach Stämmen geordnet in Reihen zu fünf bis zehn Reitern aufstellen und warten. Plötzlich halten die Frauen auf ihren Eseln an. Jetzt galoppieren die Männer, vom lauten Gejohle ihrer Familien unterstützt, gruppenweise heran. Die Zuschauer sind überall ringsum verteilt. Die Frauen würdigen die edelsten Reiter mit schrillen Rufen und langanhaltendem Trillern. Plötzlich preschen alle Reiter zum Ausgangspunkt zurück. Auch dort sitzen alte Männer vor ihren Trommeln. Nach einer Stunde ist der Spuk vorüber. Abzug der Stämme nach Hause. Eilig, bevor die Sonne den Zenit erreicht. Den meisten steht langer Weg bevor: »*Arrasarrat, inschallah* – bis bald, so Gott will.« Ein letzter Blickwechsel zwischen frisch Verliebten.

ⵍⵉⵜ∴

Tamko lädt uns zu einer Hochzeit in einem Lager bei Abardokh ein. Der Bräutigam ist Rebell. Jetzt sitzt er verschleiert neben seinem besten Freund unter einem Bastdach. Ein großer Kreis aus Frauen, Kindern und alten Männern klatscht. In ihrer Mitte tanzen die jungen Männer. So manche Kalaschnikow wippt im Takt. *Bubu* neben Uniform, Schirmmütze und Turban. An der einzigen Lehmwand steht Alhassane, der Sänger und Gitarrist, vor ihm ein Trommler mit zwei Bongos. Die elektrische Gitarre ist an ein langes Kabel angeschlossen, das weit weg zu einem Aggregat im *kori* führt. Aus mächtigen Boxen dröhnen ehemals verbotene Rebellenlieder. Alhassane wurde von der Regierung hartnäckig verfolgt und mußte immer und immer wieder fliehen. Sein Gesang hat den Kampf unterstützt. Seine Worte haben die Bevölkerung über die Ziele der Rebellion aufgeklärt und die Jungen in den Kampf gelockt. Endlich herrscht Frieden, und die Musik, die während der Rebellion verboten war, darf wieder offen gespielt werden.

Tamko will unsere Rückkehr nach Agadez hinauszögern: »Ich möchte dir noch die Gärten am Baghsane zeigen.« Ich klettere auf den Wagen: »Nächstes Mal, *inschallah*. Ich komme bald wieder.« Traurig läßt er uns ziehen.

Der Landrover dient als Lastwagen. Ibrahima sitzt mit einem alten Mann und der Gitarre vorne. Hinten quetschen sich Elhadji, Ata, sieben Rebellen, ich, zwei Boxen, ein Verstärker, diverse Kisten, Wasserkanister, jede Menge Gepäck und ein ausgewachsener Schafbock mit langen gebogenen Hörnern. Tamkos Geschenk an mich, die Fremde. Das Tier will unbedingt seinen Kopf auf Atas Schoß legen: »Diese Fahrt wird er noch teuer bezahlen ...« Ibrahima fährt schnell. Keiner beschwert sich über die Rüttelei. Nur erleichtertes Grinsen, wenn wieder einmal ein Akazienast mit langen Stacheln einen von uns um Haaresbreite verfehlt oder aufspritzendes Wasser uns nur teilweise durchnäßt. Alle singen. Rebellenlieder. Vom Kampf für die Freiheit, von Ausdauer und Mut, über die Unmöglichkeit, seßhaft zu werden, über die Liebe; ein Lob auf den Regen. Die Rebellen, junge, zähe Kerle mit verschlossenen Gesichtern, tauen auf. Der Gesang setzt Gefühle frei. Bald albern wir fröhlich herum, spielen Boule mit Geröllbrocken, wenn der Rover wieder einmal repariert werden muß, und ärgern Ata, den der Schafbock ununterbrochen anhimmelt. Ata schiebt seinen Kopf weg: »Diese Fahrt wird er noch teuer bezahlen ...«

»Er hat die Fahrt teuer bezahlt!« – Diese Nachricht überbringt am nächsten Morgen um halb acht ein strahlender Ibrahima. Ibrahima ist ganz wild auf Fleisch. Elhadji behauptet, man könne ihn nachts mit den Worten: »Du mußt sofort ein Tier schlachten« wecken, und Ibrahima würde sofort hinausgehen, das nächstbeste Schaf töten, und sich um seine Zubereitung kümmern.

Drei Uhr nachmittags. Der Schafbock duftet verführerisch in meiner Küche. Kolas Onkel hat ihn mit Couscous, Erbsen, Rosinen, Oliven und Kräutern gefüllt und im ganzen im großen Ofen gebraten. Ibrahima weicht nicht vom Eingang: »Meinst du, daß das Fleisch gar ist?« Wir probieren heimlich.

Abends sättigt das Tier dreißig Personen. Hamilla bringt mit dem Roller zwei große Stücke zu Hadj Sidi. Unter den Gästen sind der Kommandant und zwei Rebellen. Im Schutz der Dunkelheit haben sie sich, tief verschleiert, in den Hof gestohlen. Die Familie könnte Schwierigkeiten bekommen, wenn sie zu offen solche Kontakte pflegt. Kola, Aischa und ich sitzen auf dem Teppich. Um uns herum hocken grüppchenweise vor vollen Schüsseln die Männer. Ibrahima nähert sich uns Frauen: »Ich komme zu euch. Ihr habt die besten Stücke.« Mit Gelächter wird er vertrieben. Huiti, unser magerer Hund, wartet auf Abfälle. Ein Festessen. »Tamko, *Alhamdulillah*.« Wir werden ihm Hirse schicken. Sie ist seit meinem letzten Aufenthalt um die Hälfte teurer geworden.

7.500 CFA kostete im Sommer 1996 ein Sack Kolbenhirse, da es im Sahel, wo sie angepflanzt wird, eine längere Trockenperiode gab. Der Sahel umfaßt etwa 4,5 Millionen Quadratkilometer und zieht sich als 200 bis 300 Kilometer breiter Gürtel über viele Landesgrenzen vom Atlantischen Ozean bis zum Horn von Afrika. Im Norden, wo nur 150 Millimeter Regen im Jahr fallen, geht er fließend in die Sahara über, während er im Süden, der mit 500 Millimeter Niederschlägen im Jahr rechnen kann, auf wechselfeuchte tropische Savannen trifft. 56,4 Prozent der Landesfläche der Republik Niger sind Wüste, der Rest, bis auf einen schmalen Streifen am Fluß Niger, Sahel. In regenarmen Jahren verschiebt sich die Trockengrenze 450 Kilometer Richtung Süden, und die Hirse wird knapp.

ⵍⵉⵜ∷

Leider konnte ich Tamko seitdem nicht mehr besuchen, da die politische Lage zu unsicher war und Hadj Sidi zu große Angst hatte. Die Rebellen um das Baghsane-Massiv boykottierten den Friedensvertrag und unterstützten die revolutionäre Armee der Sahara, die hauptsächlich aus Tubu besteht.

Am 7. März 1997 erfolgte in Bilma die erste Geiselname eines Weißen in der mündlich überlieferten Geschichte der Republik Niger. Eine Tragikomödie. Ein Kanadier, der für eine Ölgesellschaft arbeitete, ein Assistent des Unterpräfekten von Bilma und ein Fahrer wurden von Tuburebellen entführt, weil das Militär wenige Tage zuvor vierzehn Tubu, die sich angeblich bereits ergeben hatten, getötet hatte. Der Fahrer wurde mit einer Nachricht zu den Militärs geschickt: »Wir erwarten euch da und da, um mit euch zu kämpfen. Ein Tubu ist zehn Soldaten wert.« Die Militärs antworteten: »Wir kommen nicht. Wenn ihr Frieden wollt, werden wir verhandeln. Wollt ihr jedoch Krieg, so werden wir die Region verlassen.« Ein Western in der Ténéré.

Wenige Tage nach diesem Ereignis betritt ein älterer Tuareg die Schmiede. Nach der Begrüßung verkündet er: »Tamko kommt morgen mittag nach Agadez.« Wir erfahren noch, daß der Freund einen Käufer für Silberschmuck dabei hat. Elhadji vermutet, daß es sich um einen

Weißen handelt, während ich es bezweifle: »Das hätte der Alte bestimmt gesagt. Touristen werden hoch gehandelt.« Sofort wird mit der Organisation für ein Essen begonnen. Es soll in meinem Haus stattfinden.

Tamko ist da. Irgendwo auf einer Straße in Nigeria hat er einen Sudanesen aufgegabelt, der in Kenia für die UNO arbeitet und mit einer Amerikanerin verheiratet ist. Er ist auf dem Weg in den Sudan, wo er heimlich über die Grenze will, um Familienangehörige zu besuchen. Seine Familie stammt aus dem Süden und hat sich in früheren Jahren politisch engagiert. Heute wird sie von dem neuen, fundamentalistischen System verfolgt. Bei uns will der Sudanese Schmuck kaufen: »Die Kenianer sind verrückt nach den Sachen der Tuareg.«

Er ist hingerissen von den Lederarbeiten der Frauen, die in meinem Haus hängen. Vor allem ein großer, üppig und fein bestickter Kamelsack von Kola hat es ihm angetan. Tamko verfolgt den Blick des Sudanesen: »Unsere Frauen schaffen Schönheit«, sagt er stolz.

Chouma

> Verlange von deiner Kamelstute Milch,
> von deiner Frau Kinder,
> von Gott aber nur Wasser.
> *Autor unbekannt*

Hadj Sidis bester Freund ist Oasenbauer. Seine große Pflanzung liegt östlich der großen Teerstraße, die von Agadez nach Arlit führt. Das Land westlich der Straße ist den Nomaden und ihren Tieren vorbehalten. Chouma arbeitet täglich auf seinen Feldern. Ein zäher, schmaler Mann, der nur schwer stillsitzen kann. Seit Jahren träumt er von einem Apfelbaum. Die Franzosen haben früher einmal ein paar gepflanzt: »Als ich ein Kind war, haben sie nie Früchte getragen, aber immer geblüht.«

Ich brachte Chouma also Äpfel aus Niamey mit: »Ich weiß nicht, ob daraus Apfelbäume wachsen. Ich glaube, bei uns werden sie gepfropft.« Trotz meiner Warnung versuchte er, seinen Traum zu verwirklichen. Es klappte nicht, obwohl sich normalerweise keine Pflanze seiner Pflege widersetzt. Chouma gab nicht auf und fragte an, ob ich ihm nicht ein Bäumchen aus Deutschland mitbringen könnte, das er zwischen Akazien, Dattel- und Doumpalmen pflanzen wollte.

Choumas grünes Paradies liegt inmitten der dürftigen Sahellandschaft. An den Obstbäumen hängen reife Guaven, Pampelmusen, Pomelos, Orangen, Mandarinen, Zitronen und Limonen. Auf Feldern wachsen Melonen, Tomaten, rote Bete, Karotten, Erbsen, Bohnen, Zwiebeln, Knoblauch, Salat, Mais und Hirse. Dazwischen gedeihen verschiedenste Kräuter wie Minze, Petersilie und Zitronengras. Die hellgrünen Pflänzchen im schweren Sand sehen merkwürdig aus. Aber das Gemüse schmeckt nach Gemüse, und den besten Kopfsalat gibt es in der Sahara.

Zwei schwarze Ochsen ziehen, angetrieben von zwei Söhnen Choumas, mit Gummibeuteln, die an einer langen Schnur hängen, Wasser aus zwei Brunnen: weg vom Brunnen, umdrehen, zurück zum Brunnen, umdrehen, weg ... Der eintönige Trott zieht sich über Stunden hin und wiederholt sich Tag für Tag. Das Wasser plätschert in einen hölzernen Auffangtrog und fließt von dort in ein ausgeklügeltes Bewässerungssystem. Der Boden ist in Parzellen unterteilt, die durch Kanäle miteinander verbunden sind. Diese können, je nach Wasserbedarf, von Hand geöffnet oder verschlossen werden, indem man die Zuflüsse mit Sand verstopft beziehungsweise freilegt. Diese Arbeit erledigt ein dritter Sohn.

Viele Datteln sind bereits reif. Chouma pflückt ein paar und läßt mich probieren: »Den Kopf im Feuer, die Füße im Wasser. So wachsen gute Früchte. Bald beginnt die Ernte.« Zwischen den Palmwedeln hängen schwere Büschel reifer Datteln. Der durchschnittliche Ertrag liegt bei sechzig bis siebzig Kilo pro Baum. Jede Sorte hat einen eigenen Namen, vom »Finger des Lichtes« über »Die Schimmernden« und »Die Süßsauren« bis hin zum »Kameldreck«. Es gibt so viele Arten wie bei uns Weinsorten. Der Kult, der sich darum rankt, ist ähnlich. Datteln zählen zu den wichtigsten Grundnahrungsmitteln der Wüstenbewohner.

Eine knallrote Wassermelone liegt verführerisch im Sand. Chouma überhäuft Elhadji, Ata und mich mit frischem Obst und pult geduldig alle Kerne aus der Melone. Wir liegen auf einer Bastmatte im Schatten eines Limonenbaumes. Vögel zwitschern. Nicht weit entfernt sitzt ein ausgemergelter *marabout* an einen Sandhügel gelehnt und rezitiert unermüdlich den Koran. Er hält sich seit zwei Wochen im Garten auf. Chouma lädt ihn zum Essen ein: Datteln mit Mohrrüben, frischer Salat und eine zuckersüße Pomelo. Ata kocht Tee: »Kannst du eine Ziege nach Deutschland mitnehmen?« Elhadji lacht. Chouma fragt, ob ich ihm Gemüsesamen besorgen kann, die er hier schwer bekommt. Er schenkt mir eine Tüte mit frischen Bohnen, Kräutern und Obst. Auf dem Heimweg schleppen die Männer zwei große Säcke für Hadj Sidis Familie durch den heißen *kori* zu Atas Peugeot. Drei Kilometer durch Sand und Staub.

·····*C*

Im Frühjahr 1997 hatte Chouma große Probleme, da Kamele von Offons Familie wiederholt in seine Oase eindrangen und die Pflanzung verwüsteten. Der niedrige Schutzwall aus Akazienzweigen und Büschen kann nur Schafe und Ziegen abhalten. Zwischen den Oasenbauern und den Nomaden kommt es wegen solcher Zwischenfälle immer wieder zu

Streitigkeiten. Hadj Sidi bat die beiden Parteien zu sich in die Schmiede, und in langen Gesprächen wurde nach einer Lösung gesucht. Offons Familie versprach, besser auf ihre Kamele aufzupassen und die Herde auch nachts von einem der Söhne bewachen zu lassen. Bald würde ein Großteil der Tiere sowieso in Richtung Süden aufbrechen, um Salz gegen Hirse einzutauschen. Allerdings sind ihre Kamele für den Karawanenhandel zwischen dem Aïr und den Salzoasen in der Ténéré nicht zu gebrauchen, sondern werden nur zwischen Agadez und dem Haussaland eingesetzt. In der Wüste würden sie elend verhungern, da sie kein getrocknetes *alemmoz* anrühren, das hellgrüne, harte Gras, das in den Tälern des Aïr wächst.

Dort züchten die Kel Ewey eine besondere Kamelart, die den Strapazen der Salzkarawane gewachsen ist. Das *azeghaf* hat verschiedenfarbige Augen, ist mit großen, dunklen Flecken gescheckt, meist männlich, taub und fast blind. Ein widerstandsfähiges, diszipliniertes Lasttier, das zwanzig Jahre alt werden kann. Die Kamele der Ebene werden bis zu dreißig. Ein *azeghaf* gleicht in nichts dem edlen, eleganten weißen *ereggan*, das dem kleinsten Impuls seines Reiters folgt, beim *tende*, dem Tanz der Kamele, zum Rhythmus der Trommeln und zum Gesang der Frauen auf den vorderen Knien in engem Kreis um die Frauen tanzt und beim Rennen, schnell und wendig, sein Letztes gibt.

Die Salzkarawanen, *taghlamt*, ziehen in der kalten Jahreszeit, von November bis März. Im Januar und Februar sind die meisten unterwegs. Wer früher aufbricht, wie die Tuareg der Kel Ewey aus dem Aïr, muß zu hohen Preisen Hirse aus dem Vorjahr einkaufen, kann sie aber auch besser an die Oasenbewohner verkaufen. Deren Getreidevorräte sind wegen der heißen Sommermonate, in denen sie von der Außenwelt abgeschnitten waren, meist erschöpft. Konföderationen wie die Kel Geres, die im Süden an der Grenze zu Nigeria leben, warten die neue Ernte ab und kaufen die Hirse billiger ein. Erst dann machen sie sich auf den langen Weg.

Sechshundert Kilometer beträgt die Entfernung zwischen Bilma und dem Aïr. Vierhundert davon führen durch die Ténéréwüste, die in sechs Tages- und Nachtmärschen durchquert wird. Das Futter für die Kamele, im Aïr geschnittenes *alemmoz*, wird mitgeführt. Die Tiere werden nachts gefüttert, und jeweils die doppelte Menge Futter wird entlang der Strecke für den Rückweg deponiert. Keine fremde Karawane würde es jemals anrühren. Der Aufenthalt in den Oasen Fachi und

Bilma ist kurz, da es kostbares Kamelfutter zu sparen gilt. Auf dem Rückweg spielen sich oft Tragödien ab, wenn die Kamele mit hundertfünfzig bis zweihundert Kilo Salz schwer beladen und durch den vierzehntägigen Hinweg bereits geschwächt sind. Jede kleinste Nachlässigkeit beim Deponieren des Futters oder beim Packen der Ladung kann schwerwiegende Folgen bis hin zum Verlust der Karawane und des eigenen Lebens haben.

In Gewaltmärschen versucht der *madugu*, der Karawanenführer, die rettenden Talausläufer des Aïr zu erreichen. Dort erholt sich die Karawane für kurze Zeit, bevor sie die siebenhundert Kilometer bis in die Regenfeldbauzone des Haussalandes zwischen Zinder und Tessaoua in Angriff nimmt. Oft werden daraus bis zu tausend Kilometer, wenn die Grenze nach Nigeria überschritten wird, weil man noch weiter im Süden die Hirse für das kommende Handelsjahr billiger einkaufen und auf den Märkten das begehrte Salz und die beliebten Datteln anbieten möchte. Der Gewinn wächst mit jedem Kilometer. Auf diesem Weg nehmen die Kel Ewey den größten Teil ihrer Herden mit. Die Tiere sollen sich in den regenreicheren Gebieten ihr Futter suchen, denn die Weiden des Aïr vertrocknen bereits. Die Fohlen der Kamelherde kommen im Haussaland zur Welt. Erst wenn sie kräftig genug sind, wird der Rückweg in den Aïr angetreten. Dort wartet man auf die sommerlichen Regenfälle, durch die die Weiden grün und die Kamele kräftig werden. Ein neuer Karawanenzyklus kann beginnen.

Zwischen sechs Uhr früh und zehn Uhr abends ist die Karawane in der Ténéré unterwegs, keine einzige Rast. Sechzehn bis achtzehn Stunden. Fast der ganze Weg wird zu Fuß zurückgelegt. Und dann noch das Abladen der Tiere. Nur in der größten Mittagshitze steigt der *madugu* auf sein Kamel und reitet einige Stunden lang bis zum späten Nachmittag. Tagsüber orientiert er sich an der Sonne, bei trübem Wetter an der Richtung der Sandrippen, die immer im gleichen Winkel gekreuzt werden. Nachts weisen die Sterne den Weg und zeigen auch den Zeitpunkt an, um das Nachtlager aufzuschlagen. Vom *madugu* hängt das Leben aller ab. Ein Fehler kann leicht den Tod bedeuten. Ténéré, das Land da draußen, nennen die Tuareg diese unendliche, leblose Sandfläche voller Hochachtung.

Die Ténéré, beinahe doppelt so groß wie Deutschland, erstreckt sich zum größten Teil im Nordosten der Republik Niger, nur der Oberlauf des Wadi Tafasset liegt in Algerien. Begrenzt wird diese Wüste der

Wüsten im Westen vom Aïr-Massiv, im Osten von der Steilstufe des Kaouar und im Norden vom Tassili n'Ajjer. Im Süden reicht sie bis an die Ufer des Tschadsees. Vor viertausend Jahren verwandelte sich die Savanne in Steppe und diese in leblose Sandflächen. Vor dreitausend Jahren trockneten die letzten Wasserflächen aus. Die Temperaturen betragen durchschnittlich 40 Grad im Schatten, am Boden ist es häufig doppelt so heiß. Einige Regionen bleiben oft jahrelang trocken, bis sie dann ein oder zwei Stunden lang von wolkenbruchartigen Regenfällen überschwemmt werden.

Die Karawanen bringen hauptsächlich Hirse, aber auch Zucker, Tee, flüssige Butter, Stoffe, getrocknetes Fleisch und getrocknete Tomaten nach Fachi und Bilma. Heute werden zunehmend moderne Waren wie Aluminiumtöpfe, Emaillegeschirr, Stoffe, Parfüm und Sonnenbrillen mitgeführt. Dafür erhalten die Karawanenhändler Datteln und Salz aus den Oasen. Datteln werden getauscht. Salz muß bezahlt werden. Es wird in unterschiedlichen Formen zum Verkauf angeboten. Eine Gemisch aus Salz und Erde wird angefeuchtet, in einen ausgehöhlten Palmenstamm gepreßt, mit Leder umhüllt und getrocknet. So entsteht ein Salzstock in Form eines Zuckerhutes, gegen den er früher auch getauscht wurde. So ein *kantu* ist ungefähr siebzig Zentimeter hoch und wiegt fünfzehn bis zwanzig Kilo. Die flachen Salzkuchen, *fossi* genannt, werden in einer Schale gepreßt. Jede der grauen Halbkugeln ist etwa zwei Kilo schwer. *Beza* heißt das lose, in Kristallform verkaufte Salz.

Das Salz entsteht durch Verdunstung des Wassers aus der Sole. Flache Becken beschleunigen den Vorgang. Sobald sich an der Oberfläche der Sole eine dünne Salzschicht gebildet hat, wird sie mit Kürbisschalen abgeschöpft und zum Salinenrand gebracht, getrocknet und später zerkleinert. Dann vermengt der *furte duma*, ein erfahrener Arbeiter, dieses Pulver mit einer genau festgelegten Menge Erde, befeuchtet die Mischung und preßt den Brei in die Form für einen *kantu* oder *fossi*. Sobald er getrocknet ist, wird die Form gestürzt.

Saharasalz ist heute fast ausschließlich für die Viehzucht bestimmt. Es wird dem industriellen, billigeren Meersalz vorgezogen, weil es viele wichtige Spurenelemente enthält, die für das Wohlbefinden der Tiere unerläßlich sind und verschiedenen Krankheiten vorbeugen.

Einmal, als Elhadji und ich mit dem Motorrad zu Chouma unterwegs sind, führt der *kori* hüfthohes, braunes, reißendes Wasser. Wir müssen ihn durchqueren. Am Ufer spielen drei Jungen. Sie helfen Elhadji, das Motorrad, das bis zum Sattel versinkt, durch den Fluß zu schieben. Irgendwie sind hier immer Kinder zur Stelle, wenn man sie braucht. Der Respekt gebietet, jeden Auftrag eines Älteren auszuführen. Auch dann, wenn man ihn nicht kennt.

Ein ruhiger Nachmittag in der Oase vergeht. Der *kori* hat viel Unrat angespült und viele Felder überschwemmt und zerstört. Zwei Söhne legen neue an. Chouma ist trotz der Überschwemmungen glücklich: »In den letzten Monaten hatte ich Probleme. Zuwenig Wasser. Die Datteln dieses Jahr sind schlecht, aber nächstes Jahr, *inschallah* ...« Er hat lange auf eine Motorpumpe gespart, tausend Mark, aber dann starb der erste Zugochse, bald darauf der zweite und zum Schluß noch die Tante. »Das Waisenkind weint, und Gott gibt ihm noch eins drauf«, sagen die Tuareg. Choumas Söhne müssen weiter den ganzen Tag im Garten arbeiten und können nicht in die Schule.

Im Januar blühen die Obstbäume. Viel reifes Gemüse wartet darauf, geerntet zu werden, und zwischen den Dattelpalmen liegt ein großes, grünes Weizenfeld. Ein ungewohnter Anblick, das vertraute Getreide im gelben Sand. Chouma packt mir, wie immer, viel zuviel in einen großen Sack: Karotten, Kohl, rote Bete, Frühlingszwiebeln, Tomaten, Petersilie, Minze, Salat und Zitronen. Er freut sich über die Gemüsesamen, die ich ihm mitgebracht habe: »Wenn ich mir doch noch einen Brunnen leisten könnte. Schau, das ganze Land dort hinten könnte ich bebauen.«

> »Es macht die Wüste schön«,
> sagte der kleine Prinz,
> »daß sie irgendwo einen Brunnen birgt.«
> *Antoine de Saint-Exupéry*

Herrscher und Beherrschte
Historischer Überblick

> ... Meine Freunde aus ganz Afrika,
> ich muß euch eine Frage stellen,
> die in der Tiefe meiner Seele brennt.
> Wie kann ein Mann glücklich sein,
> der seit seiner Geburt in Unterdrückung lebt?
> Sechs lange Jahre habe ich die Rebellion begleitet,
> und heute verläßt sie endlich den Untergrund.
> Die Revolution ist ein Baum.
> Man muß sie mit Blut befeuchten, damit sie Früchte trägt.
> Seit sechs Jahren sind wir nun hier,
> und nichts hat sich in dieser Zeit verändert ...
> *Abdallah Oumbadougou*
> *Refrain eines Rebellenliedes*

Der Aïr liegt 2.500 Kilometer südlich von Algier. Eine Vielzahl kleiner, dunkler Gebirgsstöcke vulkanischen Ursprungs, 400 Kilometer lang und 250 Kilometer breit. Phantastisch zusammengewürfelte Felsblöcke, unterbrochen von flachen, fruchtbaren Tälern, deren Boden von verstreuten Akazien gehalten wird. »Die Schweiz der Wüste«, wie der deutsche Forscher Heinrich Barth den Aïr, der in der Regenzeit von den Niederschlägen des tropischen Afrika profitiert, 1850 enthusiastisch beschrieb. Allerdings regnet es sehr unregelmäßig. Je nach Niederschlagsmenge verwandelt sich das Gebirge in einen sattgrünen Garten oder behält seinen wüstenhaften Charakter bei.

Der Aïr und seine Randgebiete sind einer der ältesten Entstehungsräume menschlicher Kultur: Keramik – 10. Jahrtausend v. Chr., Kupferverarbeitung – Anfang 1. Jahrtausend v. Chr. und Eisenbearbeitung – 7. Jahrhundert v. Chr. In Méroë, dem Königreich am oberen Nil, begann die Eisenverhüttung erst im 6. bis 5. Jahrhundert v. Chr. Felsbilder und Gravuren erzählen davon. Antilopen, Giraffen und Elefanten bezeugen den Vormarsch der Wüste. Reiter zu Pferd, mit Lanzen bewaffnet – Vorfahren der Tuareg?

Die Bewohner des Aïr sind vorwiegend Kel Ewey, die im 14. Jahrhundert von Westen und Norden her zuwanderten und die damals dort ansässigen Tuaregkonföderationen der Kel Geres und Itesen, die ihrerseits die Haussabevölkerung aus ihren Dörfern vertrieben hatten, nach Süden abdrängten. Im 15. Jahrhundert wurde Agadez zum politischen Zentrum der Kel Ewey, die sich in vieler Hinsicht von allen anderen Tuareg unterscheiden. Sie vermischten sich mit der afrikanischen Population und spezialisierten sich mit ihren Karawanen auf den Handel in dem geographischen Dreieck, das den Aïr über die sudanesische Hirsezone im Haussaland und die Kaouar-Oasen mit den Salz- und Dattelgärten von Bima und Fachi in der Ténéré verbindet. Noch heute leben sie, außer von Viehzucht und Gartenbau, vom Karawanenzyklus zwischen dem Aïr, den Ténéré-Oasen und dem Haussaland.

Durch den regen Handel kamen die Kel Ewey früh mit den Einflüssen fremder Kulturen in Berührung und integrierten diese in ihr Leben. Im Gegensatz zu allen anderen Tuareg gingen sie Ehen mit dunkelhäutigen Sklavinnen ein. Kinder aus diesen Ehen sind sogenannte Freie. Die matrilineare Geburtenfolge – das Kind gehört zur Familie der Frau und bekommt ihren Namen – wurde außer Kraft gesetzt. Der Mann bleibt Herr in seinem Haus und zieht nicht zur Familie der Frau. Nach einer Scheidung bleiben die Kinder beim Vater. Seit der Kolonialzeit und der damit verbundenen Abschaffung der Sklaverei wurde diese Lebensweise durch den zunehmenden Einfluß des Islam unterstützt. Die einst starke gesellschaftliche Stellung der Tuaregfrau wurde weiter geschwächt.

Um 1400 Die vorkoloniale afrikanische Vergangenheit
Agadez entwickelt sich zu einer Niederlassung arabischer Kaufleute aus den Thouat-Oasen und Tripolitanien, die mit den Songhay von Gao, den Haussa und den Kanembu im Süden Handel treiben. Die Stadt wird zum politischen Zentrum der Tuareg des Aïr. Zu jener Zeit entsteht das Sultanat, als ein schwarzer, unparteiischer Sultan, wahrscheinlich ein Haussa, ausgewählt wird, um die Streitigkeiten zwischen den einzelnen Tuaregkonföderationen zu schlichten. Sultan Ilissaououane regiert bis 1499 und treibt den Ausbau des Reiches voran. Die schwarze Bevölkerung von Agadez, In Gall und Teggida n'Tessoum im Aïr muß regelmäßig Abgaben entrichten, während die »Freien Tuareg« davon befreit sind.

In der Literatur erwähnt wurde Agadez, das Tor zum schwarzen Sudan, erstmals 1526 von Leo Africanus in dessen Description del' Africa. Dort hieß es, die Stadt sei vermutlich 160 Jahre vor diesem Bericht entstanden, es gebe jedoch keinen Hinweis auf ihren Gründer.

1515
Der letzte große Songhay-Herrscher von Gao, l'Askia Mohamed, unterwirft Agadez und macht es tributpflichtig. Bis zum Ende des 16. Jahrhunderts bildet die Stadt den nordöstlichsten Außenposten des Songhay-Reiches. In diesem Zeitraum siedeln sich Songhay- und Haussahändler an und verleihen der Stadt ihr sudanesisches Gepräge, während das Aïr-Umland kulturell von den Tuareg bestimmt wird. Eine Periode des Wohlstands. Der Sultan wird sehr reich, da er alle Handelswaren mit Steuern belegt. Agadez ist nicht nur ein wichtiger Knotenpunkt der Karawanenstraßen, die vom nördlichen Afrika in die südlichen Saharaländer führen, sondern auch die Drehscheibe des Schmuggels zwischen Mali, dem Fezzan und Ägypten einerseits und den Haussastaaten, den Kaouar-Oasen, dem Fezzan und Tripolitanien andererseits. Auch der Salzhandel spielt eine wichtige Rolle. Mit dem Zerfall des Songhay-Reiches infolge der marokkanischen Invasion und dem Rückgang des Transsaharahandels wegen der unsicheren Verhältnisse auf den Karawanenstraßen wird Agadez wieder vollständig von den Tuareg kontrolliert.

1700
Eine Hungerperiode infolge von Dürre durch ausbleibende Regenfälle sowie kriegerischen Auseinandersetzungen zwischen den drei großen Tuaregkonföderationen – den Kel Geres, den Kel Ewey und den Kel Erwan – und zahlreiche Überfälle auf die Haussagebiete im Süden schaffen ein Klima politischer Unordnung. Die Karawanen suchen sich neue Wege. Am Ende besteht nur noch die Salzkarawane.

1850
Heinrich Barth, der sich vom 10. bis zum 30. Oktober als erster Europäer in Agadez aufhielt, schreibt: »Was kann wohl anziehender sein als eine bedeutende Stadt, die einst an Größe Tunis gleichgestanden haben soll, mitten unter gesetzlosen, barbarischen Horden gelegen, an der Grenze der Wüste und der fruchtbaren Distrikte des fast unbekannten

Inneren eines großen Kontinents, gegründet an einem solchen Platze von alters her ...?«

1891 Beginn der Kolonialzeit

Frankreich versucht von Algerien aus, seine Kolonialansprüche Richtung Süden zu erweitern, und dringt in die Aïr-Region vor. Am 7. März 1902 schlägt eine Reiterschwadron unter dem Kommando von Leutnant Cotennest die Tuareg des Hoggar in Algerien. Hundertdreißig automatische Gewehre gegen Lanzen, Schwerter und Wurfspeere. Das letzte Hindernis auf dem Weg nach Süden ist beseitigt. Nordafrika wird mit den äquatorialen Besitzungen verbunden.

Die Tuareg des Aïr leisten erbitterten Widerstand gegen ihre Unterwerfung. Innerhalb ihrer Gesellschaft beginnt eine bis in die Gegenwart reichende Auseinandersetzung um die Haltung, die man den Besatzern gegenüber einnehmen soll. Einige wollen sich mit den Franzosen arrangieren, um so ihre traditionelle Lebensweise beibehalten zu können und den Schutz der von ihnen abhängigen Familienmitglieder und der untergeordneten Gruppen sicherzustellen. Andere wählen den Kampf. Viele gehen ins Exil und bekämpfen die Franzosen, wo immer sie sie finden. Sie verraten ihre Ehre, indem sie ihre Heimat, ihre Stellung und ihre Schutzbefohlenen im Stich lassen. Der Exodus und ein moderner Partisanenkrieg, der bis heute anhält, beginnen.

Anfangs begnügt sich Frankreich damit, die Sicherheit der großen Salzkarawanen, die die Ténéré durchqueren, zu gewährleisten, um die Türken an der Besetzung der Oasen zu hindern und den eigenen Einfluß nach Osten auszudehnen.

> Die Europäer begründeten ihre kolonialen Machtansprüche mit dem Tribalismus-Konzept: Das Denken und Handeln von Individuen wird in erster Linie durch das Zugehörigkeitsgefühl zu dem Volk bestimmt, in das sie hineingeboren werden. Die Loyalität zum eigenen Volk ist oberster Bestimmungsfaktor im Leben tribalistisch orientierter Menschen. Deshalb gliedert sich die Bevölkerung in streng voneinander getrennte Völker – Stämme, die sich unentwegt brutal bekriegen und so jede Aufwärtsentwicklung blockieren. Nur durch die Herrschaft der Weißen kann dieser Zustand beendet und eine Zukunftsentwicklung garantiert werden.

Der deutsche Philosoph Friedrich Hegel schrieb Anfang des letzten Jahrhunderts: »Afrika hat keine Geschichte und ist zu einer solchen auch völlig unfähig.«

Mit dieser Geisteshaltung wurde, an der afrikanischen Wirklichkeit vorbei, Kolonialpolitik betrieben. Die verschiedenen afrikanischen Sprachgruppen wurden voneinander getrennt und in neue Verwaltungs- und Wohngebiete unterteilt. Dabei ging man davon aus, daß einzelne Völker anderen überlegen waren. Diese Abgrenzung übernahmen die Afrikaner im Laufe der Jahrzehnte schließlich selbst. Heute herrscht in vielen Staaten eine ethnische Elite, die durch exklusiven Zugriff auf nationale Güter wie Bildung, Land, Rohstoffe, Bodenschätze, Industrie, Verwaltung und Entwicklungshilfegelder ihren Reichtum und damit ihre Macht, aber auch den Abstand zum Volk, ständig vergrößert. Unermüdliche Aufrufe zur Einheit der Nation verkommen zu hohlen Formeln. Das Bewußtsein der Unterschiede zwischen den Völkern bleibt wach und kann jederzeit, vor allem in politischen Konfliktsituationen, mobilisiert und benutzt werden. Es stellt die Trennungslinie dar zwischen Freund und Feind, Gut und Böse, Liebe und Haß. Daraus darf man jedoch nicht den Schluß ziehen, daß kriegerische Auseinandersetzungen in Afrika in erster Linie tribalistisch bedingt sind. Wie überall auf der Welt handelt es sich vorwiegend um die wirtschaftlichen, politischen oder religiösen Machtkämpfe unterschiedlicher Interessengruppen.

Frankreich betrieb, im Gegensatz zu anderen Kolonialmächten, eine Politik der Assimilation, oder härter: des Kulturimperialismus – nur der Afrikaner, der die Normen und Werte der französischen Zivilisation verinnerlicht, nur der, der so denkt und handelt wie ein Franzose, kann damit rechnen, irgendwann als Mensch betrachtet zu werden.

Frankreichs Herrschaft war autoritär und zentralistisch. Einige wenige Stammesführer wurden mit wenig Macht ausgestattet, als Elite in Paris ausgebildet, von französischer Kultur durchdrungen und zugleich der eigenen entfremdet. Sie genossen die gleichen Rechte wie ein Franzose, einschließlich der Staatsbürgerschaft. Im Gegensatz zu Großbritannien, das Bürokraten ausbildete, um seine Kolonien zu besiedeln, zogen die Franzosen Führer heran, die das Land verwalteten. Britische Farmer sprachen Suaheli, französische Kolonialbeamte selbstverständlich Französisch.

T. E. Lawrence, der legendäre Lawrence von Arabien, schrieb: »Obgleich die Franzosen ähnlich wie wir von dem Grundsatz ausgingen, daß sie die Vollendung der Menschheit sind (bei ihnen war das allerdings nicht ein verborgener Instinkt, sondern ein Dogma), zogen sie im Gegensatz zu uns die Folgerung daraus, daß sie ihre unterworfenen Völker ermutigen müßten, ihnen nachzueifern. Diese konnten zwar niemals die wahre Größe eines Franzosen erreichen, aber ihr Wert nahm zu, je näher sie ihr kamen. Wir fanden es komisch, wenn man uns nachahmte, die Franzosen betrachteten es als Huldigung.«

1906

Das Jahr kennzeichnet den eigentlichen Beginn der militärischen Präsenz Frankreichs im Aïr und vor allem in Agadez. Die Stadt wird zum Militärstützpunkt. Eine Garnison entsteht.

1914

Ausbleibende Regenfälle sorgen im Aïr und im Haussaland für eine große Dürre, die eine große Hungersnot heraufbeschwört. Viele Menschen sterben. Noch heute heißt diese Zeit bei den Kel Ewey *gori*, nach der Stadt Birnin Gwari in Nigeria, auf deren Markt es damals keine Hirse gab.

Azahra, eine Frau aus dem Aïr, berichtet von jener Zeit: »Wir essen *taza*, eine Akazienfrucht. Wir durchwühlen den Kot der Tiere, um das *taza* zu suchen. So ist das Leben damals. Dann kommt die Regenzeit. Die Gräser *tazzalanghattay* und *ashako* sprießen. Wir sammeln sie, kochen sie, essen, essen, essen. Das Fieber sagt: Da bin ich. Alle Leute bekommen Fieber, weil sie das grüne Gras essen. Sie essen es, und sie sterben. Der Tod, der Tod, der Tod. Der Fiebertod.«

1916

Neue Hoffnung erfüllt das Land. Kaocen ag Mohammed wan Tegidda, einem Tuareg aus dem Aïr, der sich 1909 den Senussi, einer mächtigen islamischen Bruderschaft des unter türkischer Besatzung stehenden und mit Deutschland verbündeten Fezzan angeschlossen hat, gelingt es, die Tuareg aus dem Aïr und der Gegend um Tahoua sowie aus dem

Hoggar und Mali zu vereinen. Als ihr Anführer und als Gesandter von Koufra führt er einen heiligen Krieg: »Der Krieg, den wir heute führen, ist kein Krieg wie früher, ist kein Krieg zwischen zwei gleich starken Tuareggruppen. Unser Feind ist ungleich stärker an Zahl und Waffen ... Ich verlange von euch, daß ihr wie Wölfe oder Schakale kämpft, die nach jedem Schlag flüchten, dann aber zum Kampfplatz zurückkehren, ein Stück Beute wegreißen und wieder flüchten. Ihr sollt keine Löwen sein, sondern Schakale. Ich verlange nicht von euch, angesichts des Todes wie Pfeiler im Kampf auszuharren, sondern ihr sollt Falken sein, die nur dann zuschlagen, wenn es Erfolg verspricht, die sich urplötzlich auf Beute stürzen und verschwinden, danach anderswo auftauchen, wo der Feind sie nicht vermutet. Steht nicht in Reih und Glied auf dem Schlachtfeld, sondern seid Schmeißfliegen, die mal hier, mal da sind.« Diese moderne Taktik ist für die ritterlich kämpfenden Tuareg kaum zu akzeptieren. Viele ziehen den offenen, ehrenhaften Kampf vor.

Am 13. Dezember beginnt, durch den Ausbruch des 1. Weltkrieges begünstigt, der große Aufstand der Tuareg gegen die Franzosen. Das französische Fort der Garnison von Agadez wird angegriffen. Die Belagerung der Stadt nimmt ihren Anfang. Tagama, der Sultan von Agadez, unterstützt die Rebellen mit Lebensmitteln und mit Aufrufen an die noch nicht kämpfenden Tuareg, sich dem Aufstand anzuschließen. Erst am 3. März 1917 wird der Belagerungsring durch eine riesige französische Truppe, die aus dem Westen und Zinder zu Hilfe kommt, gesprengt. Die Franzosen metzeln einen Großteil der Bevölkerung nieder. Viele der beteiligten Tuareg fliehen nach Norden in die unzugänglichen Täler des Aïr und lassen ihren Anführer Kaocen nach und nach im Stich. Dieser flüchtet durch die Ténéré ins Fezzan, wo ihn am 5. Januar 1919 ein türkisches Kommando erschießt. Sultan Tagama findet man am 30. Dezember 1920 erdrosselt im Gefängnis von Agadez.

1920
Die Befriedung der Tuareg ist beendet. Aus dem Militärgebiet Niger wird eine französische Kolonie. Agadez bleibt bis zur Unabhängigkeit ein wichtiger Militärposten, zuständig für den südlichen Bezirk der Kolonie. Die Tuareg hören auf, die Franzosen und sich gegenseitig zu bekriegen. Sie widmen sich dem Gartenbau, der Viehzucht und dem Karawanenhandel, der seit dem Aufstand unterbrochen war. Langsam nehmen die Kamelherden im Aïr wieder an Stärke zu. Von den früher

25.000 Kamelen sind nach dem Aufstand nur noch 3.000 übrig. Sowohl die Franzosen als auch die Kämpfer Kaocens haben sämtliche Tiere, deren sie habhaft werden konnten, beschlagnahmt. Die Führer der Tuareg werden zu Hilfspersonal der Franzosen und verarmen schnell. Bald können sie nicht mehr für die Menschen sorgen, die materiell von ihnen abhängig sind.

1927
Eine kurze Dürre und eine Hungersnot lähmen den Aïr. Sie gehen als *dan buhu*, der Sohn des Sackes, in die Geschichte ein.

1960 Die Unabhängigkeit
Am 3. August entläßt Frankreich die Republik Niger in die Unabhängigkeit. Hamani Diori wird am 8. November zum ersten Präsidenten gewählt.

Die Tuareg träumten von einem eigenen Staat innerhalb ihrer Stammgebiete in Algerien, Libyen, Mali und Niger. Sie haben mit den Franzosen kollaboriert und ihnen versprochen, deren Interessen in bezug auf Erdölfunde und Atombombenversuche auch in Zukunft zu wahren. Das Projekt OCRS, Organisation der Gemeinschaft der Sahararegionen, scheitert, weil sich General de Gaulle dagegenstellt.

1960 werden auch die Nachbarländer Algerien und Mali unabhängig. Dies bringt für die Tuareg große Veränderungen mit sich. Plötzlich ist es nicht mehr möglich, uralten Wegen zu folgen, weil es neue Grenzen gibt. Neue Herren sind an der Macht. Die Tuareg sind nun Bürger verschiedener Staaten, deren Regierungen sie wegen ihrer Vergangenheit als Herren der Wüste, Schutzzollerheber von den Karawanen, Sklavenhalter und Kollaborateure der Franzosen nicht mögen und daher nach Mitteln und Wegen suchen, Vergeltung zu üben und sie zu unterdrücken. So kommt es zu Visumpflicht, Verweigerung eines Passes, mangelhafter Ausbildung und medizinischer Versorgung, Ausschluß vom Militärdienst sowie zwangsweiser Ansiedelung. Algerien, Mali und Niger schließen einen Dreiländerpakt gegen die Tuareg und schneiden deren Ausweichmöglichkeiten nach Norden ab.

Die Tuareg haben niemanden, der für ihre Sache eintritt. Seit der Kolonisation haben sie jegliche Anpassung verweigert – zur Schule zu gehen, Berufe zu lernen und seßhaft zu werden. Sie sind ein Volk, das seit Jahrhunderten in der Wüste eingeschlossen ist und dessen traditionelle Existenz auf uneingeschränkter Mobilität zwischen Dürre- und Regengebieten sowie den großen Märkten des Sahels und den Salzoasen der Wüste beruht.

Der italienische Schriftsteller Alberto Moravia schreibt über Afrika: »Ich glaube, daß es kein größeres Leid für die Menschen gibt, als zu spüren, wie ihre kulturellen Grundlagen unter ihren Füßen nachgeben.«

Koloniale Grenzziehung – dreiviertel davon künstlich – und Staatenbildung vereinten fast immer Völker mit völlig unterschiedlicher Sprache, Kultur, Religion, Tradition und Lebensweise. In Jahrhunderten zusammengewachsene Völker dagegen wurden oft getrennt.

Seit der Unabhängigkeit verteilen sich die Tuareg von Französisch-Westafrika und Italienisch-Libyen auf fünf Staaten – Libyen, Algerien, Mali, Burkina Faso und die Republik Niger, in der wiederum Haussa, Djerma, Songhai, Kanuri, Tibbu, Tuareg, Fulbe, Araber und andere zu einer Nation zusammengewürfelt leben. Gegenseitiges Mißtrauen und Feindschaften, die von der französischen Kolonialverwaltung mit einer Politik des Teilens und Herrschens – divide et impera – geschickt geschürt und ausgenützt wurden, prägen bis heute ihren Umgang miteinander.

Als die afrikanischen Unabhängigkeitsbestrebungen 1958 nicht mehr aufzuhalten waren, stellte Charles de Gaulle Frankreichs Kolonien vor die Wahl, weiterhin Verbindung zu Frankreich zu halten und von seiner finanziellen Unterstützung zu profitieren oder die sofortige Unabhängigkeit zu riskieren. Nur eine wagt den Bruch. »Guinea zieht die Armut in Freiheit dem Reichtum in Sklaverei vor«, erklärte der künftige Präsident Sékou Touré, damals Gewerkschaftsführer, als Charles de Gaulle sein Land besuchte. Dieser reiste sofort ab, und mit ihm 35 Millionen Mark pro Jahr. Senegals Präsident Léopold Sédar Senghor, der später als erster Afrikaner in die Académie Française berufen wurde, kommentierte das Ereignis: »Armer Sékou. Niemals wieder wird er die Champs-Élysées entlangspazieren.«

In der postkolonialen Vergangenheit zeigte sich Frankreich, im Gegensatz zu anderen europäischen Mächten, mehrfach bereit, militärische Gewalt anzuwenden, um afrikanische Regierungen auszutauschen oder an der Macht zu halten – 1978 kämpften französische Fremdenlegionäre für Mobutu Sese Seko in Zaire gegen die Tiger, Guerilleros der kongolesischen Befreiungsfront; 1979 beschleunigte Frankreich, das vorher den Staatshaushalt der Zentralafrikanischen Republik mit jährlich 76 Millionen Dollar subventioniert hatte, den Sturz von Bokassa; 1982 unterstützten französische Truppen im Tschad Hissène Habré beim Kampf um die politische Führung gegen Goukouni Ouddei, der mit Libyen verbündet war; 1975 flogen französische Kampfflugzeuge für den marokkanischen König, Hassan II., gegen die saharauische Befreiungsfront, POLISARIO, in der Westsahara; 1994 reisten hohe Militärs und Polizeioffiziere der Republik Niger zu Schulungskursen nach Paris; 1996 kämpften französische Hubschrauber mit Nachtsichtgeräten für die algerische Regierung gegen die islamische Heilsfront, FIS.

»Wir haben den afrikanischen Kontinent noch nie als Jagdrevier Frankreichs betrachtet«, verkündete der Sprecher des französischen Außenministeriums, Rummelhardt, am 14. Oktober 1996, als Entgegnung auf Vorwürfe der Vereinigten Staaten, Frankreich betrachte ganze Regionen Afrikas als seinen Kompetenzbereich – im Januar 1997 ließ eine Tochter von France Télécom die Teilnahmebedingungen für die Ausschreibung der zum Verkauf stehenden staatlichen Telefongesellschaft der Elfenbeinküste ändern, um ein afrikanisches Unternehmen, Afrika-Bell, auszustechen, das erheblich mehr Geld geboten hatte ...

Mutombo Kanyana, selbst Afrikaner, schrieb 1995 über die seit einigen Jahren neu entbrannte Diskussion zur Rekolonisation Afrikas: »Es ist ausgeschlossen, zum vorkolonialen Afrika zurückzukehren, aber die Afrikaner ganz und gar auf westliche Werte einzuschwören würde bedeuten, sie der letzten Reste ihrer Identität zu berauben. Wäre es nicht an der Zeit, trotz wiederholter, immer lauter werdender Rufe afrikanischer und westlicher Intellektueller nach Rekolonisation, Afrika Raum zu geben, sich auf sich selbst zu besinnen, um ein Gleichgewicht zu finden zwischen dem modernen Afrikaner, der den Westen überbewertet, und den abseits der Städte gelebten Traditionen? Ihm endlich die Pause zu gewähren, die die einzelnen Staaten trotz ihrer Unabhängigkeit nie hatten?

Kaschiert der Westen mit humanitärer Hilfe sein Verlangen nach gesicherter Rohstoffversorgung und die Angst vor der Destabilisierung Europas durch ein Heer von Elendsflüchtlingen? Oder träumt er den weißen Traum von einem Afrika ohne freie Afrikaner, als einem Reservoir an Rohstoffen, Bodenschätzen und Meeresressourcen? Träumt er von einem Reservat für Liebhaber kultureller und touristischer Safaris? Einem Zoo für wilde Streicheltiere? Träumt er von billigen Arbeitskräften, einem riesigen Markt für minderwertige Produkte, einem Experimentierfeld für medizinische Versuche und einem Abladeplatz für Sondermüll? ...«

Und Motombos Resümee lautet: »Afrika sollte sich aus eigener Kraft helfen und wieder selbst Geschichte schreiben.«

War die Entwicklung Europas zur Demokratie im frühen 19. Jahrhundert vielleicht nur möglich, weil die Probleme und Kosten von den Gesellschaften nach außen verlagert wurden? Wie hätte es ohne die Auswanderung ausgesehen? Hätte sich unser Wohlstand ohne die Kolonialisierung ausbilden können? Wäre unsere heutige Demokratie möglich, wenn wir den vollen Preis für unsere Art zu leben hätten selbst bezahlen müssen?

1971
In Arlit im Aïr beginnt der Uranabbau. Die Gewinne daraus werden der Region vorenthalten und wandern in die Hauptstadt Niamey. 1981 liefert die Republik Niger 12 Prozent der Weltproduktion.

1973/74
Taimako, das Jahr der Hilfe, fordert viele Hungeropfer unter den Tuareg. Sowohl im Haussaland als auch im Aïr herrscht die schwerste Dürre seit 1913/14. Die Kamel-, Schaf- und Ziegenherden werden beträchtlich dezimiert. Der Karawanenhandel geht stark zurück. Viele Tuareg verlieren ihre Lebensgrundlage. Die Regierung entdeckt den Hunger als Waffe. Die internationalen Hilfslieferungen, die erstmals erfolgen, erreichen nur teilweise ihre Ziele.

1974
Am 15. April putscht das Militär unter Führung ihres Oberbefehlshabers, General Senyi Kountché. Dieser übernimmt die Regierungs-

geschäfte und besetzt alle entscheidenden Positionen mit Militärs. Die Verfassung wird außer Kraft gesetzt. General Kountché prägt als Zukunftsvision den Begriff der Entwicklungsgesellschaft – damit der Niger seinen eigenen afrikanischen Weg in die Moderne findet, muß er vom Militär regiert werden und braucht Zeit.

Ab Mitte der siebziger Jahre wird der Karawanenhandel durch staatlich subventionierte Lastwagen gestört. Ihr Verschleiß steht in keinem Verhältnis zu den Gewinnen. Die Tuareg argwöhnen, daß man ihnen auf diese Weise ihre finanzielle Unabhängigkeit nehmen und ihre große Eigenständigkeit verringern will, um sie für Ansiedelungsprogramme gefügig zu machen.

1976
Ein fehlgeschlagenes Attentat gegen das Regime von General Senyi Kountché verschärft die Spannungen zwischen der Staatsmacht und den Tuareg.

1980
Viele junge Tuareg begeben sich, um Not und Arbeitslosigkeit im eigenen Land zu entgehen, nach Libyen zur islamischen Legion von Oberst Muammar el-Khadhafi ins Exil. Sie nennen sich *ishomar* – die im Geist des Widerstandes leben. Von 1981 an bildet die libysche Armee sie zu Guerillakämpfern aus. Die *ishomar* hoffen, daß Oberst Khadhafi sein Versprechen hält und ihnen eines Tages zu einer Tuaregrepublik verhelfen wird. Die Kalaschnikow, *kalach*, wird zu ihrem Symbol. Aus den *ishomar* sollten die Rebellen der neunziger Jahre werden.

1983
Ein aus Zivilisten bestehender Nationaler Entwicklungsrat wird als beratendes Organ mit der Formulierung einer nationalen Charta betraut, die die Vorstufe zu einer nationalen Verfassung bilden soll. General Kountché befindet: »Die Republik Niger soll den afrikanischen Weg der Entwicklung und Mitbestimmung gehen und sich weder an westlichen, noch östlichen Modellen orientieren.« Das neue Grundgesetz sieht vor, daß das Militär seine besondere Rolle beibehält und keinesfalls Macht abgibt. Freie Wahlen und ein Mehrparteienstaat werden ausgeschlossen.

1984
Der Oberste Militärrat beschließt die neue Verfassung.

1984/85
Wieder lähmt eine große Dürreperiode und Hungerkatastrophe die Aïr-Region und tötet die letzten Tiere, die die Härten des Jahres 1973/74 überstanden haben. Der Karawanenhandel stagniert fast völlig. *Konjenktir*, Konjunktur, nennen die Tuareg diese Zeit. Das Wort wird vom französischen *conjoncture* abgeleitet und bezeichnet jede erdenkliche Notlage. Die Regierung gebraucht es seit Beginn der 80er Jahre häufig, um die desolate Lage der staatlichen Finanzen wegen des Uranpreisverfalls zu erklären.

Tausende von Tuareg flüchten aus Mali und Niger nach Algerien, das sie nun nicht mehr an die Nachbarländer ausliefert. Die Hoffnungen derer, die den Hilfsversprechungen des nigrischen Staates Glauben schenken und zurückkehren, werden schwer enttäuscht. Korrupte Beamte veruntreuen die Spenden aus dem Ausland. Zelte und Nahrungsmittel landen auf den Sahelmärkten.

1987
Am 10. November stirbt General Senyi Kountché. »Er war einer der bemerkenswertesten afrikanischen Staatsoberhäupter und einer der treuesten Freunde Frankreichs«, erklärt der französische Präsident François Mitterrand in seiner Trauerrede.

Am 14. November tritt General Ali Saibou die Nachfolge an. Außenpolitisch versucht er, im Gegensatz zu Kountché, die Beziehungen zum Nachbarland Libyen zu normalisieren und die *ishomar* wieder an den Niger zu binden.

1989
General Saibou trifft sich mit den Führern der *ishomar* und verspricht ihnen eine Amnestie und eine Zukunft in ihrem Kernland, dem Aïr. Die *ishomar* willigen ein, da sie mittlerweile an den Versprechungen Oberst Khadhafis, eine Tuaregrepublik zu schaffen, zweifeln. Sie haben im Tschad, in der Westsahara sowie im Libanon und in Afghanistan gekämpft. In ihrer eigenen Sache ist nichts geschehen.

Am 18. Mai wird die Einheitspartei MNSD, Nationale Bewegung einer Entwicklungsgesellschaft, gegründet.

Am 14. September bekommt die Republik Niger per Referendum eine neue Verfassung.

Am 10. Dezember finden Wahlen statt. General Saibou wird in seinem Amt bestätigt.

1990

Im Januar weist Algerien weit über 20.000 Tuareg aus, die in Flüchtlingslagern bei In Guezzam leben. Weder Mali noch Niger wollen sie haben. Sie selbst betrachten sich als staatenlos. Schließlich nimmt der Niger 18.000 Menschen auf und steckt sie in eilig errichtete Übergangslager um Tchin-Tabaraden. Auch die *ishomar* aus Libyen sind inzwischen dort untergebracht. Allen ist untersagt, die Lager zu verlassen, ihre Kinder zur Schule zu schicken und Handel zu treiben. Wieder verschwinden internationale Hilfslieferungen auf den Wegen der Korruption.

Am 7. Mai versuchen einige junge, unbewaffnete Tuareg, den Polizeiposten der Flüchtlingslager bei Tchin-Tabaraden zu besetzen. Sie wollen gegen die Inhaftierung einiger Kameraden protestieren und auf die unerträglichen Lebensbedingungen in den Lagern aufmerksam machen. Daraufhin entsteht ein Handgemenge, in dessen Verlauf einer der Wachhabenden und dessen Bruder getötet wird. Die Tuareg bringen Waffen und Munition in ihren Besitz und fliehen Richtung Mali. Hinter der Grenze werden sie von malinesischen Soldaten gefangengenommen und in das Gefängnis von Menaka gesteckt. Am 29. Juni werden die nigrischen Tuareg von ihren Brüdern aus Mali befreit.

Einige Stunden nach dem Vorfall unternimmt die nigrische Armee einen Tage andauernden Rachefeldzug gegen die Lagerinsassen und die zivile Tuaregbevölkerung. Nach Schätzungen unabhängiger Hilfsorganisationen werden mindestens 600 Tuareg, vor allem alte Menschen, Frauen und Kinder, getötet. Von den zahllosen Beleidigungen und Vergewaltigungen seitens der Armee ganz zu schweigen. Die Rebellion beginnt. Die FLAA, Befreiungsfront des Aïr und des Azawak, wird ins Leben gerufen und kämpft – ein kleiner, radikaler Flügel für einen eigenen Staat, der Rest für regionale Autonomie unter eigener Verwaltung.

Mitte November treffen sich die Staatspräsidenten Algeriens, Libyens, Malis und Nigers zu einem Saharagipfel, um das Tuaregproblem zu diskutieren. Sie beschließen hauptsächlich grenzüberschreitende Kontrollmaßnahmen, um den Waffenschmuggel zu unterbinden.

Am 15. November akzeptiert General Saibou das Mehrparteiensystem.

1992
Am 2. März erhebt sich das Militär zum zweitenmal innerhab von vierundzwanzig Stunden gegen die Regierung, zieht sich aber zurück, als den Soldaten die Auszahlung des ausstehenden Soldes zugesagt wird.
Am 16. November bekommt die Rebuplik Niger in der ersten freien Wahl seit der Unabhängigkeit 1960 eine neue demokratische Verfassung. Eine Übergangsregierung unter Ministerpräsident Amadou Cheffou wird bestätigt. General Saibou bleibt nominell weiterhin Staatspräsident.
Im August verhängt die Armee das Kriegsrecht über den von Tuareg bewohnten Norden. Die Regierung gibt erstmals zu, daß es ein Tuareg- und kein Banditenproblem gibt, und signalisiert Bereitschaft zum Dialog mit den Rebellen, die in knapp zwei Monaten fünf Dörfer im Norden überfallen und Soldaten getötet und entführt haben.

1993
Am 27. März wird Mahamane Ousmane zum Präsidenten gewählt.
Im April werden die letzten Rebellenkämpfer der Tuareg, die sich seit August 1992 in Militärgewahrsam befinden, freigelassen. Die Rebellion hat sich inzwischen in verschiedene Parteien aufgespalten, deren Anführer zerstritten sind, sich dank der Vermittlung von Mano Dayak, der seit Jahren im Ausland für die Rebellion wirbt, jedoch einigen. Sie schließen sich zur CRA, zum Koordinationsverband der Widerstandsarmee, zusammen. Diese nimmt die Friedensgespräche mit der Regierung wieder auf und fordert ein föderalistisches System.
Im Juni wird ein Waffenstillstandsabkommen unterzeichnet, das am 11. Dezember in Kraft tritt. In Agadez patrouilliert eine kleine Friedenstruppe der UN, mit der Auflage, nur Präsenz zu zeigen, nicht aber einzugreifen.

1995
Am 12. Januar ist Wahl. Sofort beginnt ein Machtkampf zwischen Präsident Mahamane Ousmane und Ministerpräsident Hama Amadou, der sich bis Ende des Jahres verschärft und die Staatsspitze lähmt. Der Präsident bereitet eine Auflösung des Parlaments vor, während der Par-

lamentspräsident Mahamadou Issoufou ein Amtsenthebungsverfahren gegen den Präsidenten einleitet.

Ab Februar finden Friedensgespräche zwischen der neugewählten Regierung und den vier Rebellenführern, Rhissa ag Boula, Mohamed Autchiki, Mohamed Ewungai und Mano Dayak, statt. Die Rebellen nennen sich jetzt: ORA, Organisation der Widerstandsarmee. Am 24. April wird in Burkina Faso ein Friedensvertrag zwischen der nigrischen Regierung und der ORA unterzeichnet. Darin wird den Tuareg ein föderatives System zugesagt, das ihnen mehr Selbstbestimmung einräumen soll. 5.900 Rebellenkämpfer sollen teilweise in die Armee und die Gendarmerie aufgenommen, teilweise demobilisiert und durch Kleinprojekte in das Zivilleben eingebunden werden. Es wird gemunkelt, daß es nie mehr als 1.000 aktive Kämpfer gab. Der Verteilungskampf um Gelder und Arbeitsplätze beginnt. Die benötigten 17 Milliarden CFA für die erste, 17monatige Phase des Friedensvertrags sollen vor allem aus Frankreich und der EG kommen.

Ende Oktober veranstaltet Amadou Sofiani, der Hochkommissar für die Wiederherstellung des Friedens, eine Konferenz in Tahoua, um konkret über die Zukunft der Tuaregregion zu beraten. Die Teilnehmer akzeptieren ein Dringlichkeits- und Wiederherstellungsprogramm, dessen Kosten sich auf 18,7 Milliarden CFA belaufen. Versprechungen werden gemacht. Ihre Erfüllung läßt auf sich warten.

Am 15. Dezember verunglückt Mano Dayak tödlich. Er war maßgeblich und mit großem Erfolg für Spendensammlungen und Pressearbeit für die Tuaregrebellion in Frankreich und der westlichen Welt verantwortlich. Unermüdlich trat er in seinen Büchern und Schriften für die Einheit der verschiedenen Rebellenparteien ein, warb für Verhandlungen und den Frieden mit der Staatsmacht und pflegte das kitschige Bild vom edlen blauen Wüstenritter. Bis heute gilt Mano Dayak im Ausland als der eigentliche Rebellenführer und Friedensstifter. Im Inland war er stets umstritten – hat er doch nie wie seine Brüder im Aïr geschwitzt und gekämpft. Erst sein plötzlicher Tod verschafft ihm auch dort den unantastbaren Märtyrerstatus.

1996

Am 27. Januar putscht das Militär unter der Führung von General Ibrahima Barré Maïnassara. Die bisherige Regierung wird unter Arrest gestellt. Fünf Tage später bildet der von den Putschisten ernannte

Premierminister Boukary Addji ein neues 17köpfiges Zivilkabinett. Ihm gehört auch ein Tuareg an. Für Juli wird eine demokratische Wahl angekündigt. Der Putsch findet Zustimmung in der breiten Bevölkerung. Die USA und die EG verurteilen ihn und setzen einen Großteil ihrer Entwicklungshilfe für sechs Monate aus. General Barré erkennt den Friedensvertrag mit den Tuareg an und verspicht, sich um dessen Erfüllung zu bemühen. Er verhandelt mit den Rebellenführern, die noch immer auf die versprochenen Gelder warten.

Am 7. und 8. Juli wird General Barré in einer umstrittenen Wahl als Staatsoberhaupt bestätigt. Die Oppositionsparteien sprechen von Wahlbetrug. Sie und der Gewerkschaftsdachverband rufen wiederholt zu Generalstreiks auf. Verhaftungen von Regimegegnern und regelmäßige Amnestien aufgrund des Drucks aus dem Ausland sind an der Tagesordnung. Der erste Auslandsbesuch von Präsident Barré führt ihn nach China, das große Versprechungen für eine Zusammenarbeit macht – sozialer Wohnungsbau, Baumwollpflanzungen und Brunnenprojekte im Tuareggebiet.

1997

Am 28. Februar nimmt die FARS, die revolutionäre Armee der Sahara, ein hauptsächlich aus Tubu bestehender Rebellenverband, der mit den Tuareg gekämpft hat und gegen den Friedensvertrag ist, einen Kanadier und den Assistenten des Unterpräfekten von Bilma als Geiseln. Das reguläre Militär hat einige Tage zuvor vierzehn FARS-Kämpfer, die sich angeblich bereits ergeben hatten, getötet.

Am 22. Mai wird der Kanadier von der FARS freigelassen. Vom 15. bis 17. August treffen die Staatsoberhäupter von Burkina Faso, Mali, Niger und Tschad in Libyen mit Oberst Khadhafi in Libyen zusammen, um dessen Vorschlag von den »Vereinigten Staaten der Sahara« zu diskutieren. Eine Erklärung zur besseren Zusammenarbeit wird unterschrieben.

Die Realität in der Region Agadez nach dem Friedensvertrag ist grau. Viele Rebellenverbände haben sich in ihre jeweiligen Familienverbände und sozialen Gruppen aufgespalten. Sie beneiden und bekämpfen sich mehr oder weniger gegenseitig und terrorisieren die Zivilbevölkerung mit Schutzgeldern und Banditentum. Gefahrlos können Touristen, die der Region vor der Rebellion viel

Geld brachten und auf deren Rückkehr alle hoffnungsvoll warten, im Aïr und in der Ténéré nur in Begleitung von bewaffneten Rebellen reisen. Diese lassen sich gut bezahlen und haben Reisebüros mit überteuerten Expeditionsangeboten gegründet.

Endlose Konferenzen werden anberaumt, um die Einheit der Rebellen zu stärken und die wenigen abtrünnigen Verbände auszugrenzen. Die Chance, sich konstruktive Gedanken über das zukünftige Gesicht der Region zu machen, wird meist vertan. Die Treffen vergehen mit kleinlichen Streitereien und endlosen, eitlen Selbstdarstellungen der jeweiligen Rebellenführer. Sicher ist es ein fast unlösbares Problem, Rebellenkämpfern, die nichts anderes gelernt haben als zu kämpfen, einen Zutritt in die zivile Gesellschaft zu ermöglichen.

Was wird passieren, wenn die im Friedensvertrag versprochenen Finanzierungen weiterhin ausbleiben? Die Regierung sollte sich endlich das Vertrauen der Bevölkerung verdienen, aber auch die Rebellenführer sollten endlich ihre Kräfte konzentrieren und vernünftige Programme, die im Ansatz vorhanden sind, entwickeln, anstatt dem Ausland so absurde Forderungen zu stellen wie: »Jeder Rebell, der seine Waffe abgibt, bekommt 1.000 Mark«. Damit würden alle Männer Nord- und Westafrikas zu ehemaligen Rebellen. Die Tuareg selbst müssen sich einigen, was sie wollen: die Fortsetzung jahrhundertealter Fehde untereinander oder eine Zukunft als verantwortungsvolles Volk, das seinen eigenen Weg findet, das, ohne seine Traditionen und Werte aufzugeben, die heutige Welt im Zusammenleben mit anderen Völkern meistert. Können die Tuareg ein einziges Mal in ihrer langen Geschichte einen gemeinsamen Nenner finden? Ich hoffe es sehr, *bismillah*!

»Afrika bleibt sich niemals gleich für den, der es verläßt und irgendwann wiederkehrt. Es ist kein Land der Veränderungen, doch es ist ein Land wechselnder Stimmungen, und diese Stimmungen sind ohne Zahl. Launenhaft ist es nicht, aber da es die Wiege nicht nur von Menschen, sondern von Rassen gewesen ist und der Schoß nicht nur von Städten, sondern Kulturen – und und so manche sterben sah und neue gebar –, kann Afrika leidenschaftslos, gleichgültig, warmherzig oder auch zynisch sein, wie übersättigt von der Fülle von allzuviel Weisheit.«

Beryl Markham

Personen

Ababa Schwester von Elhadjis Mutter
Abdelmalek algerischer Gendarmeriechef
Achmed Offons jüngerer Bruder
Achmed Atas ältester Sohn
Achmoudou Cousin von Elhadji
Addam Aischas ältester Sohn
Addu Aischas zweiter Sohn
Aischa Elhadjis Schwägerin
Alchassoum Offons Bruder
Arali Kolas älterer Bruder
Armina Elhadjis Tochter
Ata Elhadjis drittältester Bruder
Atefok Kolas Vater
Awinougou Offons Vater
Bubakar Hadj Sidis Sohn
Bukri Cousin von Offons Vater
Chouma Freund von Hadj Sidi
Danda Elhadjis viertältester Bruder
Ekaouel Elhadjis Cousin
Ekili Awinougous Bruder
Elhadji Mohameds fünfter Sohn
Eliez Hadj Sidis vierter Sohn
Fatima Elhadjis zweitjüngste Schwester
Gambo Offons Ehefrau
Hadija Mohameds Ehefrau
Hadj Sidi Elhadjis ältester Bruder
Hadj Umar Arzt in Agadez
Hadja Cari Elhadjis älteste Schwester
Hadja Katabou Schwester von Elhadjis Mutter
Hadja Kune Hadj Sidis Ehefrau
Hadja Tata Elhadjis zweitälteste Schwester
Hamilla Hadj Sidis ältester Sohn
Ibrahima Kolas ältester Bruder
Ismarel Elhadjis Sohn
Issuf Aischas jüngster Sohn
Kola Elhadjis Ehefrau
Lalla Hadj Sidis Tochter
Malouchounu Ehemann von Hadja Cari
Mariam Alchassoums Ehefrau
Mohamed Elhadjis Vater
Mungenia Schwester von Elhadjis Mutter
Offon Elhadjis bester Freund
Okumali Hadj Sidis Sohn
Onkele Kolas jüngerer Bruder
Raischa Aischas Schwester
Rualfa Elhadjis jüngste Schwester
Salah Ein Freund von Elhadji
Sarah Aischas jüngste Tochter
Salama Hadj Sidis Tochter
Schochu Schwager von Elhadji
Siti Arzt in Agadez
Sofu Schmied in Niamey
Tambo Mohameds Schwester
Tamische Aischas Tochter
Tamko Freund von Elhadji
Tanna Nichte von Elhadji
Toulba Kolas Mutter
Tourist Offons jüngerer Bruder
Umma Mohameds Schwester

Glossar

Akafer Weißer, Ungläubiger
Alemmoz Einjährige Gräser im Aïr, die in der Trockenzeit als Heu auf den Halmen stehenbleiben und den Karawanen unterwegs als Kamelfutter dienen
Alhamdulillah »Gott sei Dank«
Balise Wegmarkierung auf Pisten
Bismillah »Möge Gott mich begleiten«, »im Namen Gottes«
Bubu Weiter, oft bestickter Übermantel der Männer aus Baumwolle
CFA-Franc Währung im Niger und 12 anderen afrikanischen Staaten (Communauté Financière Africaine)
Couscous Zu Kügelchen gerolltes und über Wasserdampf aufgequollenes Grießmehl, das mit Gemüse oder Fleisch gereicht wird
Cram Cram Cenchrus Biflorus Roxbi, ein Wüstengewächs mit unzähligen winzigen Stacheln, die in die Haut eindringen und eitern, wenn sie nicht entfernt werden
Desertifikation Räumliche Ausdehnung der Wüste
Eklan Im traditionellen Sinne: Gruppe der Sklaven bei den Tuareg
Ereggan Reitkamel mit meist hellem, einfarbigem Fell
Erele Grundnahrungsmittel der Tuareg, für das Hirsemehl, Ziegenkäse und Datteln mit Wasser zu einem flüssigen Brei verrührt werden
Eschink Grundnahrungsmittel der Tuareg aus Hirsemehl, das mit Wasser zu einem festen, ungesalzenen Pudding gekocht und mit warmer Kamelmilch übergossen wird
Gerba Wasserschlauch, meist aus Ziegenfell, der 20 bis 30 Liter faßt
Gri-gri Amulett
Hadj/Hadja Titel eines Mekka-Pilgers/Pilgerin. Hadj nennt man die Pilgerfahrt nach Mekka.
Haussa Über 8 Millionen zählendes Händlervolk mit großem Organisationstalent, das heute, ausgehend vom nördlichen Nigeria, in vielen Ländern des Sahel-Sudan lebt
Imajeghan Freie Tuareg. Das Wort wird von allen Tuareg als Abgrenzung zu anderen Kulturen verwendet. Es bezeichnet die Gruppe bei den Tuareg, die den höchsten sozialen Rang in der Hierarchie einnimmt.
Imam Vorbeter im Islam
Imrad Gruppe der Vasallen bei den Tuareg, die den *imajeghan* tributpflichtig waren

Inadan Gruppe der Schmiede (allg. Handwerker) bei den Tuareg
Indigo Blauer Farbstoff aus den Blättern der Indigo-Pflanze, der in den Stoff gehämmert wird und so sein metallisch glänzendes Dunkelblau entwickelt. Neue Indigostoffe färben stark auf die Haut ab. Die Tuareg empfinden dies als schön.
Inesleman Gruppe der Gläubigen oder Schriftgelehrten bei den Tuareg
Inschallah »So Gott will«
Ishomar Die im Geist des Widerstandes lebenden Tuareg
Kalebasse Aus Kürbissen hergestelltes Gefäß
Kel »Die Leute von ...«
Kori Flußbett, das nur zu bestimmten Zeiten Wasser führt und sonst trocken liegt
Madugu Karawanenführer
Marabout Vom Volk als Heiliger verehrter Weiser, Gelehrter, Heilkundiger. Der Begriff bezeichnet auch das Grabmal eines Heiligen.
Maternité Entbindungsheim
Matrilinear Abstammungs- und Erbrechnung nach der weiblichen Linie. Das Kind gehört der Verwandtschaftsgruppe seiner Mutter an und trägt deren Namen.
Muezzin Ausrufer, der die Gläubigen fünfmal täglich zum Gebet ruft

Mulud Geburtstag des Propheten Mohammed
Nim, Neem *Azadirachta indica A. Juss.* Ursprünglich aus Indien und Birma stammender Baum, aus dessen Wurzeln, Rinde und Blättern vielerlei Heilmittel gewonnen werden
Nomadismus Wirtschafts- und Lebensform von Viehzüchtern, die keinen oder nur wenig Ackerbau betreiben und mit ihren Herden je nach Jahreszeit weite Wanderungen durchführen
Pagne Frauenrock und afrikanische Maßeinheit für ein Stück Baumwollstoff, ca. 1,30 mal 2,00 Meter.
Peul Nomadenvolk, das Rinder züchtet. Sie werden auch Bororo genannt und sind größtenteils Woodabe. Sie verteilen sich über die Länder Kamerun, Mauretanien, Niger, Nigeria, Senegal, Sudan, Tschad und die Zentralafrikanische Republik.
Piste unbefestigte Straße in der Wüste
Punztechnik Methode zum Einschlagen von Mustern in Leder, Metall und andere Materialien
Ramadan Islamischer Fastenmonat, in dem vom Frühgebet bis zum Sonnenuntergang weder gegessen und getrunken noch geraucht werden darf. Während dieser Zeit ist geschlechtliche Enthaltsamkeit vorgeschrieben.

Sahel Fruchtbare Randzone der Sahara

Senussi Seit dem 18. Jahrhundert bestehende Glaubensbewegung des heutigen Libyen mit fremdenfeindlichen, antikolonialen Zielen

Sudan Geographische Bezeichnung für die Gegend zwischen Nil und Atlantik; nicht zu verwechseln mit dem Staat Sudan

Sudanesischer Baustil Städtisch-bürgerlicher Lehmbaustil, dessen besondere Merkmale Mehrgeschossigkeit und dekorative Gestaltung der Fassade mit vertikalen Stützpfeilern, Lehmreliefs und Zinnenschmuck sind

Tagella Im Sand gebackenes Brot aus Weizenmehl und Wasser

Taggalt Brautpreis der Tuareg

Taghlamt Salzkarawane der Tuareg nach Bilma und Fachi

Tago Bluse der Tuaregfrauen, geschnitten als einfaches, langes Rechteck mit einem eckigen Halsausschnitt

Takomert Ziegenkäse der Tuareg

Takuba Langschwert der Tuareg

Tamaschek Gemeinsame Sprache aller Tuareg

Tekerakit Schamgefühl der Tuareg

Tende Holzmörser zum Zerstampfen der Hirse; mit Leder bespannt auch Trommel der Frauen und im übertragenen Sinn das Fest, bei dem die Trommel gespielt wird und die Kamele tanzen

Tifinagh Schrift der Tuareg, die sich aus dem altlibyschen Alphabet entwickelt hat.

Tubu Nomadenvolk, deren Kernland das Tibesti-Gebirge im Tschad ist, die aber auch im Niger und Libyen leben

Zitatnachweise

S. 7 Frobenius, Leo, *Kulturgeschiche Afrikas.* Peter Hammer Verlag, Wuppertal 1993

S. 9 Hawad, In: ROMM No. 57, *Touaregs, exil et resistance.* Editions Édisud, Aix-en-Provence 1990.
Der Tuaregdichter Hawad wurde um 1950 im Aïr geboren. 1957 verließ er seine Heimat und studierte Sufismus bei einem Onkel in Libyen, später in Ägypten und im Irak. Seit 1971 beschäftigt er sich mit dem *tifinagh* und verbindet die Buchstaben kalligraphisch mit seinen Gedichten. Seit 1985 sind sechs Bände seiner Gedichte auf französisch erschienen.

S. 18 Barth, Heinrich, *Im Sattel durch Nord- und Zentralafrika.* F. A. Brockhaus, Wiesbaden 1967

S. 45 Hawad, In: ECRITURE 42, *Littératures du Niger.* Revue littéraire, Lausanne Automne 1993

S. 58 Tuareggedicht aus dem Hoggar, übersetzt von Pater Foucauld um 1925. In: Durou, Jean Marc, *Ténéré - Désert d'absolus.* Editions AGEP 1990

S. 61 Ritter, Hans, »Medizinische Traditionen der Twareg.« In: *Perspektiven afrikanistischer Forschung* – Zürich 23.-25.09 1993, Rüdiger Köppe Verlag, Köln 1993

S. 83 Eberkaou ult Beleou, In: Cresco, Frederica de/Krebser, Markus, *Tuareg, Nomaden der Sahara.* Mondo-Verlag AG, Lausanne 1971

S. 90 In: ROMM No. 57, a.a.O. Das Gedicht wurde im Rahmen eines Wiederansiedlungsprogramms für Tuareg in Tidarmène im Niger verfaßt.

S. 96 Göttler, Gerhard, *Die Tuareg.* Du Mont Buchverlag, Köln 1989

S. 109 Chittou ag Salem. In: Cresco/Krebser, a.a.O.

S. 118 In: Fisher, Angela, *Afrika im Schmuck.* Du Mont Buchverlag Köln 1984

S. 127 Sidi ag Chebbab. In: Cresco/Krebser, a.a.O.

S. 128 Chavanne, Josef, *Die Sahara oder Von Oase zu Oase.* A. Hartleben's Verlag, Wien, Pest, Leipzig 1879

S. 137 In: Cresco/Krebser, a.a.O.

S. 143 Mohammed ag Mekiia. In: Cresco/Krebser, a.a.O.

S. 144f. Chavanne, a.a.O.
S. 151 Erzählt von Tamko in Abargokh
S. 156 Saint-Exupéry, Antoine de, *Der kleine Prinz*. Karl Rauch Verlag, Düsseldorf 1995
S. 157 Dieses Rebellenlied wurde von der Band Aballah Mali in Agadez gespielt; übersetzt hat es Elhadji.
S. 157 Barth, a.a.O.
S. 159 Barth, a.a.O.
S. 160f. Tribalismus-Konzept in Anlehnung an die Ausführungen von Walter Michler, *Weißbuch Afrika*. Verlag J. H. W. Diez, Bonn 1991
S. 162 Lawrence, T. E., *Die sieben Säulen der Weisheit*. Deutscher Taschenbuch Verlag, München 1979
S. 162 Bericht von Azahra in: Spittler, Gerd, »*Dürren, Krieg und Hungerkrisen bei den Kel Ewey (1900-1985)*«, Studien zur Kulturkunde, Band 89, Franz Steiner Verlag Wiesbaden 1989
S. 163 Aufruf zum Kampf von Kaocen in: ROMM No. 57, a.a.O.
S. 166 Mutombo, Kanyana, »*La recolonisation mentale, phase terminale d'un afrique ›malade‹*«. Regards Africains No. 34, 1995
S. 174 Markham, Beryl, *Westwärts mit der Nacht*. Goldmann Verlag, 1993

Literatur

Beckwith, Carol/Offelen, Marion van, *Nomads in Niger*. Harvill, London 1991

Dayak, Mano, *Je suis né avec le sable dans mes yeux*. Editions Fixot, Paris 1996

Dayak, Mano, *Touareg, la tragedie*. Editions Jean-Claude Lattès, Paris 1992

Fuchs, Peter, »*Fachi – Sahara-Stadt der Kanuri*«, Studien zur Kulturkunde, Band 90, Franz Steiner Verlag, Wiesbaden 1983

Fuchs, Peter, »*Das Brot der Wüste*«, Studien zur Kulturkunde, Band 67, Franz Steiner Verlag, Wiesbaden 1989

Hawad, H. Claudot, *Caravane de la soif*. Editions Édisud, Paris 1985

Hawad, H. Claudot, *Testament Nomade*. Editions Aphélie, Paris 1991

Hugot, Henri J./Bruggmann, Maximilen, *Zehntausend Jahre Sahara*. Cormoran 1993

Jeune Afrique No 1908 – 30.7–5.8.1997, *Dossier Niger*

Kirk-Greene, A. H. M., *Barth's travels in Nigeria*. Oxford University Press, London 1962

Klute, Georg, *Die schwerste Arbeit der Welt*. Trickster Verlag 1992

Krings, Thomas, *Sahel*. Du Mont Buchverlag, Köln 1982

Lamb, David, *Afrika Afrika*. Marino Verlag, München 1994

Montagu, Jean-Yves, *Sahara*. Editions Minerva SA, Genf 1994

Ploussard, Jean, *Mein Leben bei den Tuareg*, Band 1/2. Verlag Neue Stadt, München 1983

Ramir, Sylvie, *Les Pistes de l'oubli Touaregs au Niger*. Editions du Felin, Paris 1991

Rochid, Mohamed, *Isabelle Eberhardt*. Enterprise Nationale du Livre, Algérie 1991

Biographie

Désirée v. Trotha, geboren 1961 in Augsburg, studierte erst Grafik-Design in München, dann Regie an der Hochschule für Fernsehen und Film in München. 1989/90 DAAD-Stipendium für das Royal College of Art, Film Department, in London. Von 1985 bis 1989 Regie bei eigenen Kurzfilmen, seit 1990 freie Regieassistentin bei Fernsehen und Film. Seit 1991 lange Aufenthalte in Algerien und der Republik Niger.

Hinter dem Horizont

EXQUISITE BILDBÄNDE
über die Einheit von Kunst, Natur und Leben

Kazuyoshi Nomachi
SAHARA
Atemberaubende Landschaften der Wüste und ihre Menschen.
192 Seiten, 145 Farbfotos,
1 Karte,
Format 27 x 27 cm,
geb. mit Schutzumschlag,
DM 98,–/öS 715,–/sFr 89,–
ISBN 3 89405 358 5

Margaret Courtney-Clarke
DIE BERBER-FRAUEN
Kunst und Kultur in Nordafrika.
216 Seiten, 241 Farbfotos,
1 Karte,
Format 29 x 29 cm,
geb. mit Schutzumschlag,
DM 148,–/öS 1080,–/sFr 131,–
ISBN 3 89405 357 7

Margaret Courtney-Clarke
DIE FARBEN AFRIKAS
Die Kunst der Frauen von Mauretanien, Senegal, Mali, der Elfenbeinküste, Burkina Faso, Ghana, Nigeria.
204 Seiten, 183 Farbfotos,
1 Karte, Format 29 x 29 cm,
geb. mit Schutzumschlag,
DM 148,–/öS 1080,–/sFr 131,–
ISBN 3 89405 323 2

FREDERKING & THALER

Hinter dem Horizont

PERSÖNLICHE BERICHTE

Begegnungen mit Menschen, Kulturen, Landschaften – Reisen, die nach außen und innen führen

Fred Bruemmer
MEIN LEBEN MIT DEN INUIT
Reisen zwischen Grönland und Alaska.
176 Seiten, 27 Farb-, 23 s/w-Fotos,
1 Karte, Format 17 x 24 cm,
geb. mit Schutzumschlag,
DM 49,80/öS 364,–/sFr 46,–
ISBN 3 89405 350 X

Barbara Veit
TRAUMSUCHER
Walkabout in Westaustralien.
Fotos von Paul Mayall.
192 Seiten, 57 Farbfotos, 1 Karte,
Format 17 x 24 cm,
Glanzeinband,
DM 39,80/öS 291,–/sFr 37,–
ISBN 3 89405 370 4

David Seven Deers (Hg.)
DIE MENSCHEN AN MEINEM UFER
Ein Fluß erzählt die Geschichte
der Skwahla-Indianer.
120 Seiten, 18 Farbfotos,
Format 14,8 x 22,8 cm,
geb. mit Schutzumschlag,
DM 29,90/öS 218,–/sFr 27,50
ISBN 3 89405 355 0

FREDERKING & THALER